钱谦益与《游黄山记》

——晚明江南的文化世界

[英] 史蒂芬·麦克道尔（Stephen McDowall） 著

方旭标 译

ZHEJIANG UNIVERSITY PRESS

浙江大学出版社

· 杭州 ·

图书在版编目（CIP）数据

　　钱谦益与《游黄山记》：晚明江南的文化世界 /
（英）史蒂芬·麦克道尔著；方旭标译. -- 杭州：浙江
大学出版社，2024.6
　　书名原文：Qian Qianyi's Reflections on Yellow
Mountain: Traces of a Late-Ming Hatchet and Chisel
　　ISBN 978-7-308-24828-0

　　Ⅰ.①钱… Ⅱ.①史… ②方… Ⅲ.①钱谦益
（1582-1664）－人物研究②钱谦益（1582-1664）－文学研究
Ⅳ.①K825.6②I206.2

　　中国国家版本馆CIP数据核字(2024)第081574号

Qian Qianyi's Reflections on Yellow Mountain: Traces of a Late-Ming Hatchetand Chisel ©2009香港大学出版社
版权所有。未经香港大学出版社书面许可，不得以任何(电子或机械)方式，包括
影印、录制或通过信息存储或检索系统，复制或转载本书任何部分。本书简体中
文版经由宝琴文化传播(北京)有限责任公司授权浙江大学出版社出版发行。

浙江省版权局著作权合同登记图字：11-2024-057

钱谦益与《游黄山记》——晚明江南的文化世界

[英]史蒂芬·麦克道尔　著

方旭标　译

责任编辑	罗人智
责任校对	吴沈涛
封面设计	王　斑
出版发行	浙江大学出版社
	（杭州市天目山路148号　　邮政编码　310007）
	（网址：http://www.zjupress.com）
排　　版	杭州林智广告有限公司
印　　刷	杭州钱江彩色印务有限公司
开　　本	880mm×1230mm　1/32
印　　张	8
插　　页	7
字　　数	170千
版 印 次	2024年6月第1版　2024年6月第1次印刷
书　　号	ISBN 978-7-308-24828-0
定　　价	78.00元

版权所有　侵权必究　　印装差错　负责调换

浙江大学出版社市场运营中心联系方式：0571-88925591；http://zjdxcbs.tmall.com

图 1　杨鹏秋《钱谦益》，素描，见叶恭绰编《清代学者象传第二集》，1953 年版（上海古籍出版社 1989 年重印）

图 2 《巡守岱宗图》，木版画，见孙家鼐编《钦定书经图说》(京师大学堂，1905 年)

图 3 郑重《黄山》，木版画，引自《名山图》，作于 1633 年，见《中国古代版画丛刊二编》（上海古籍出版社 1994 重印）

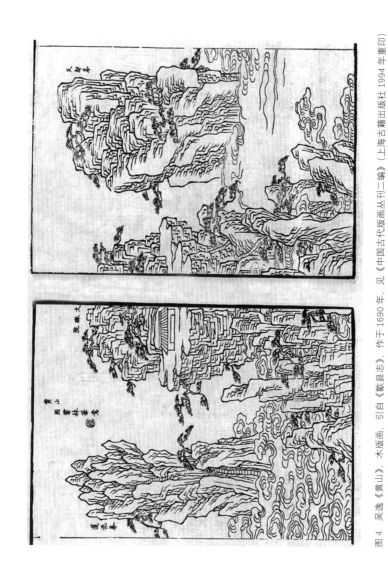

图 4 吴逸《黄山》，木版画，引自《歙县志》，作于 1690 年，见《中国古代版画丛刊二编》（上海古籍出版社 1994 年重印）

石柱峯　九籠峯　清潭峯　望仙峯　上昇峯　仙都峯

千秋泉　龍鬚頂岩　仙人峯　弦歌洞　龍洞　仙人洞　鸛林寺　百福寺

图 5　杨尔曾《黄山图》，木版画，引自《海内奇观》，作于 1609 年，见《中国古代版画丛刊二编》(上海古籍出版社 1994 重印)

图 6

倪瓒《虞山林壑》，立轴，作于 1372 年，现藏于美国纽约大都会艺术博物馆

图 7　梅清《莲花峰》，册页，引自《黄山图册》，作于 1691—1693 年，现藏于故宫博物院

图 8　戴本孝《莲花峰》，册页，引自《黄山图册》，作于 1675 年，现藏于广东省博物馆

图 9

丁云鹏《天都晓日》，立
轴，作于 1614 年，现藏
于美国克利夫兰艺术博
物馆

图 10　石涛《黄山图》二种，手卷，作于 1699 年，现藏于京都住友家族泉屋博物馆

图 11 石涛《黄山图册》，册页，作于 1667 年前，现藏于故宫博物院

图 12　黄山一线天，作者摄于 2005 年

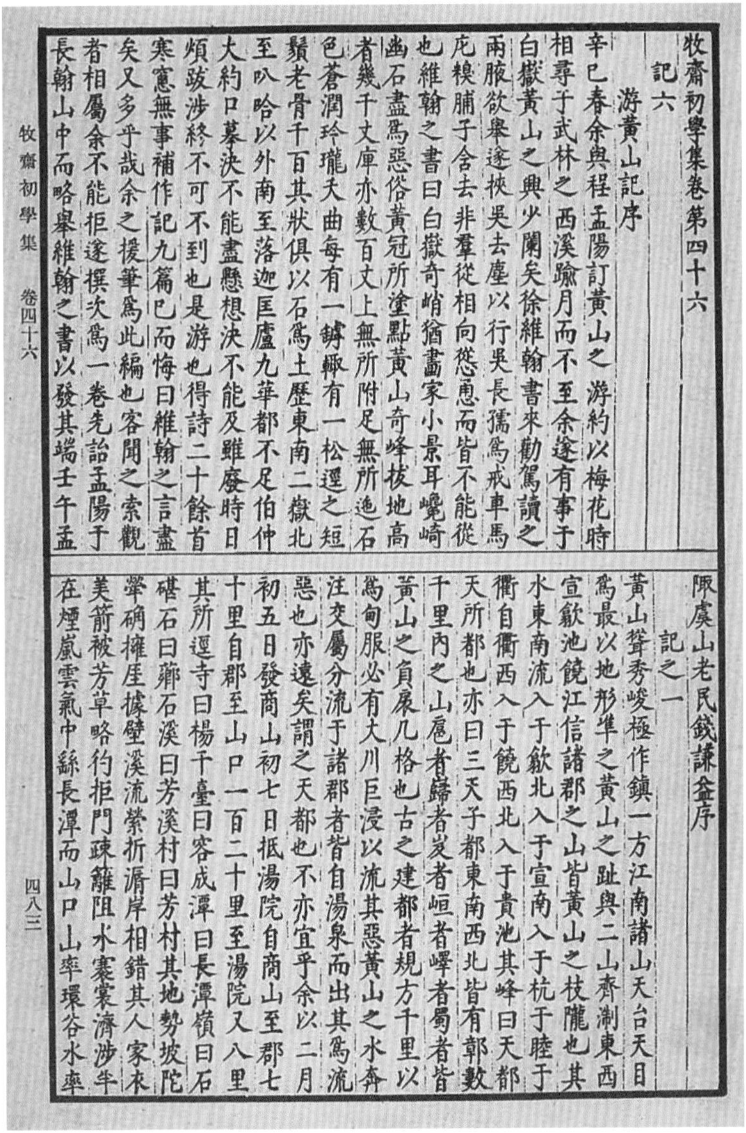
牧齋初學集卷第四十六
記六
游黃山記序
辛巳春余與程孟陽訂黃山之游約以梅花時相尋于武林之西溪踰月而不至余遂有事于白嶽黃山之興少闌矣徐維翰書來勸駕讀之兩腋欲舉遂挾吳去塵以行吳長孺爲戒車馬庀糗脯子含去非羣從相向慫恿而皆不能從也維翰之書曰白嶽奇峭猶畫家小景耳巉崎幽石盡爲惡俗黃冠所塗點黃山奇峰拔地高者幾千丈庳亦數百丈上無所附足無所逸石色蒼潤玲瓏天曲每有一罅輒有一松逕之短鬚老骨千百其狀俱以石爲土歷東南二嶽北至叺哈以外南至落迦匡廬九華都不足伯仲大約口摹決不能盡懸想決不能及雖廢時日煩跋涉終不可不到也是游也得詩二十餘首寒窻無事補作記九篇已而悔曰維翰之言盡矣又多乎哉余之援筆爲此編也客聞之索觀者相屬余不能拒遂撰次爲一卷先詒孟陽于長翰山中而略舉維翰之書以發其端壬午孟陬虞山老民錢謙益序
記之一
黃山聳秀峻極作鎮一方江南諸山天台天目爲最以地形準之黃山之趾與二山齊劑東西宣歙池饒江信諸郡之山皆黃山之枝隴也其水東南流入于歙北入于宣南入于杭于睦于衢自衢西入于饒西北入于貴池其峰曰天都天所都也亦曰三天子都東南西北皆有鄣數千里內之山扈者歸者岌者峘者嶧者蜀者皆黃山之負扆几格也古之建都者規方千里以爲甸服必有大川巨浸以流其惡黃山之水奔注交屬分流于諸郡者皆自湯泉而出其爲流惡也亦遠矣謂之天都也不亦宜乎余以二月初五日發商山初七日抵湯院自商山至郡七十里自郡至山口一百二十里至湯院又八里其所逕寺曰楊千臺曰容成潭曰長潭嶺曰石碏石曰鄉石溪曰芳溪村曰芳村其地勢坡陀犖确擁厓據壁溪流縈折漘岸相錯其人家來美箭被芳草略彴拒門疎籬阻水褰裳濟涉半在煙嵐雲氣中緜長潭而山口山率環谷水率

牧齋初學集　卷四十六　四八三

图 13　钱谦益《游黄山记》开篇页，见《牧斋初学集》，《四部丛刊》（初编），上海：商务印书馆，1919–1922 年

目　录

引　言

> 物之华，取其华；物之实，取其实。不可执华为实。
>
> ——荆浩（活跃于 907—923）《笔法记》[①]

几十年前，著名的维也纳艺术史学家 E.H. 贡布里希（E. H. Gombrich，1909—2001）在研究古典艺术作品时，惊叹于 16 世纪的风景画"从感知到表达之间走过的道路竟是如此的漫长而艰辛"。他还指出，对于一个风景画家来说，"除了可以融入他所学到

[①]　王伯敏标点注译：《中国画论丛书》（北京：人民美术出版社，1963）。斯蒂芬·韦斯特（Stephen H. West）将这段文字翻译为："If it is the visible pattern of a thing—seize its visible pattern; if it is the essential substance of a thing—seize its essential substance. One cannot seize on visible pattern and make it essential substance."（事物虚浮，就选取其虚浮的一面表现；事物真实，就选取它真实的一面表现。不可以把虚浮与真实混为一谈。）

的语汇的东西，什么都不能成为创作的'母题'"。[①] 贡布里希所说的正是几个世纪以来视觉艺术讨论的核心问题。而荆浩对客观物象的外表和实质的取舍方法，早已揭示了形式与意义的重要区别。几个世纪后，达·芬奇（Leonardo da Vinci，1452—1519）认为，绘画是"a cosa mentale"——一个心灵上的问题。对于那些只用眼睛，不用头脑的画家，达·芬奇不屑一顾，说他们比镜子好不到哪里去。[②] 后来，勒内·马格里特（René Magritte，1898—1967）在谈到自己的画作《人类的境况》（*La condition humaine*）时指出："世界只不过是人们内心体验的反映。"[③]

比起视觉艺术如绘画对景观的再现，本书更加关注以文字形式呈现的景观，我尤其对钱谦益创作于晚明（1550—1644）的《游黄山记》所采用的叙述方式进行了重点的探讨。这似乎与贡布里希所关心的艺术问题大相径庭，但这项研究缘起于这样一种观点，即：我们在文学批评方面一直反应太慢，未能意识到观察者在表现自然景观的过程中起到的重要作用。在次级学术研究中，学者们倾向于将游记所描述的景观作为客观准确的历史与自然记录，却忽略了其特定的文化背景。二十年前，汉学家何瞻（James

---

① E.H. Gombrich, "The Renaissance Theory of Art and the Rise of Landscape," in *idem, Norm and Form: Studies in the Art of the Renaissance* (London: Phaidon Press, 1966), pp. 107–121(116–117); *Art and Illusion: A Study in the Psychology of Pictorial Representation* (London: Phaidon Press, 1959).

② Jacques Barzun, *From Dawn to Decadence — 1500 to the Present: 500 Years of Western Cultural Life* (London: Harper Collins, 2000), p.72.

③ René Magritte, "La Ligne de vie," 引自 Sarah Whitfield, *Magritte* (London: South Bank Centre, 1992), p.62。

Hargett）给游记文学所下的定义，至今仍然极具代表性，是理解游记体裁的有效方法：

> 首先，游记文学一般是作者描述他短途或长途旅行的第一手资料，因此游记主要采用记叙性语言描述旅行的细节。其次，游记提供了有关特定地区的气候、信仰、地貌、植被和土地利用等自然环境的情况。这类描述是"客观的"或"理性的"，因为作者本人并没有扮演任何直接角色，而只是如实地记录自己看到的景物。再次，游记总会流露作者的态度或观点，而这种"主观"或"个人"的特点，是游记区别于方志中的地理资料最为明显的特征。[①]

根据这种观点，最近的一篇文章论述徐霞客的游记作品"超越了其他体裁，因为其中同时包含主观和客观的内容"。[②] 何瞻教授研究宋代（960—1279）游记文学的成果颇为卓越，但在我看来，他认为在"自然环境情况"的形成过程中，"作者本人并没有扮演任何直接角色"，这里隐含的看法是把观察者置身于自然环境之外。对他的观点，我们要批判性地接受。所有"客观"的非虚构作品，不仅是由作者使用他所掌握的描述工具创造的，也是由文化、政治、社会和审美等种种因素共同创造的。这一切潜隐在作

---

① James Hargett, *On the Road in Twelfth Century China: The Travel Diaries of Fan Chengda (1126–1193)* (Stuttgart: Franz Steiner Verlag, 1989), p.2; Hargett's entry, "Yu-chi wen-hsüeh," William H. Nienhauser, Jr. ed. *The Indiana Companion to Tradi? tional Chinese Literature*, Volume 1 (Bloomington: Indiana Vniversity Press, 1986), pp.936–939.

② Julian Ward, *Xu Xiake (1587–1641): The Art of Travel Writing* (Richmond: Curzon, 2001), p.125.

者的各个意识层面，影响着作者观察世界的角度和方法。为了更好地利用二手文献中的游记材料，便于进一步研究这个问题，我忽略了"游"和"记"这两个基本的元素。汉语的"游记"在英语的对应词语是"记录"（record）。在英汉两种语言中，它们都意味着某种"真实性"，而这是其他的文学体裁往往不具备的。我的研究放弃了过于简单化的二元主客观分析观点，以如下的假设作为前提：所有景观的描述都是文化上的创造行为。

我的研究具体围绕钱谦益的《游黄山记》展开。钱谦益（1582—1664）是明末清初的诗人、学者、文学史家及官员。《游黄山记》写作于1642年初，共由十部分组成，它原本是为了配钱氏的黄山组诗而作，描述了他一年前的黄山之旅。黄山地处皖南，其诸峰构成皖南地区的主要地形特征，该地区位于长江以南，属于江南。虽然在今天，中国各地的车站或酒店常常都悬挂着云雾缭绕的黄山美景的巨幅绘画，但是在古代，因为交通不便，人们难以到达黄山。与江南另一些著名的景点相比，直到很晚，黄山才引起游人和诗人的注意。明朝万历年间（1573—1620），也就是钱谦益出生和成长的年代，黄山作为真正意义上的名胜初登历史舞台。在这一关键时期，有关黄山的书面形式的记载也陆续出现。本书将会尽力将其中的一些文章呈现给读者，以重现当时的黄山景观，但我不打算利用那些客观描述黄山的材料，或者一些历史记录（我希望这一观点是被认可的：这种方法行不通）。我选择通过士绅阶层的视角来重现当时的黄山景观，这些精英受过良好的教育，拥有自己的交往圈子，他们选择用游记来表现他们眼中的世界，从万历至明朝覆亡（1644）的几十年间，他们都很活跃。

我在论述中广泛借鉴了富有代表性的传统黄山描述材料——不仅有文字描述材料如游记，还有视觉描述材料如绘画。总之，我把晚明黄山山水理解为一种话语的产物，而不仅是一个经验实证的空间。对于生活在 17 世纪的钱谦益的同代人来说，黄山意味着什么？黄山有什么效用？黄山是什么样子？所有的这一切，更多是复杂时代的产物，而不仅是自然景观本身。我认为这才是解读黄山的有效方式。虽然这种方法在某种程度上与传统的游记文学批评方式相悖，但我对这类近年来跨学科发展起来的学术分支始终努力保持着敏感与警惕。

汉学家柯律格（Craig Clunas）的开创性著作《丰饶之地：明代中国的园林文化》（*Garden Culture in Ming Dynasty China*，1996）已经出版了十余年，而在我看来，这部优秀作品对晚明小品文的解读还不够深入。① 柯律格对传统"中国园林"的解读提出不同的见解，他倾向于把中国园林看作"话语实践"的产物，而不是对早已存在的自然事物的单纯复制。他把明朝园林的讨论带回这样一个时代背景：土地所有权以及炫耀性消费已经成为士绅阶层表

---

① Craig Clunas, *Fruitful Sites: Garden Culture in Ming Dynasty China*(London: Reaktion Books, 1996). 据我所知，对柯律格专著的评论，马克·杰克逊（Mark Jackson）的见解最深刻。见 Mark Jackson, "Landscape/Representation/Text: Craig Clunas's Fruitful Sites(1996)," *Studies in the History of Gardens and Designed Landscapes* 19(3/4) (1999) : 302–313.

现自我、树立阶层地位的重要组成部分。他想表明，与刚刚过去的 16 世纪相比，在 17 世纪，中国南方园林的意义已经发生了巨大的转变。柯律格的理论对我的研究特别重要，他消除了艺术和景观、视觉和语言之间的鸿沟，而这正是我在后文要讨论的主题。米歇尔（W. J. T. Mitchell）在早期的一篇文章也曾经指出，"文字工作者和艺术工作者之间紧密、自发的结合"是现代文化显著的特征。与此同时，他注意到声音和文字将自然景观"图像化"，而这一过程离不开游人对景观的游览。①

我打算在这里多探讨一些风景图像化的问题。当今有观点认为，"图像"是保存现代文化的重要方式，我希望自己讨论的内容可以引发人们对这一观点的批判性思考。在最近的一篇文章中，英国历史学家西蒙·沙玛（Simon Schama）声称："风景首先是文化的风景，然后才是自然的风景。风景是想象力投射到木头、石头和水面上构造出来的。"他认为："一旦某种观念、神话、意象围绕具体的地方建立起来，就会用独特的方式来混淆类别，使得隐喻比实物更真实，隐喻成为风景事实上的一部分。"②事实上，这样的类别混淆也是宗教朝圣的特征。我的研究在一定程度上也呼应了科尔曼（Coleman）和埃尔斯纳（Elsner）的重要著作。他们指出："现实的景观和历史神话的景观为朝圣者提供了活动的空间，朝圣者

---

① 　W.J.T. Mitchell, "Editor's Note: The Language of Images," *Critical Inquiry* 6(3) (1980) :359–362.

② 　Simon Schama, *Landscape and Memory* (London: HarperCollins, 1995), p. 61.

既穿过现实的景观，也游历在文化构成的空间中。"①20 世纪西方学术界在这方面的研究基础，很可能是由地理学家唐纳德·梅尼格（Donald Meinig）等奠定的，唐纳德一直主张，"景观不仅是由我们眼前的东西构成的，而且是由我们头脑中的东西构成的"。② 其实曹雪芹（字梦阮，号芹圃，约 1715—1763）早已经领悟到这一点，在《红楼梦》里，他借用小说人物贾政表达了类似的观点：游园者对大观园的理解如同领悟诗歌，只有通过文字所描绘的画面，才能感悟到诗歌的意象。③

　　我先用松树作为例证来阐明我的观点。松树是闻名遐迩的"黄山四绝"之一，它们已经深深扎根在了现代人的心里，最近一次的中国语言和文化国际学生竞赛，就将"黄山四绝"作为考题。④ 如今，黄山迎客松已经成为江南一带的文化标志，每个游客在离开黄山之前，都要去看看这株著名的松树。

　　但今天的我们很难想象，其实松树并非一直都是黄山的标志性景观。宋代的《黄山图经》是现存最早的记载黄山地形地貌的书籍。书中提到松树时只是一笔带过，这对我们如今对黄山及其松树

---

① Simon Coleman and John Elsner, *Pilgrimage Past and Present: Sacred Travel and Sacred Space in World Religions* (London: British Museum Press, 1995) , p. 212.

② D. W Meinig, "The Beholding Eye: Ten Versions of the Same Scene" in *idem* ed., *The Interpretation of Ordinary Landscapes: Geographical Essays* (Oxford: Oxford University Press, 1979), pp. 33-48 (34).

③　曹雪芹、高鹗：《红楼梦》（北京：人民文学出版社，1998）第一卷，第 217 页。

④　《山川秀丽的中国——第四届"汉语桥"世界大学生中文比赛问答题集》（上海：华东师范大学出版社，2005），第 15 页。有关黄山四县的介绍，参见第四章。

的认知提出了一个质疑：^① 自宋代至晚明的这段时间究竟发生了什么，使得松树在黄山景观中从无足轻重的配角变成不可或缺的主角？或者，换一种说法，这个"松"字，在宋代的意思和明代的意思是一样的吗？10世纪，荆浩在著作中写道，松树"如君子之德风也"。在一些绘画中，松树枝叶被描绘成疯狂生长的样子，仿佛搏斗中的蟠龙，但这在荆浩看来，"非松之气韵也"。^② 如果蟠龙的形象与松树的神韵大相径庭，那么，为什么17世纪早期的描绘松树的画作又几乎总是运用这种形式来表现呢？在荆浩的眼里，松树就像正直的士人，面对政治的压迫和贫困的境况，依旧挺立不屈。但到了晚明，扭曲盘绕的松树刚好符合了这一时期士人的理想。松树含义的戏剧性转变提醒我们：不要只从表面上接受对风景的描述，而更应该理解风景描述背后所蕴含的文化背景。

　　钱谦益是17世纪杰出的文学家，黄宗羲（字太冲，号南雷，1610—1695）认为他"主文章之坛坫者五十年"。^③ 钱谦益是那个时代的著名诗人，但与此同时，因为他在明清两朝都担任过官职，所以也是充满争议的政治人物。1769年，钱谦益逝世的一

---

① 《黄山图经》，见《安徽丛书》第五辑，卷一（上海：安徽丛书编印处，1935）。本书第二章介绍这本图经，图经中松树林没有被单列一个条目，仅在介绍松林峰时提到。

② 荆浩：《笔法记》。这句话见于 Stephen H. West, Stephen Owen, Martin Powers and Willard Peterson's "Bi fa ji: Jing Hao, 'Notes on the Method for the Brush'," in Yu et al. ed., *Ways with Words*, pp. 202–244。亦见于 Powers' "When is a Landscape like a Body?" in Wen-hsin Yeh ed., *Landscape, Culture, and Power in Chinese Society* (Berkeley: University of California Press, 1998), pp. 1–22。

③ 黄宗羲：《思旧录》，摘自沈善洪编校《黄宗羲全集》（杭州：浙江古籍出版社，2005）卷一，第377页。

个多世纪后，乾隆皇帝（高宗，1736—1796 在位）颁布的诏书中
写道：

> 钱谦益本一有才无行之文人，在前明时身跻膴仕。及本朝定鼎之
> 初，率先投顺，洊陟列卿。大节有亏，实不足齿于人类……夫钱谦益
> 果终为明朝守死不变，即以笔墨腾谤，尚在情理之中。而伊既为本朝
> 臣仆，岂得复以从前狂吠之语，列入集中？其意不过欲借此以掩其失
> 节之羞，尤为可鄙可耻！[①]

这是当时对钱谦益最激烈的诋毁。虽然之后的禁书令（乾隆皇
帝于三十四年六月下令销毁《初学集》）最终并没有阻止钱谦益的
作品如《游黄山记》的传播，但在清代，钱谦益一直声名狼藉，这
一定程度上影响着当时的人们对其人其事以及其作品进行任何有
意义的研究，不忠的污名始终影响着人们对他的人品及作品的看
法。对钱谦益的作品，尤其是他的小品文的文学批评如今才刚刚开
始，他的绝大部分作品都还没有人加以注释和研究。

迄今为止也没有这位杰出的文学家的严肃完整的传记面世。但
我当前的研究并非为了填补钱谦益传记上的空白，因为我接触到的
钱谦益及其著作的材料还不够丰富详实，无法从其中挖掘出更有意

---

① Luther Carrington Goodrich, *The Literary Inquisition of Ch'ien-Lung* (New York:
Paragon Book Reprint Corp., 1966), pp. 102-103 (romanization altered).

义的成果。[①] 在最近的一部重要著作中，达白安（Brian Dott）通过清代士绅、信徒、香客和皇帝等不同阶层的记录来研究作为圣地的泰山形象，我这里也不打算效仿他。[②] 本书没有这么大的野心，我的出发点只是：我们通过对晚明语境的了解，尝试解读一个人对一个特定景观的描述。

至少对理解这篇游记来说，单单依靠客观描述和个人观点，是不能真正理解文本的意义的。通过钱谦益对黄山的思考、提炼，在他对黄山的"客观描述"中，我们看到传统文本、晚明美学观、文化与宗教价值以及传统宇宙观交汇在这一篇辞丰藻丽的小品文中。

《游黄山记》是钱谦益浩繁的作品中为数不多的游记之一，尽管这篇游记被收录在几本选集中，但在学术研究中从来没有受到足够的重视，而本研究也首次辨析了《游黄山记》在所有语言中的文

[①] 在我从事这项研究期间，学术界发表了许多研究钱谦益的著作，其中包括杨连民《钱谦益诗学研究》（北京：社会科学文献出版社，2007），我还没有机会拜读这部作品。我清楚知道，过去几十年，中国大学期刊发表了大量研究钱谦益的文章，我之前接触到的只是凤毛麟角。研究钱谦益的作品，可查阅丁功谊《钱谦益文学思想研究》（上海：上海古籍出版社，2006）第 259–261 页。

[②] Brian R. Dott, *Identity Reflections: Pilgrimages to Mount Tai in Late Imperial China* (Cambridge, MA: Harvard University Press, 2004).

本和版本。[①]

钱谦益撰写这篇游记时的明朝危机四伏：宦官当道，党派林立，腐败严重，朝政随时都可能陷入危机；土匪横行，饥荒连年，瘟疫不断，社会的安宁和经济秩序的稳定备受冲击。

在第一章，我将介绍明朝的社会背景，以及当时社会心理的转变。17 世纪初，通过文字表现自我、追求个性已成为明朝士绅阶层生活的重要组成部分。最近的一些研究表明，晚明的炫耀性消费和身份建构之间有着紧密的关系，我认为将游记与对带有时代特征的收藏品鉴的描述结合起来看待，会是有效的。尤其是在晚明，社会身份在士绅阶层的话语中占据了重要的地位，我们不应当把游记视作独立于晚明社会之外的创作。在这一章中，我会将钱谦益置于他所处的社会中，先简述他早期的仕宦生涯，然后围绕他创作《游黄

---

① 部分英文译本：Richard E. Strassberg: *Travel Writing from Imperial China* (Berkeley: University of California Press, 1994), pp. 315–316 [Part III]. Yu Kwang-chung, "The Sensuous Art of the Chinese Landscape Journal," in Stephen C. Soong and John Minford ed., *Trees on the Mountain: An Anthology of New Chinese Writing* (Hong Kong: Chinese University Press, 1986), pp. 23–40. 中文著作有王克谦选注：《历代黄山游记选》（合肥：黄山书社，1988），第102–129页，收录整篇游记并加以注释，但在人物、典故及标点符号等多有纰漏；贝远辰、叶幼明选注：《历代游记选》（长沙：湖南人民出版社，1980），第289–297页，收录游记三和游记四；倪其心选注：《中国古代游记选》（北京：中国旅游出版社，1985）卷二，第255–264页，收录游记三和游记八；高章采：《官场诗客》（香港：中华书局，1991），第162–166页；丁功谊：《钱谦益文学思想研究》（上海：上海古籍出版社，2006），第111–118页；裴世俊：《四海宗盟五十年：钱谦益传》（北京：东方出版社，2001），第95页；《钱谦益古文首探》（济南：齐鲁书社，1996），第100–102页；《钱谦益诗歌研究》（银川：宁夏人民出版社，1991），第95–103页。裴世俊的作品似乎采纳李一氓作品前言里的很多观点，见李一氓：《明清人游黄山记钞》（合肥：安徽人民出版社，1983）。但是，裴世俊对其并不认同（注意裴世俊在第98页关于季节的观点）。亦可参阅陈寅恪《柳如是别传》（上海：上海古籍出版社，1980）卷二，第613–634页。

山记》的那一年（1642）展开叙述。如果说《游黄山记》能够反映出钱谦益的部分思想，那么只要我们能了解到他是在自己的官场生活和家庭生活都正处于关键之时踏上旅程的这一背景，必然有助于理解他的游记。

第二章考察了晚明之前描写黄山的作品。通过以时间顺序呈现自唐代（618—907）以来具有代表性的游历者的游历，本章追溯了文化、历史和宗教在黄山逐渐沉淀的历程，解答这些积淀如何成为人们体验黄山的一部分，以及它们如何在文学中得到体现。第二章的研究表明，当明朝重要的万历统治在 1620 年结束的时候，黄山的重要景点和著名景色都已然确立，适合游历者游玩的经典路线也已经形成。通过对文本的细读，我们发现，晚明游历者们对黄山游历的记录有着惊人的相似，这不仅表现在他们描述黄山时所用的语言上，也体现在不同文本中反复出现的主题上。

第三章继续阐述黄山所代表的意义，重点介绍有关黄山的视觉艺术作品。我认为，17 世纪中叶视觉艺术和传统文学的有效结合，确立了黄山景观在人们心中的总体印象。到了清初，视觉艺术为了强调黄山某些独特的景观，在描述黄山时往往以牺牲空间的一致性为代价，这与描述黄山的传统文学相呼应。17 世纪，有关黄山的视觉艺术和文学给人的总体印象是，艺术家们往往从一个景观直接移步到另一个景观，而且似乎越来越依赖历史上形成的固定表达方式。

在此背景下，第四章介绍钱谦益的《游黄山记》，重点介绍了贯穿全文的一些重要主题。这篇游记中有很多宗教朝圣式的语言。似乎对钱谦益来说，可以按照儒家、佛教和道家的传统来解读景观。我认为，当时已经确立的黄山的书写惯例影响了钱谦益的创作，而且对那些重要景观的参观，实际上使得他的游记对部分旅程线路的记述顺序相当混乱。单独依靠阅读这篇游记，并不能获知1641年钱谦益黄山之旅的全貌。游记里忽略的旅程细节，在钱谦益的《牧斋初学集》里多处可以见到，这一现象值得我们深思。钱谦益对山水景观的描述，在很大程度上是晚明文化和审美观的产物，但是它也进一步固定了传统的文学方法作为解释和表现自然景观的手段。

第五章收录了完整的《游黄山记》，方便读者理解我们讨论的问题。我添加了很多注释。为了强调前文已然讨论过的内容，我有时在后面还会老调重弹。通过仔细研读这篇游记，可以看出文本的描述很大程度上依赖前人的作品。这挑战了一个观点：人们认为游记作者是客观的观察者，而读者能够跟随他看到真实客观的风景。事实上，通过阅读这篇带有注释的游记，我们可以看出它本身是复杂的创作过程的产物，它更多地揭示了晚明时代钱谦益及其所属的士绅阶层的境况，而不仅是黄山本身。

最后，我想解释本书英文版用"斧凿痕"（Traces of Late-Ming Hatchet and Chisel）作为副标题的原因。在游记第四篇，作者用"斧凿痕"描述他在山脚下遇到一位僧人正在凿石头的情形。这里的"斧凿痕"仅是字面意思，但它也可用来比喻书面作品中的艺术痕迹，借指诗文绘画中对自然描绘刻意经营、浓彩重墨的地方。事实上，在钱谦益那个年代，"斧凿痕"是用来贬低别人的作品的词语，但我强调游记中的这些痕迹，丝毫没有贬低的意思。我打算通过揭示文化实践对游记的影响，来丰富我们对文本的理解。这种影响虽错综复杂，却又引人入胜。

我们早已接受，在视觉艺术家如画家对景观有选择地进行创作的过程中，如果将景观作为偶然的存在而独立于其他历史背景，结果将会一无所获。例如，曾经被视为"单纯"的照片，后来不再被单纯地解读。[①] 大约在一个世纪前，王国维（字静安，号观堂，1877—1927）评论诗歌时说，"一切景语皆情语也"。[②] 今天似乎也可以用同样的观点来研读游记。事实上，晚明社会的士绅阶层选择描写景观的方法以及侧重点，其背后的故事比我们原来知道的要精彩得多。

《游黄山记》中依稀可辨的斧凿痕，代表了17世纪文学的伟大成就。而要真正理解钱谦益和那个时代的作品，整个过程就像贡布里希所言，"漫长而艰辛"。

---

① 例如，可参阅 Susan Sontag's *On Photography* (New York: Farrar, Strauss and Giroux, 1977)。

② Adele Austin Rickett trans., *Wang Kuo-wei's Jen-chien Tz'u-hua: A Study in Chinese Literary Criticism* (Hong Kong: Hong Kong University Press, 1977), p. 71.

甲篇

第一章　东鳞西爪：晚明文学的个性解放

　　明朝统治的最后一个世纪，江南文人所处的社会日新月异，同时又危机四伏。此时，明朝建立已有将近三百年的时间，人口激增了一倍还多，通过科举考试的文人数量增长了近五倍，但作为文人出路的官场所提供的职位数量却几乎保持不变。[①] 在科举考试中取得成功，已经不能保证他们能获得官职。与此同时，盐业和纺织业不断发展扩张，造就新一代的富商，进一步挑战传统士绅阶层的地位。

　　此时，朝廷内部党派相争，官员腐败，阉党擅权；外部土匪造

---

　① 　汉学家何义壮（Martin Heijdra）指出，"官员人数在 2.5 万到 4 万之间，但是，通过科举考取的人数从 10 万增加到 55 万"。见 "The Socio-Economic Development of Rural China during the Ming" in Denis Twitchett and Frederick W. Mote ed., *The Cambridge History of China Volume 8: The Ming Dynasty, 1368-1644, Part 2* (Cambridge: Cambridge University Press, 1998), pp. 417-578 （561）。

反，暴动风起云涌，整个帝国已经摇摇欲坠。1629 年初，崇祯皇帝（思宗，1628—1644 在位）批准关闭全国三分之一的驿站，进一步削弱了早已衰落的基础设施，[①]偏偏此时又爆发了饥荒和瘟疫，灾难不仅进一步威胁社会和经济秩序的稳定，而且极有象征意义，人们认为这是天意，表明统治者德不配位。所有这些，都在侵蚀着明朝的根基，巨变冲击着晚明社会。有关这一时期的丰富史料近年已经成为学术研究的对象，研究成果斐然。[②]

几个世纪以来，文人享有的领导和精英地位在此时也受到了挑战，他们发现自己在政治上越来越被边缘化，这种变化在历史上也许还是第一次。同时，社会财富从原来的士绅阶层转移到商人阶层，很多人为此深感不安。正如柯律格曾指出，文人寻求自我定义的新途径，使古董等时尚物品的鉴赏潮流"原来是一种个人癖好，现在变成一种基本的消费方式，古董变得对维持士绅阶层的地位至关重要"。[③]生活在 17 世纪初的人们，发觉这种变化快如惊雷闪电。历史学家沈德符（字虎臣，号景伯，1578—1642）发现杭州古玩市场正经历着一场巨变：

---

① Timothy Brook, *The Confusions of Pleasure: Commerce and Culture in Ming China* (Berkeley: University of California Press, 1998), p. 173. 明朝邮递系统衰落的因素，可参考 Hoshi Ayao, "Transportation in the Ming Dynasty" *Acta Asiatica* 38 (1980): 1-30。

② 尤见于 Craig Clunas, *Superfluous Things: Material Culture and Social Status in Early Modern China* (Cambridge: Polity Press, 1991); Brook, *Confusions of Pleasure*; Wai-yee Li, "The Collector, the Connoisseur, and Late-Ming Sensibility" *T'oung Pao* 81 (4/5) (1995): 269-302。

③ Clunas, *Superfluous Things*, p. 108.

> 窑器初贵成化，次则宣德。杯盏之属，初不过数金，余见时尚
> 不知珍重。顷来京师，则成窑酒杯，每对至博银百金，予为吐舌不能
> 下。[①]

随着社会地位的竞争在时尚和品位的舞台上愈演愈烈，市场愈加变幻莫测，商品也愈加变化多端。过去作为士绅阶层的象征、专属于他们的消费，现在已经变成一种大众消费。其波及人群之广，在历史上若非绝后，也算空前。16世纪60年代左右，朝廷放宽禁奢令，十年之后，陈尧（字敬甫，1535年进士）感叹说，若是拿简洁朴素的衣服到乡村集市去卖，乡下人都不想光顾。[②] 安徽桐城的方志记载：崇祯年间，民风铺张浪费，贵贱之别难分。[③] 这呼应明代辽东巡抚张涛（字振海，号山是，1554—1618）在1609年的哀叹："富者百人而一，贫者十人而九。贫者既不能敌富，少者反可以制多。金令司天，钱神卓地。贪婪罔极，骨肉相残。"[④]

至少，这就是晚明文人笔下的现实社会。面对商业的快速扩

---

① Clunas, *Superfluous Things*, p. 137.
② Brook, *Confusions of Pleasure*, p. 220. 关于禁奢令，可查阅 Craig Clunas' "Regulation of Consumption and the Institution of Correct Morality by the Ming State" in Chun-chieh Huang and Erik Zurcher ed., *Norms and the State in China* (Leiden: E. J. Brill, 1993), pp. 39-49。我并不是说，禁奢令的放宽造成明末社会品位和时尚观念的变化。事实上，这种变化是多方面影响的结果。就视觉艺术的审美品位而言，正如李铸晋（Chu-tsing Li）指出，与其他时期相比，明末宫廷画家很少，这说明皇帝和朝廷不能引领当时的艺术潮流。见 "The Artistic Theories of the Literati" in idem and James C. Y. Watt ed., *The Chinese Scholars Studio: Artistic Life in the Late Ming Period* (New York: Thames and Hudson, 1987), pp. 14-22 (14)。
③ Hilary J. Beattie, *Land and Lineage in China: A Study of Tung-cheng County, Anhwei, in the Ming and Ching Dynasties*, cited in Clunas, *Superfluous Things*, p. 155.
④ Brook, *Confusions of Pleasure*, p. 238.

张，文人在作品中对这一现状发出深深的叹息。而这些抱怨是否反映了他们面对剧变的世界时那种真切的忐忑不安？评论家乔迅（Jonathan Hay）发表自己对柯律格研究的看法，提醒我们不要"过于重视表象上"文人的抱怨，也不要低估"士绅阶层自身分崩离析"[①]的程度。在当时，士绅阶层的收入越来越依赖商业活动，[②]得到商人的赞助对文人的生活来说已经变得越来越重要。如果未考虑这些情况，不加判断地就认为文人完全反感商业活动，显然是错误的。柯律格自己也指出，晚明的人们对奢侈的不安"在一定程度上是由传统观念使然"。[③]但是，无论这些文本是否反映了当时的真实情况，它们的确显示出了处在剧变世界中的文人真实的忧虑。很多文人感到有必要批判社会的奢侈铺张，并把自己对社会的抱怨诉诸笔下，这一点确切无疑。

本章将探讨晚明文人作品在塑造其自我形象中所起的作用，旨在说明，这一时期，无论商人与文人在社会中的实际关系如何，在形式上，到了 16 世纪末期，文人都致力于树立并巩固自己明确的阶层地位。阶层标志变得尤其重要，他们的小品文也烙上了这些标志。华亭（今上海奉贤）的何良俊（字元朗，号柘湖，1506—

---

① Jonathan Hay, *Shitao: Painting and Modernity in Early Qing China* (Cambridge: Cambridge University Press, 2001), p. 19.

② Timothy Brook, "Communications and Commerce" in Twitchett and Mote ed., *Cambridge History of China* Volume 8, pp. 579-707 (581).

③ Clunas, *Superfluous Things*, p. 146.

1573）曾挖苦江南最富有的家族，讽刺他们俗不可耐。[①]文人作品中流露出的这类讽刺随处可见，根本不容忽视。乔迅提醒我们不能只从表面看文人的抱怨，这无疑是正确的。越是深入了解晚明社会，我们越发现文人的抱怨言过其实。但是我的研究重点恰恰是文人"表面上"的这种抱怨。我们在考察晚明文人描写世界的方式时，会发现当时文人的游山玩水，就像他们对文物的收藏品鉴一样，都是试图表明自己的社会阶层地位，在这一时期，大量的笔墨也都用在了描叙这些事物上。

本章还介绍了钱谦益的生平，简述了他的早年生活，考察在那错综复杂的年代钱谦益作为江南文坛领袖的处境，最后，本章将会介绍他 1641 年的黄山之旅。

收藏品鉴

明朝时商品经济快速发展，消费模式日新月异，商人阶层与士绅阶层之间的界限越来越模糊，所以这一时期的文学作品中普遍表现出了困扰和焦虑。在晚明近一百年的时间里，商人阶层大肆炫耀他们的财富。他们不仅购买力尤为强劲，而且还在挑战原先士绅阶

---

① "尝访嘉兴一友人，见其家设客，用银水火炉金滴嗉。是日客有二十余人，每客皆金台盘一副，是双螭虎大金杯，每副约有十五六两。留宿斋中。次早用梅花银沙锣洗面，其帷帐衾裯皆用锦绮。余终夕不能交睫，此是所目击者。闻其家亦有金香炉，此其富可甲于江南，而僭侈之极，几于不逊矣。"见 Craig Clunas, "Some Literary Evidence for Gold and Silver Vessels in the Ming Period (1368-1644)" in Michael Vickers ed., *Pots and Pans: A Colloquium on Precious Metals and Ceramics in the Muslim, Chinese and Graeco-Roman Worlds*, Oxford, 1985 (Oxford Studies in Islamic Art III, Oxford: Oxford University Press, 1986), pp. 83-87 (86).

层的传统的社会地位。桑迪·秦（Sandi Chin）和徐澄淇（Ginger Hsü）的研究指出，晚明商品经济发达，商人们在修庙建寺、架桥铺路等公共基础设施建设上捐赠了大量钱财。[①] 而这导致明朝士绅阶层生出权力被剥夺的感受，这一时期的作品也显露了这一点。但是这仅仅是一些基础设施的建设罢了，更令士绅阶层头疼的是，商人们购买了大量的艺术品。看到徽商对古画的贪得无厌，沈德符惊叹于他们耗费数量惊人的真金白银来竞相购买。[②] 江南文人自视为中华传统文物的守护者，而现在却被淘汰出局了。

李惠仪（Wai-yee Li）将晚明文本明确分为两类：第一类是有关生活艺术和品位的书籍，如文震亨（字启美，号玉局斋，1585—1645）的《长物志》；第二类是个人生活见闻的叙述，通常以笔记或小品文的形式出现。[③] 随着商业化出版业的不断发展，[④] 这两类作品都呈现爆炸式增长，这也表明商品交易在晚明社会起到了复杂的

---

① Sandi Chin and Cheng-chi (Ginger) Hsu, "Anhui Merchant Culture and Patronage" in James Cahill ed., *Shadows of Mt. Huang: Chinese Painting and Printing of the Anhui School* (Berkeley: University Art Museum, 1981), pp. 19-24 (21).

② Chin and Hsu, "Anhui Merchant Culture and Patronage", p. 22.

③ Li, "The Collector" pp. 275-276.

④ 关于明代印刷业的英文文献：K. T. Wu, "Colour Printing in the Ming Dynasty," *Tien Hsia Monthly* 11 (1) (1940): 30-44, and "Ming Printing and Printers," *Harvard Journal of Asiatic Studies* 7 (1942-43): 203-260; Francesca Bray, *Technology and Society in Ming China (1368-1644)* (Washington DC: American Historical Association, 2000), pp. 7-17, and Chow Kai-wing, "Writing for Success: Printing, Examinations and Intellectual Change in Late Ming China," *Late Imperial China* 17 (1) (1996): 120-157。

作用。^① 在一个越来越多的人拥有强劲购买力的社会，如何消费变得比消费本身更为重要。到了 17 世纪初，收藏者仅仅拥有奇石、画卷和瓷器已经远远不够，他们还必须拥有一双能辨别东西好坏的慧眼。与此同时，这一时代的艺术特征是艺术家转向内省，^② 个性独特的自我表现已经成为士绅表明其阶层地位的重要手段。通过这种方式，真正的鉴赏家把自己与普通商人划清界限：商人虽然日益富裕，但依旧愚昧无知。

我认为，目前学术界还没有充分认识到晚明小品文的自传体功能的重要性。我们一向乐意道听途说明代小品文的逸事，认为小品文并非什么重要的体裁，我们接受"小品"的字面意思（"短篇文章"，也指文章记述"琐碎的事情"），但是忽略了它们在表明和维护士绅阶层的地位中所起的作用。

《晚明小品文选》的编撰者叶扬，在文集的导论中就把这种传统理解作为解读晚明小品文的典型方法。他认为小品文这种体裁"主要是供读者消遣和娱乐"。^③ 在导论中，叶扬引用陈继儒（字仲醇，号眉公，1558—1639）的序言，描述陈继儒、董其昌（字

---

① 书籍成为收藏品，关于这一点，见 Brook's *Confusions of Pleasure*, pp. 167-172, Clunas' *Superfluous Things* and "Books and Things: Ming Literary Culture and Material Culture," *Chinese Studies* (London: British Library Occasional Paper #10, 1988), pp. 136-142。

② Richard Vinograd, *Boundaries of the Self: Chinese Portraits, 1600-1900* (Cambridge: Cambridge University Press, 1992), pp. 28-67; Craig Clunas, "Artist and Subject in Ming Dynasty China," *Proceedings of the British Academy 105: 1999 Lectures and Memoirs* (Oxford: Oxford University Press, 2000), pp. 43-72.

③ Yang Ye trans., *Vignettes from the Late Ming: A Hsiao-p'in Anthology* (Seattle: University of Washington Press, 1999), pp. xviii.

玄宰，号思白，1555—1636) 和郑元勋（字超宗，号惠东，1598—1645）闭门谢客、创作小品文，只为自娱自乐的行为。[1] 但这种浪漫的描述，必须更多地从文学传统的角度来理解，却不能被视为晚明社会的真实写照。作者自称漫不经心、看似毫无意义的小品文，都被精心留存并出版。正如叶扬所言，文人不仅将小品文收录到文集中，还将其单独结集发行。[2] 他还指出，小品文兴起于隆庆到万历年间，[3] 时尚品位和潮流在这一时期变得尤为重要，而这为我们理解小品文的重要性提供了线索。

最近有位学者指出，我们不能认为小品文微不足道，只供娱乐阅读，小品文不是"专门为亲密的同伴"而作的。[4] 我们应该将它们当作文人定义自身阶层的尝试，这是晚明社会生活的重要方面。小品文不是作者个人的思考与回忆，而是他们为了表明自己的阶层地位，表明自己参与的活动符合自己的地位而写作的。

---

[1] Yang Ye trans.,*Vignettes from the Late Ming: A Hsiao-p'in Anthology* (Seattle: University of Washington Press, 1999), pp. xviii–xix.

[2] 同上 , pp. xviii.

[3] 陈眉公：《文娱序》，见胡绍棠选注：《陈眉公小品》（北京：文化艺术出版社，1996），第 24–26 页。根据胡绍棠编辑的注释版本，这种说法出自郑元勋，但叶扬的《晚明小品文选》中将其归功于陈继儒。

[4] Robert E. Hegel, "Vignettes from the Late Ming: A Hsiao-p'in Anthology by Yang Ye,"reviewed in *Journal of Asian and African Studies* 37(March 2002): 116–118. 轻视晚明小品修辞作用的论调比比皆是，比如尹恭弘《小品高潮与晚明文化》（北京：华文出版社，2001）认为："中国散文源远流长，但散文作为一种完全独立的自由文体，从总体看，只有到了晚明，小品的大量涌现才得以实现……唯有晚明小品摆脱了'载道'的重重束缚，任心而发，纵心而谈，较为自觉地使散文变成了自由文体……在中国古代散文发展史上，晚明小品最富时代气息，这也正是在崇尚个性、自由、民主的五四文化氛围里许多现代散文作家喜欢晚明小品文的原因所在。"

叶扬的选集收录了陆树声（字与吉，号平泉，1509—1605）的《砚室记》，这是一篇典型的自传体文章，作者将自我个性提升到空前高度，在同类体裁的文章中实属罕见。[①] 陆树声是砚台鉴赏家，他承认自己的收藏没有佳品，一件也没有，但是他又说："余之癖未解也。"他继续谈论砚台，借欧阳修（字永叔，号醉翁，1007—1072）论端砚以及苏轼为罗文砚立传的典故，以标明自我。陆树声还自号"十砚主人"，明确将自己同收藏品联系在一起。陆树声的与众不同之处在于，他不只是收藏有价值或可交易的藏品，他在收藏时并不需要经过事先的深思熟虑，而是源于自身的真性情。依照柯律格和李惠仪等学者的结论，到了晚明，收藏品鉴、炫耀性消费已经成为维持士绅阶层社会地位的关键。如果认为陆树声的《砚室记》不过是作者漫不经心的自娱自乐，这种想法多少有点天真。[②] 许多情况下，这是炫耀性消费与孤芳自赏式的消费的唯一区别。

关键处流露出来的只言片语透露收藏家的品鉴水平。顾起元（字太初，号遁园居士，1565—1628）讨论万历放宽禁奢令时，认为这会使人们乐于"献奇"[③]，"献奇"这个概念在我的研究中

---

① 陆树声：《砚室记》，见施蛰存编：《晚明二十家小品》（上海：上海书店，1984），第18–19页。叶扬的《晚明小品文选》把《砚室记》题为《砚石记》。

② 叶扬对陆树声小品只做一般性的评论，认为他的小品文采丰富，充满幽默感，散发着一种欢快的气息。（《晚明小品文选》，第11页）

③ 白谦慎：《傅山的世界：17世纪中国书法的嬗变》（北京：生活·读书·新知三联书店，2006），第24页。英文版见 Qianshen Bai, *Fu Shan's World: The Transformation of Chinese Calligraphy in the Seventeenth Century* (Cambridge, MA: Harvard University Press, 2003), p. 19. 白谦慎引用顾起元《懒真草堂集》的内容，在他的英文原著中，"奇"直译为"qi"。

会反复出现。16 世纪后期，小品文中开始出现稀奇古怪、离经叛道的事物。阅读这些作品，往往印证白谦慎对"奇"的观点，即晚明学者"在使用这个具有宽泛的文化内涵的字眼时，并不关心如何去界定它，在使用时也相当随意"。[①]顾起元接着愤怒地指出："新新无已，愈出愈奇。"[②]我们多多少少可以从顾起元对"献奇"这个词的理解中读到一些复杂的东西，而 16 世纪的人们显然能够接受（至少可以理解）这种固有的矛盾。

在那个时代，"献奇"的观念隐隐约约同另一个重要概念——"癖"联系在一起。"癖"的本意就是因痴迷而备受折磨（癖的形旁本身就表明癖是一种疾病）。[③]陆树声列举事例为自己的砚台癖辩解；祁彪佳（字幼文，号世培，1602—1645）在其 1636 年创作的小品文中，将自建私人园林称为"痴癖"。这些收藏家的言谈举止之所以不符合常规，是因为他们想要借此将自己同普通收藏者区别开来。[④]在这个奇特世界中，张岱（字宗子，号陶庵，1597—

[①]　Bai, *Fu Shan's World*, p. 19. 白谦慎认为，"奇"的概念模糊，有无数可能 (pp. 19–20)。蔡九迪（Judith T. Zeitlin）对"yi"（异）的处理也是经过深思熟虑，她提到定义"异"的困难之处，"异"的定义是文艺创造的过程，定义随着写作和阅读的体验而不断更新。见 Judith T. Zeitlin, *Historian of the Strange: Pu Songling and the Chinese Classical Tale* (Stanford: Stanford University Press, 1993), p. 6。

[②]　Bai, *Fu Shan's World*, p. 19.

[③]　Judith T. Zeitlin, "The Petrified Heart: Obsession in Chinese Literature, Art, and Medicine," *Late Imperial China* 12 (1) (1991): 1-26, and *Historian of the Strange*, pp. 62-97.

[④]　Duncan Campbell, "Qi Biaojia's 'Footnotes to Allegory Mountain': Introduction and Translation" *Studies in the History of Gardens and Designed Landscapes* 19 (3/4) (1999): 243-271 (247); Joanna F. Handlin-Smith's "Gardens in Ch'i Piao- chia's Social World: Wealth and Values in Late-Ming Kiangnan" *Journal of Asian Studies* 51 (1) (1992): 55-81 (59-64).

1689?）更是断言："人无癖不可与交，以其无深情也。"①

品鉴山水

顾起元将"献奇"与禁奢令的放宽联系在一起，表明到了万历初年（1573），商业消费以及收藏鉴赏就已经同独特个性的建立产生了千丝万缕的联系。事实上，晚明作品中描述商品交易的部分反映出阿尔弗雷德·杰尔（Alfred Gell）关于消费的观点，即："消费品将消费者的个人和社会身份融为一体。"②陆树声自号"十砚主人"，这表明他本能地意识到收藏品与收藏者之间的关系。而观察晚明文人雅士的名号，我们会发现他们的名号往往与山水有所关联。《游黄山记》中提到的文人黄汝亨（字贞父，1558—1626）号南屏，这个名号远不只表明他在杭州长大（南屏是俯瞰西湖的一座小山），我们从中能够明确读到的是人与景观之间的联系，以及一种暗示：西湖的静雅品质象征着黄汝亨卓越的品德。③

这是本研究中细微但重要的一个部分。至少在我的研究所涉及

① 张岱：《祁止祥癖》，摘自夏咸淳、程维荣校：《陶庵梦忆·西湖寻梦》（上海：上海古籍出版社，2001），第72—73页。
② Alfred Gell, "Newcomers to the World of Goods: Consumption among the Muria Gonds" in Arjun Appadurai ed., *The Social Life of Things: Commodities in Cultural Perspective* (Cambridge: Cambridge University Press, 1986), pp. 110-138 (112).
③ 希望深入了解元明易代之际作者与作品的关系在山水画的表现，可阅读 Richard Vinograd, "Family Properties: Personal Context and Cultural Pattern in Wang Meng's Pien Mountains of 1366," *Ars Orientalis* 13(1982):1–29. 在大多数情况下，元朝文人业余山水画的主要题材，不再局限描绘全国性的、闻名遐迩的景观，而是包括区域性的山川、乡镇、工场作坊或生活场景，题材与画家或授予画作的人，或一方或双方，紧密相连。这种关联表现在所有权、个人关系或家族历史上。

的这段历史时期中，游历具有文化象征意义的景观、消费商品或收藏文物，都是时人为了表现自我、树立自己身份地位所做出的举动。

钱谦益 1642 年题写的一篇跋也揭示了游玩、消费、收藏和个人地位之间的关系，印证了我的观点。这篇跋题在钱谦益 1641 年去黄山旅行的途中购得的画上，但是《游黄山记》中没有提及此事。该画作既是文物，又表现现实存在的景观。为了考察钱谦益与自然景观之间互动的前奏，我在这里花点时间，对这幅画进行一番讨论。该幅画作是《江山雪霁》，作者王维（字摩诘，号摩诘居士，701—761）是唐代诗人、画家。①《江山雪霁》被视为当时流传的文物中最宝贵的珍品之一。令人惊讶的是，17 世纪初，《江山雪霁》被反复流转，数易其主，书法家和艺术史家董其昌就曾两次观摩这幅作品。1595 年，董其昌致函当时的画作的主人嘉兴人冯梦祯（字开之、具区，号北园、澄斋，1548—1606），希望借阅《江山雪霁》。信是这样写的：

---

① 该手卷现存两个版本：一由京都的小川家族所藏（Ogawa Family Collection），画作名为《江山雪霁图》；另一收藏在檀香山艺术学院（Honolulu Academy of Arts），画作名为《长江积雪》。两个版本画作的真实性都有争议，对此，我不打算深入讨论。方闻（Wen Fong）在《亚洲艺术档案》中深入分析了王维的画作，他认为小川家族所藏的王维画作为真品（Wen Fong, "Rivers and Mountains after Snow [Chiang-shan hsüeh-chi], Attributed to Wang Wei [AD699–759]," *Archives of Asian Art* 30[1976–77]: 6–33）。小川家族所藏复印版本见内藤湖南：《中国绘画史》，《内藤湖南全集》（东京：筑摩书房，1969–1976）卷十三，插图 24、插图 25；Michael Sullivan, *Chinese Landscape Painting-Volume II: The Sui and Tang Dynasties* (Berkeley: University of California Press, 1980)，插图 97 标题说明这是小川家族所藏《长江积雪》的影印本，其实这一插图属于画作的另一个版本。

> 朱雪蕉来为言，门下新得王右丞《雪山图》（今写为《江山雪
> 霁》）一卷，大佳……今欲亟得门下卷一观。仆精心此道，若一见古
> 迹，必能顿长，是门下实成之也。[1]

同年稍晚，董其昌在一则笔记中写道："今年秋，闻金陵有王维
《江山雪霁》一卷，为冯开之宫庶所收到，亟令人走武林索观，宫
庶珍之如头目脑髓，以余有右丞画癖，勉应余请，清斋三日，始展
阅一过，宛然吴兴小帧笔意也。"[2] 这则笔记透露出该画作在他及冯
梦祯心中的地位。

《江山雪霁》在辗转传阅中得以保存。1604 年，冯梦祯在黄
山逝世，该画作又经历了几次磨难。1618 年前后，它被徽商新安
人程季白购得。[3]1642 年，冯梦祯的孙子冯文昌（字研祥，号快雪
堂）翻出董其昌写给他已故祖父的三封书信，内容是董其昌三次向
冯梦祯请求观看画作（落款日期分别为 1595 年、1596 年和 1604
年），冯文昌将这些内容都写进了画作的题跋中。同年十月，钱谦
益在画作末尾题写了一则跋：

> 冯祭酒开之先生，得王右丞江山霁雪图，藏弄快雪堂，为生平
> 鉴赏之冠。董玄宰在史馆，诒书借阅。祭酒于三千里外缄寄，经年而
> 后归。祭酒之孙研祥以玄宰借画手书装潢成册，而属余志之。神宗

---

① Wen Fong, "Rivers and Mountains," p. 14.

② Wen Fong, "Rivers and Mountains," p. 15.

③ 方闻在著作（"Rivers and Mountains," p. 12）中引用王时敏（1592–1680）的
著作（《清人室名别称字号索引》卷二，第 1084 页），把程甲化（字季白）籍贯
当成福建莆田，而不是新安。

时，海内承平，士大夫回翔馆阁，以文章翰墨相娱乐。牙签玉轴希有
难得之物，一夫怀挟提挈，负之而趋，往复四千里，如堂过庭。九州
道路无豺虎，远行不劳吉日出。呜呼！此岂独词林之嘉话、艺苑之美
谭哉！祭酒殁，此卷为新安富人购去，烟云笔墨，堕落铜山钱库中
三十余年。余游黄山，始赎而出之。如丰城神物，一旦出于狱底。[①] 二
公有灵，当为此卷一鼓掌也。[②]

钱谦益的这则题跋生动地展现了当时文人对徽商的看法（当
时，这些富商大多来自商业活动中心新安）。他们凭借巨额的财
富，进行了广泛的收藏活动。汉学家宋汉理（Harriet Zurndorfer）
的研究表明，这种风气还蔓延到了艺术收藏以外的其他活动，徽
商热衷于模仿文人的饮酒、弹筝抚琴等文化活动。[③] 即便如此，桑
迪·秦和徐澄淇分析认为 17 世纪"商人和文人的社会定位模
糊，其位置可以互相转换"[④] 的看法似乎太过简单化。在文学作
品中，文人对商人热衷文化活动一事冷嘲热讽。即便在现实社会
中，我们无法得知像钱谦益这样的文人和商人的关系究竟如何，但
是对钱谦益来说，区分"我们"和"他们"是极其重要的。在当

---

① 《晋书·张华传》记载张华从丰城县地下挖出石函，得到其中所藏宝剑一双。
见《晋书》（北京：中华书局，1974）卷四，第 1075 页。

② 钱谦益：《跋董玄宰与冯开之尺牍》，见《牧斋初学集》卷八十五，第三册，第
1788–1789 页。原稿与《牧斋初学集》收录的有细微差别，方闻把原稿作为附录，
收录在他的英文著作中。在钱谦益笔下，这幅画作名称是《江山雪霁》，但方闻
没有提及此名。原稿落款时间为崇祯壬午年（公元 1642 年）。

③ Harriet T. Zurndorfer, *Change and Continuity in Chinese Local History: The
Development of Hui-chou Prefecture, 800 to 1800*(Leiden: E. J. Brill, 1989), pp. 225–
228.

④ Chin and Hsü, "Anhui Merchant Culture," p. 23.

时，商人和文人可以收藏同种类型的画作，但是很显然，他们各自的社会阶层仍然泾渭分明，不可逾越。

游记中的自我表现

个人和山水建立联系显然不是单向的过程。在画作上题跋，或者在悬崖峭壁上刻字铭文，不可避免地会改变画作或山水的面貌。更有意义的是，钱谦益对王维画卷的描述道出了这一点：文物的收藏者改变，文物本身的意义也随之变化。钱谦益从某个不知名的徽商手里购得了王维的画作，在他的描述中，王维的名画似乎获得了重生。他的言外之意是，画作渴望有懂得欣赏它的收藏者，将它从桎梏中释放出来。

在晚明游记里也经常提到这种人和物融为一体的境界。事实上，比起用收藏文物来表现自我，游记更能体现时人树立阶层地位的一种态度。即便陆树声需要借助文字来表现自身的收藏品位，但砚台本身便是一种有形的实物，能够佐证他的鉴赏能力。而如果没有文本留下，当旅程结束，这场旅程的一切痕迹就消失了。让我们暂时忽略一场旅程不是一个严格意义上的"物"的这一事实，随着研究的深入，我们应该清楚认识到的是，一场"体面"的旅行需要个人有一定的"知识"储备。并且，旅行是和"身体、身份及个性紧密相关"的。晚明旅行的特点符合阿帕杜赖（Arjun Appadurai）

对奢侈品定义的两个标准："自我表现和社交。"①

　　游记中的自我表现意味很是强烈，这解释了为何在晚明小品文集中，游记占据了很大一部分，与其他描绘艺术、玉石、古董等士绅阶层的各种行头的小品文并列其中。当然，大部分游记都同其他小品文一样，是轻松随意的。但是，就游记这种体裁而言，粗俗的游记数量还是占了大部分。作者自我意识的增强，希望自己同粗俗的游客划清界限，在这一类型方面有着更大的意义。

　　必须指出的一点是，如果我们看到的资料可靠的话，那么当商品市场发展达到高峰并开始失控的时候，旅行的风潮也达到了高潮。16世纪末17世纪初，官方驿传系统设施开始衰落，而商业服务取而代之。晚明游记作品中，很少有提及难以找到甚至无从寻觅船只、轿子、挑夫、向导等问题。②1570年，黄汴（字梁甫，号东郊）出版了《一统路程图记》③，这表明当时人们对旅行的兴趣正在日益增长。随后的几十年中，山川地理志书籍大量出版，反映了柯律格所指出的"（旅行）属于非严格意义上的奢侈消费领域，出现大量关注这类题材出版物"。④旅行指南的大量出版是这一时期正在扩张的、促进晚明时期民众文化素养提高的出版业的一部分，但毫

---

① Arjun Appadurai, "Introduction: Commodities and the Politics of Value," in *idem* ed., *Social Life of Things*, pp. 3–63(38).
② 徐弘祖（字振之，号霞客，1587—1641）在西南之旅的游记中，多处提及旅途的艰辛（Ward, *Xu Xiake*），如此漫长而遥远的旅行在晚明旅行者中实属罕见。
③ 1570年版的《一统路程图记》在1635年重印，书名改为《天下水陆程》（杨正泰校注，太原：山西人民出版社，1992）。
④ Clunas, *Superfluous Things*, p. 13.

无疑问的是，这些旅行书籍也会被派上实际的用场。生活在那个时代的精英们，如果希望有所作为，就必须像黄六鸿（字思湖）说的那样——"读万卷书，行万里路"。[①]而早在 1637 年，宋应星（字长庚，1587？—1666？）就曾说过："幸生圣明极盛之世，滇南车马，纵贯辽阳；岭徼宦商，衡游蓟北。"[②]

晚明时期的游记和其他小品文使用的语言风格极为相似，这也是人们往往将游记和其他小品文相提并论的另一个原因。袁宏道（字中郎，号石公，1568—1610）声称"苏人好游自其一癖"[③]，这句话同样可以用来指苏州人对玉石、书法或砚台的痴迷。1597 年，袁宏道用相仿的口吻自述："余性疏脱，不耐羁锁，不幸犯东坡、半山之癖，每杜门一日，举身如坐热炉。以故虽霜天黑月，纷庞冗杂，意未尝一刻不在宾客山水。"[④]

袁宏道的自谦自嘲必须放在当时的时代背景下去理解。但丁（1265—1321）笔下的尤利西斯因为"不安分地渴望流浪"而

---

① Brook, "Communications and Commerce," pp. 624–625, 引用黄六鸿《福惠全书》。

② Sung Ying-hsing, *T'ien-kung K'ai-wu: Chinese Technology in the Seventeenth Century*, translated by E-tu Zen Sun and Shiou-chuan Sun(London: Pennsylvania State University Press, 1966), p. xiii(romanization altered). 白馥兰（Francesca Bray）指出："明朝许多重要运输技术，例如，磁罗盘、带有水密舱的船只和运河船闸，在宋朝已经开始使用。随着商业发展、人口增长以及中外贸易的加强，与发明新技术相比，明朝在传播新技术的成就更引人注目。"（Francesca Bray , *Technology and Society*, p. 19）

③ 袁宏道：《东洞庭》，见钱伯城校：《袁宏道集笺校》（上海：上海古籍出版社，1981）卷一，第 163–164 页。

④ Stephen McDowall trans., *Four Months of Idle Roaming: The West Lake Records of Yuan Hongdao (1568–1610)* (Wellington: Asian Studies Institute Translation Paper #4, 2002), p. 1.

回不了家，而这几乎成为晚明士绅阶层的习惯。[①]邹匤明借"泉石之癖"（因清泉山石而痴迷）来解释文人喜欢旅行的原因，[②]游历者因为无法控制的冲动而出发去旅行，这至今还会引起人们的共鸣。最近有本游记选集写道："（本选集的作者）与因事而出发的游历者不同，他是由于内心的渴望，或者某种需要而出发去旅行……"[③]因内心需要而出发去旅行（根据作者自叙而知），正是袁宏道这样的游历者与其他游客的不同之处。[④]

　　不过，17世纪的作者面对山水风景时，创作合格的作品也绝非易事。何瞻将中国游记的兴盛追溯至宋代，当时，水陆交通的改善和扩张，使得日益庞大的官僚机构得以扩展到更为偏远和更难到达的地区。[⑤]斯特拉斯伯格（Richard Strassberg）指出，到了南宋末年，"大量富有影响力的文本出现，成为游记文学的经典"。[⑥]《游志》就诞生于这一时期，[⑦]这部文集由陈仁玉（字德公，号碧栖，1259年进士）编撰，也许是中国第一部游记文集。

---

① Dante Alighieri, *The Comedy of Dante Alighieri: Cantica I: Hell [l'Inferno]*, translated by Dorothy L. Sayers(Harmondsworth: Penguin Books, 1949), p.235.

② 弘眉编纂：《黄山志》（1667）。见《中华山水志丛刊（山志卷）》（北京：线装书局，2004）卷十五，第241–574页。本书将在第二章介绍《黄山志》。

③ Robyn Davidson, "Introduction," in *idem* ed., *The Picador Book of Journeys* (London: Picador, 2001), pp. 1–7(3).

④ 历史上，没有特定目的的旅游者很多，王思任（字季重，号遂东，1575—1646）的《纪游引》介绍其中有名的几位。可查阅李鸣编：《王季重小品》（北京：文化艺术出版社，1996），第138–139页。

⑤ Hargett, *On the Road*, p. 44.

⑥ Strassberg, *Inscribed Landscapes*, p. 56.

⑦ James M. Hargett, "Some Preliminary Remarks on the Travel Records of the Song Dynasty (960–1279)," *Chinese Literature: Essays, Articles, Reviews* 7 (1/2) (July 1985): 67–93 (70).

因此，对于晚明文人来说，他们面对的景观是极具文化象征意义的，它们沉淀着几百年来的历史记载和文学描绘（既有隐喻意义，也有字面意思）。晚明的文人面临像 T.S. 艾略特一样的困惑：诗人要"找到语言里唯一可能的表达，让后来者描述同样的情景时找不出比自己更好的语言"。[①] 同时，他们还要面临一个问题：如何将前人名作赋予景观的意义融会到自己的创作中？现在，文人想恰如其分地描绘山水景观，会不可避免地联想到前辈的名诗佳句，或者回想起前人的观点。比如，因为《兰亭集序》早已经成为中国文学遗产的精华，所以描述到兰亭游玩的游记，若不提及王羲之（字逸少，303?—361?），那么便肯定不是完整的。正如米歇尔·布托（Michel Butor）所言，如果旅行一直都同创作有关，那到了晚明，创作同（对前人名作的）阅读也密切相关。[②]

旅行指南类书籍出版业的发展，在某种程度上使得文人们可以更加轻松且准确地描述山水。17 世纪初，图书市场充斥着大量山川地理志，游历者可以轻松获知著名山水景观的历史，或者在游记里引用描写这些景点的名言佳句。但是，便捷的信息也带来了一系列的问题。袁宏道阅读田汝成（字叔禾，号豫阳，1526 年进士）所作的《西湖游览志》（1547 年初版，值得注意的是，这本书

[①]　Jackson Bate, *The Burden of the Past and the English Poet* (Cambridge, MA: Harvard University Press, 1970), p. 4.

[②]　Michel Butor, "Le voyage et l'écriture" in *idem, Répertoire IV* (Paris: Minuit, 1974), pp. 9–29.

在万历年间重印了两次）①以提高自己的文学修养，而对文学一窍不通的商人不费吹灰之力就能拥有整部有关西湖文学的总集，这两者完全无法相提并论。而且，越来越多受过良好教育的文人发现，曾经的人迹罕至之地如今挤满了蜂拥而来的游客。因此这一时期，文人撰写游记以标榜自己的阶层地位，变得更加重要。16 世纪 90 年代，南京涌入了大量游客，他们为一睹名胜古迹而来。在冯梦祯眼里，这些游客根本不懂欣赏风景，内心对他们很是鄙夷。②西湖风光潋滟，其中的趣味，就如 1597 年袁宏道所言："此乐留与山僧游历者受用。"但是他发现，有人在西湖边修建石屋，"为佣奴所据"的"石屋"此时"嘈杂若市"。③

这类牢骚话在今天看来具有令人惊异的"现代性"，它让我们想起了 19 世纪西方大众旅行兴起时人们的不满与怨怼，当时就有位评论家甚至把游客描述为"有害的动物"。稍后，到了 19 世纪 30 年代，奥斯伯特·希特维尔（Osbert Sitwell，1892—1969）观察到，游客人潮汹涌，挤满了阿马尔菲海岸，就像"一群嘈杂的蝗虫横跨大西洋蜂拥而来"。④读到这里，显然可以看到游记作者对游客的厌恶之情溢于言表，这呼应艾伦·布莱恩（Alan Brien）几十

---

① 田汝成：《西湖游览志》（上海：上海古籍出版社，1998）。袁宏道在《西湖四》引用田汝成的文字（英文版见 McDowall trans., *Four Months of Idle Roaming*, pp. 4 and 15）。

② Brook, "Communications and Commerce," p. 625.

③ McDowall trans., *Four Months of Idle Roaming*, pp. 3–9.

④ Paul Fussell, *Abroad: British Literary Traveling Between the Wars* (Oxford: Oxford University Press, 1980), pp. 40–41.

年前描述的"一种令人痛苦、挥之不去的困扰——你说得再多，其实你和其他游客并无两样"。[1] 我们很难知道，这种厌恶之辞在多大程度是真实的。但是将这种厌恶之情表达出来，是出于现实的需要，这一点确切无疑。

1644 年，明朝覆亡，几年后，顾炎武（原名绛，字宁人，号亭林，1613—1682）提出，明朝统治体系崩溃的根源是 1629 年政府对驿传系统的大规模削减。[2] 但汉学家卜正民（Timothy Brook）指出，驿传系统衰落并不能很好解释明朝崩溃的原因。[3] 也许卜正民是对的，但是顾炎武的说法至少形象地表明了当时驿传系统衰退的规模之大、范围之广。然而，民间商业旅行服务很快填补了官方驿传系统的空缺，以前只有士绅阶层可以借用官方驿传系统进行私人出游（尽管这是被官方禁止的），而现在，出行工具成了商品，只要付钱，任何人都可以使用轿子、车船或其他服务。

同时，出版业的大规模发展，使"知识"也成了唾手可得的商品。1580 年以后，山川地理志激增，在某种意义上说，山川地理志和鉴赏美学类书籍是同步发展的，像文震亨的《长物志》这类书籍的出现绝非偶然。在晚明江南文人的笔下，山水景观中游客川流不息，文物市场上人群熙熙攘攘，两者间有着某种相似性。文人描述这两种场景的文字也很相似：以前，他们会重点描写旅行本身

---

① Alan Brien, "Tourist Angst," *The Spectator* (July 31, 1959): 133.
② 顾炎武：《日知录集释》，黄汝成集释（石家庄：花山文艺出版社，1990），卷一，第 473–475 页。
③ Brook, *Confusions of Pleasure*, p. 174.

或者物品本身，现在却将描述重点转移到旅行的方式或品鉴的行为上。明朝覆亡前的最后半个世纪，游记作者似乎迫不及待地想表达自己优于"单纯的"游客，后者"只为旅行而旅行"，而作者们则追求如迪恩·麦坎内（Dean MacCannell）所说的"对社会和文化有更深刻的认识"。[①]16 世纪之前，文人也有这种表达的冲动，但是到了 17 世纪，他们尤其急于通过文字从普通的游客中脱颖而出。他们的表现欲望变得更重要，也更复杂，这种盛况在历史上颇为罕见。

钱谦益生平及文学生涯

阿兹黑德（Adshead）将 1582 年作为晚明政治危机"积结"的开端，这一年是万历十年（壬午年），首辅张居正（字叔大，号太岳，1525—1582）溘然长逝。[②]一些其他的大事也在发生。

同年，南京以东大约三百六十里的一座城市 —— 常熟，车水马龙，生机勃勃，钱谦益（字受之，号牧斋、牧翁、半堂、绛云楼、东涧、虞山老民、天子门生，1582—1664），就在这里出

---

① 　Dean MacCannell, *The Tourist: A New Theory of the Leisure Class*(New York: Schocken Books, 1976), p. 10.
② 　S. A. M. Adshead, "The Seventeenth Century General Crisis in China,"*Asian Profile* 1(2)(1973): 271–280(272).

生，后来成长为一代诗人、史官和文学家。① 钱家世代为官，钱谦益的祖父钱顺时（字道隆，生于 1532 年）是家族族长，于 1559 中了进士。② 钱谦益很小时候就开始学习四书五经，并且在父亲钱世扬（字士兴，号景行，卒于 1610 年）的影响下，广交好友，人脉广泛，这对他之后的政治生涯大有裨益。③

万历二十八年，也就是公元 1600 年，钱谦益娶陈姓女子（卒于 1658 年）为妻。陈氏父亲和钱谦益父亲是同僚，陈氏生一

---

① 钱谦益所有的字号可以查阅杨廷福、杨同甫编：《清人室名别称字号索引》卷二，第 926 页。关于钱谦益生平的英文文献见：L. Carrington Goodrich and J. C. Yang in *Eminent Chinese of the Ch'ing Period* (Washingtown DC: Government Printing Office, 1943-1944), pp. 148–150. Ming-shui Hung in *The Indiana Companion to Traditional Chinese Literature,* Volume 1, pp. 277–279。关于钱谦益生平的中文文献见：裴世俊：《四海宗盟五十年——钱谦益传》；陈寅恪：《柳如是别传》；金鹤翀：《钱牧斋先生年谱》(金鹤翀的作品收录在《钱牧斋全集》卷八，第 930–952 页）；《北京图书馆藏珍本年谱丛刊》(北京：北京图书馆出版社，1999) 卷六十四，第 559–720 页，同时收录金鹤翀、葛万里、彭城退士和张联骏编撰的钱谦益年谱。研究钱谦益作品的著作包括：李庆："钱谦益：明末士大夫心态的典型"，《复旦学报（社科版）》(1989 年第 1 期），第 37–43 页；孙之梅：《钱谦益与明末清初文学》(济南：齐鲁书社，1996)；蔡营源：《钱谦益之生平与著述》(苗栗：孚华书局，1977，书中附有钱谦益年谱)；柳作梅：《王士稹与钱谦益之诗论》，《书目季刊》(1968 年第 3 期），第 41–49 页；胡幼峰：《清初虞山派诗论》(台北："国立"编译馆，1994)；朱东润：《述钱谦益之文学批评》，《中国文学批评论集》(上海：开明书店，1947)，第 76–95 页 (原书重印，《中国文学论集》[北京：中华书局，1983]，第 71–89 页）。朱东润错误地认为钱谦益生于隆庆四年 (1570 年），这在某种程度上影响他随后的讨论 (第 79 页）。

② 孙之梅：《钱谦益与明末清初文学》，第 14 页；吴佩宜：《诗歌研究》，第 14 页。关于钱谦益的家谱，可以参考蔡营源《钱谦益之生平与著述》第 6 页。

③ 孙之梅认为，在钱谦益成长过程中，父亲钱世扬最重要的作用就是帮助钱谦益在政府官员、文人以及世俗社会建立广泛的人脉关系，比如钱谦益十五岁时就结识顾宪成 (字叔时，号小心，1550–1612)，这对他后来的生涯大有裨益 (《明末清初文学》，第 26–27 页）。

子钱孙爱（字孺饴，1646 年中举人）。[①]1606 年，钱谦益考取举人。1610 年春，钱谦益二十九岁时，高中进士，名列一甲三名探花，授翰林院编修。

距离明朝覆亡已经将近三个半世纪，提起钱谦益，人们仍然会将他同忠诚问题联系在一起。时至今日，钱谦益在明清两朝为官仍然是他最为人诟病的地方。乾隆四十二年（1777）十二月，也就是在最初颁布诏书谴责钱谦益的八年之后，乾隆建立了新的传记类别《贰臣传》，[②]明清易代中，那些在两朝都做过官的大臣，乾隆认为他们的节义多少都有污点，要据实直书，以此来为万世臣子植纲常。后来出版的《钦定国史·贰臣表传》中，一百二十名官员被分为甲乙两类（钱谦益被放在乙类第一名）。1778 年，乾隆颁布诏书，解释分类的原则：

> 钱谦益本一有才无行之文人……至钱谦益之自诩清流，腼颜降附；及金堡、屈大均等之幸生畏死，诡托缁流：均属丧心无耻！若辈果能死节，则今日亦当在予旌之列。乃既不能舍命，而犹假语言文字以自图掩饰其偷生，是必当明斥其进退无据之非，以隐殛其冥漠不灵之魄……因思我朝开创之初，明末诸臣望风归附。如洪承畴以经略表师，俘擒投顺；祖大寿以镇将惧祸，带城来投。及定

① 蔡营源：《钱谦益之生平与著述》，第 6–10 页。在《思旧录》中，黄宗羲混淆"名"与"字"，错误地把钱谦益的儿子钱孙爱（字孺饴）写为钱孙饴（《黄宗羲全集》卷一，第 378 页）。

② Lynn A. Struve, *The Ming-Qing Conflict, 1619–1683: A Historiography and Source Guide*(Ann Arbor: Association for Asian Studies, 1998), p. 64.

鼎时，若冯铨、王铎、宋权、金之俊、党崇雅等，在明俱曾跻显铁，入本朝仍忝为阁臣。至若天戈所指，解甲乞降，如左梦庚、田雄等，不可胜数。盖开创大一统之规模，自不得不加之录用，以靖人心，以明顺逆……今事后凭情而论，若而人者皆以胜国臣僚，乃遭际时艰，不能为其主临危受命，辄复畏死幸生，忝颜降附，岂得复谓之完人！即或稍有片长足录，其瑕疵自不能掩。若既降复叛之李建泰、金声桓，及降附后潜肆诋毁之钱谦益辈，尤反侧佥邪，更不是比于人类矣……朕思此等大节有亏之人，不能念其建有勋绩，谅于生前；亦不能因其尚有后人，原于既死。今为准情酌理，自应于国史内另立《贰臣传》一门，将诸臣仕明及仕本朝名事迹，据实直书，使不能纤微隐饰，即所谓虽孝子慈孙百世不能改者……此实乃朕大中至正之心，为万世臣子植纲常！[1]

1928 年，当《贰臣传》被《清史列传》收录为第七十八卷和第七十九卷时，钱谦益的作品已经被边缘化了将近一个半世纪之久。[2]1772 年开始编撰的《四库全书》未收录钱谦益的作品。虽然乾隆颁发的禁书令最终没能成功地阻止钱谦益著作的传播，[3]但在清

[1] Goodrich, *Literary Inquisition*, p. 104(romanization altered).
[2] 关于《四库全书》的英文文献，参考 *The Indiana Companion to Traditional Chinese Literature,* Volume 1, pp. 247–249 与 R. Kent Guy, *The Emperor's Four Treasuries: Scholars and the State in the Late Ch'ien-lung Era*(Cambridge, MA: Harvard University Press, 1987).
[3] 乾隆无情地谴责钱谦益，但禁书令没能成功阻止钱谦益作品的传播。见 Wilhelm, "Bibliographical Notes," pp. 196–198："人们可能会认为，这场全国性的禁书可能会导致钱谦益作品的散失，事实上，钱谦益的重要著作最终逃过禁书令而得以流传，虽然有些作品流失，但这不是由于政治原因，而是由于自然灾害。"

朝，他确实成功地令钱谦益声名狼藉，并且使不忠的污名始终伴随着后者。

　　1644 年到 1684 年，是清朝政府逐渐巩固其统治根基的阶段。[①] 明清交替时的不同阶段，士绅阶层面临种种艰难的抉择，[②] 最近才有学者深入研究这类问题。[③] 显然，不能用简单的、非黑即白的二元对立观点评论清初的重要政治事件：大臣们要么是忠君报国之臣，要么是通敌叛国之贼。梅尔清（Tobie Meyer-Fong）的看法有助于我们深入理解 1644 年以后士绅阶层形成的复杂社会关系，她认为我们对忠诚问题的认识"深受乾隆时代价值观的影响……也深受 19

---

① 孙康宜对钱谦益的作品在乾隆以后的传播做出了深入研究，见 Kang-I Sun Chang, "Qian Qianyi and His Place in History" in Wilt L. Idema, Wai-yee Li and Ellen Widmer ed., *Trauma and Transcendence in Early Qing Literature* (Cambridge, MA: Harvard University Press, 2006), pp. 199–218。孙康宜认同赵园的观点，认为钱谦益是"失节者"（《明清之际士大夫研究》，第 199 页）。

② Jonathan D. Spence and John E. Wills, Jr. ed., *From Ming to Ch'ing: Conquest, Regionanol Continuity in Seventeenth-Century China* (New Haven: Yale University Press, 1979).

③ Hongnam Kim, *The Life of a Patron: Zhou Lianggong(1612–1672)and the Painters of Seventeenth-Century China* (New York: China Institute in America, 1996); Ho Koon-piu, "Should We Die as Martyrs to the Ming Cause? Scholar-officials' Views on Martyrdom during the Ming-Qing Transition," *Oriens Extremus* 37(2)(1994): 123–151; Tom Fisher, "Loyalist Alternatives in the Early Ch'ing,"*Harvard Journal of Asiatic Studies* 44(1984): 83–122; Wing-ming Chan, "The Early-Qing Discourse on Loyalty,"*East Asian History* 19(2000): 27–52; Lawrence D. Kessler, "Chinese Scholars and the Early Manchu State," *Harvard Journal of Asiatic Studies* 31(1971): 179–200.

世纪末和 20 世纪初反清言论的影响"。①

我的研究并不是为了否认以下事实：钱谦益这批人的行径遭到当时人们的诟病，② 但是我们确实需要审慎看待他们在清初社会的微妙地位。白谦慎深入研究了书法家傅山（字青主，号啬庐，1607—1684）的人生。他发现，明清易代之际的人物，不论是否打算为新政权服务，人与人之间的关系都是不断变化的。白谦慎的研究给我们带来了新的视角，加深了我们对清初社会的理解，让我们意识到研究清初社会需要更加谨慎。③

我的研究并不打算讨论钱谦益 1645 年的降清之举，也不谈论

---

① Tobie Meyer-Fong, "Making a Place for Meaning in Early Qing Yangzhou," *Late Imperial China* 20(1)(1999): 49–84(52). （董建中译：《绿扬城郭是扬州——清初扬州红桥成名散论》，载《清史研究》，2001 年 11 月第 4 期）。梅尔清认为，从 16 世纪 60 年代的优势来看，选择的范围不再局限于"浪漫主义""禁欲主义""殉道者"。Frederic Wakeman, Jr., "Romantics, Stoics, and Martyrs in Seventeenth-Century China," *Journal of Asian Studies* 43 (4) (1984): 631–665. 梅尔清注意到，在这个新时代，"一个全新的、广泛包容的精英群体正在形成，在某些情况下，前朝遗民旧交甚至促成汉人精英和清朝新统治者之间在政治上的和解"（见 "Packaging the Men of Our Times: Literary Anthologies, Friendship Networks, and Political accommodation in the Early Qing,"*Harvard Journal of Asiatic Studies* 64(1)(2004): 5–56 [6].）。清初文人关系，参考谢正光：《清初诗文与士人交游考》（南京：南京大学出版社，2001）。

② 钱谦益为时人诟病，在清初，顾炎武拒绝与钱谦益交往。见 Frederic Wakeman, Jr., *The Great Enterprise: The Manchu Reconstruction of Imperial Order in Seventeenth-Century China* (Berkeley: University of California Press, 1985), Volume 2, pp. 718–720 and p. 879, n. 86。

③ Bai, *Fu Shan's World*. 钱谦益继续与黄宗羲保持接触。黄宗羲在南方从事反清复明的活动，一直坚持到 1649 年，见 *Eminent Chinese of the Ch'ing Period* (Washingtown DC: Government Printing Office, 1943-1944), pp. 351–354。钱谦益与黄宗羲的交往，提醒人们不能对钱谦益在清朝初期的行为做出简单的结论。

我对他两朝为官的看法。[1] 我仅讨论置身于 1641 年到 1642 年的钱谦益，对于这一时期的知识分子而言，无论政治和经济危机多么严重，他们都难以想象明朝政权的彻底崩溃。现有观点普遍认为钱谦益的政治生涯在明清易代时才开始变得复杂，事实上，他在此时也同样如此。

　　钱谦益于 1610 年中进士后，在翰林院只待了几个月，因父亲去世，回家服丧丁忧数年。1615 年，他整理出版父亲钱顺时的《古史谈苑》，这部著作在其父逝世前一年脱稿完成。[2] 1620 年，钱谦益复职，次年任浙江乡试主考官。1622 年末，因病告假。1624年，再度复出，又因为与东林党的联系受到连累，同年被革职回乡。[3] 明崇祯元年（1628），钱谦益再度复出任礼部侍郎（三品甲级）。同年，温体仁（字长卿，号员嵚，1574—1638）指告钱谦益在 1621 年浙江乡试贪污受贿，钱谦益又被撤职。1637 年，钱谦益和弟子瞿式耜（字起田，号稼轩，1590—1650）在与温体仁的纠纷中被拘，不久，温体仁下台，钱谦益得以释放，削籍归乡。钱谦

----

① 　钱谦益一方面与清政府勾结，另一方面又参加反清运动，见金鹤翀：《钱牧斋先生年谱》，第 938–952 页；Jerry Dennerline, *The Chia-ting Loyalists: Confucian Leadership and Social Change in Seventeenth-Century China*(New Haven: Yale University Press, 1981), pp. 266–268；陈寅恪：《柳如是别传》卷三；Wai-yee Li, "Heroic Transformations: Women and National Trauma in Early Qing Literature," *Harvard Journal of Asiatic Studies* 59(2)(1999): 363–443(395–408)。

② 　钱谦益：《刻〈古史谈苑〉目录后序》，《牧斋初学集》卷七十四，第三册，第 1636–1638 页。该著现收藏于台湾"中央图书馆"（蔡营源：《钱谦益之生平与著述》，第 39 页）。

③ 　关于东林党的英文文献，见 John W. Dardess, *Blood and History in China: The Donglin Faction and its Repression, 1620–1627* (Honolulu: University of Hawai'i Press, 2002)。

益回到常熟后，一直处于赋闲状态，直到 1645 年在南明政权短暂任职。

钱谦益仕途坎坷，不过，在那个年代，仕途不顺是一件再正常不过的事。当时的人们若是想加入错综复杂的江南文人圈，仕途是他们的必经之路。但是，就像吴讷孙描述董其昌的生平及仕途一样，[①] 晚明勾心斗角的官场生活令许多人感到压抑。1610 年，钱谦益父亲去世，此后多年，他一直都以"旧史官"自居，但实际上他在史官任上不足三个月。直到 1638 年被革职回到常熟之前，钱谦益的整个官场生涯大部分时间都是在赋闲中度过。然而他已经被公认为当时最伟大的诗人和最杰出的文学评论家，年轻的学子常常拿着文稿登门求教，络绎不绝。[②] 显然，当时江南文人可以在官场之外建立名望，文学、音乐、酒茶、古董等爱好为文人提供了广阔的社交天地。

钱谦益的文学理念在很大程度上继承了公安派的观点。以袁宏道为代表的公安派主要活跃在嘉定一带，钱谦益的好友程嘉燧（字

[①] Nelson I. Wu, "Tung Ch'i-ch'ang (1555–1636): Apathy in Government and Fervor in Art," in Arthur F. Wright and Denis Twitchett ed., *Confucian Personalities*(Stanford: Stanford University Press, 1962), pp. 260–293.

[②] 蔡营源：《钱谦益之生平与著述》，第 45 页。

孟阳，号松圆，1565—1643）也是来自嘉定。[①]对袁宏道及其追随者来说，诗歌应该独抒性灵，自然率真，而不是拘泥于韵律或措辞的俗套。[②]公安派认为自然率真、有感而发才能更好地反映诗人的个性。1608年，袁宏道钦佩地赞赏刘戡之（元定）"读其诗如见其人，见其人可知其诗"。[③]钱谦益的文学主张和袁宏道相呼相应。他认为，"所谓有诗者，惟其志意偪塞……（诗人不应）矫厉气矜"[④]。诸如诗的音节、韵律和形式等方面仅仅是诗歌的体态，而体态由诗歌的精神气势所决定。[⑤]

　　钱谦益的文学成就在当时无出其右，人们找他润色文稿，请他

---

① 关于公安派思想，具体参考：Chih-p'ing Chou, "The Poetry and Poetic Theory of Yüan Hung-tao(1568–1610)," *Tsing-Hua Journal of Chinese Studies* (New Series)15(1/2)(1983): 113–142; *Yüan Hungtao and the Kung-an School*(Cambridge: Cambridge University Press, 1988); 任访秋：《袁中郎研究》（上海：上海古籍出版社,1983); Martine Vallette-Hémery, *Yuan Hongdao(1568–1610): théorie et pratique littéraires*(Paris: Mémoires de l'Institut des Hautes Études Chinoises, 1982)；张国光、黄清泉主编：《晚明文学革新派公安三袁研究》（武汉：华中师范大学出版社，1987); two studies by Jonathan Chaves, "The Expression of Self in the Kung-an School: Non-Romantic Individualism," in Robert E. Hegel and Richard C. Hessney ed., *Expressions of Self in Chinese Literature*(New York: Columbia University Press, 1985), pp. 123–150.
② 关于性灵说，参考 James J. Y. Liu, *The Art of Chinese Poetry*(London: Routledge, 1962), pp. 70–76。
③ 袁宏道：《刘元定诗序》，《袁宏道集笺校》卷三，第 1528–1529 页。
④ 钱谦益：《书瞿有仲诗卷》，《牧斋有学集》卷四十七（《钱牧斋全集》第六册，第 1557–1559 页）。
⑤ 钱谦益：《黄庭表忍庵诗序》，《牧斋有学集》卷二十（《钱牧斋全集》第五册，第 846–847 页）。关于钱谦益文学思想与公安派的关系，参考孙之梅：《钱谦益与明末清初文学》，第 123–139 页及第 257–279 页；胡幼峰：《清初虞山派诗论》，第 44–49 页；Lynn A. Struve, "Huang Zongxi in Context: A Reappraisal of His Major Writings," *Journal of Asian Studies* 47(3)(1988): 474–502 以及 Che, "Not Words But Feelings," pp. 60–61。

为作品作序，后来，他还编撰了传世巨作《列朝诗集》。[①]1640 年春，郑元勋在影园举行诗会，诗歌最终由钱谦益来评定等次。[②] 同公安派诗人相比，钱谦益的文学理念更强调全面的文学修养："诗文之道，萌折于灵心，蛰启于世运，而苗长于学问。"[③] 钱谦益自称有"好书之癖"。[④]17 世纪 30 年代末，钱谦益的私人藏书楼藏书之丰闻名遐迩，其藏书后来都被安置在绛云楼，部分被毁于 1650 年的一场大火。[⑤] 黄宗羲后来评价说："绛云楼藏书，余所欲见者无不有。"[⑥] 大火发生几年后，钮琇（字书城，号玉樵，1644—1704）评论说："绛云楼藏书居江南之首。"作为备受瞩目的收藏，钱谦益

---

① 关于《列朝诗集》的编撰，参考孙之梅：《钱谦益与明末清初文学》，第 342–358 页；Yim, *Poetics of Historical Memory*, pp. 235–241, 以及 Meyer-Fong, "Packaging the Men of Our Times," pp. 18–21。

② 钱谦益：《姚黄集序》，《牧斋初学集》卷二十九（《钱牧斋全集》第三册，第 885–886 页）。参考郑元勋：《影园自记》。英译见：Duncan Campbell, *A Personal Record of My Garden of Reflection* (Wellington: Asian Studies Institute Translation Paper #5, 2004)。

③ 钱谦益：《题杜苍略自评诗文》，《牧斋有学集》卷四十九（《钱牧斋全集》第六册，第 1594–1595 页）。

④ 钱谦益：《江阴李贯之七十序》，《牧斋初学集》卷三十七（《钱牧斋全集》第二册，第 1026–1027 页）。

⑤ 研究钱谦益的绛云楼藏书的有关文献见简秀娟：《钱谦益藏书研究》（台北：汉美图书有限公司，1991）；同见陈寅恪：《柳如是别传》卷二，第 820–832 页。与钱谦益一样，曹溶在明清两朝担任官职，在他编撰的书目中，记述绛云楼毁于大火的过程："入北不久，称疾告归，居红豆山庄，出所藏书重加缮治，区分类聚，栖绛云楼上，大椟七十有三。顾之自喜曰：我晚而贫，书则可云富矣。甫十余日，其幼女中夜与乳媪嬉楼上，翦烛炧落纸堆中，遂燬。宗伯楼下惊起，焰已张天，不及救，仓皇出走。俄顷楼与书俱尽。余闻弦甚，特过唁之。谓予曰：古书不存矣。"见曹溶：《绛云楼藏书目题词》，《绛云楼书目》，第 321–322 页。英译版见：Duncan Campbell in "The Moral Status of the Book: Huang Zongxi in the Private Libraries of Late Imperial China," *East Asian History* 32/33(2006/2007): 1–24(17)。

⑥ 蔡营源：《钱谦益之生平与著述》，第 102 页。

在绛云楼的藏书可谓出类拔萃。① 曹溶（字洁躬，一字秋岳，号倦圃，1613—1685）根据《绛云楼书目》断言，钱谦益"一所收必宋元版，不取近人所刻及钞本"。② 但是仅仅依照《绛云楼书目》便做出这样论断是有问题的，书目只能看作钱谦益作为收藏家的自我写照，而非绛云楼实际藏书的清单。③ 几年后，清朝收藏家黄丕烈（字绍武，号复翁，1763—1825）指出，在藏书上加盖藏书楼独有的藏书印，是为了彰显它们作为收藏品的重要性。④ 1631 年，钱谦益在《左传·春秋评注》札记中写道："此等书古香灵异，在在处处，定有神物护持。"⑤ 他还把藏书称为"癖"，戏谑地将 1650 年的火灾称作对自己"惜书癖"的惩罚。⑥ 不过，钱谦益的藏书确实彰显了他作为一名真正的学者的品质。曹溶回忆说："宗伯每一部书，能言旧刻若何，新版若何，中间差别几何，验之纤悉不爽，盖于书无所不

① 钮琇：《觚剩·河东君》，转引自范景中、周书田编纂：《柳如是事辑》（杭州：中国美术学院出版社，2002），第 13—17 页。
② Duncan Campbell, "Cao Rong(1613–85)on Books: Loss, Libraries and Circulation," unpublished seminar paper delivered to the Department of History, University of Otago(10 May 2006), p. 10. 曹溶的生平，可查阅 Tu Lien-chê, *Eminent Chinese of the Ch'ing Period* (Waohingtown DC: Government Printing Office, 1943-1944), p. 740。
③ 《绛云楼书目》收录在《续修四库全书》（上海：上海古籍出版社，2002）卷九二零，第 319–424 页，1820 年影印翻版现收藏于北京图书馆。绛云楼藏书兼收并蓄，书目经常没有注明编撰者或作品卷数等细节，却尤其重视出版时期。曹溶指出钱谦益的书目只收录较早的版本，曹溶以《宗镜录》不在书目为证据，认为《绛云楼书目》不完整（《绛云楼书目题词》，第 322 页）。我倾向于认为，钱谦益希望通过书目展现其作为收藏家的地位，而非展示他所有的藏书。
④ 谷辉之认为，名人收藏书籍，书上带有名人的印章和笔墨，更显古色古香。见谷辉之辑：《柳如是诗文集》（北京：新华出版社，1996），第 243 页。
⑤ 钱谦益：《跋宋版左传》，《牧斋初学集》卷八十五（《钱牧斋全集》第三册，第 1780 页）。
⑥ 曹溶：《绛云楼书目题词》，第 322 页。当时在士大夫中流行并为钱谦益所钟爱的其他消遣包括茶、酒、音乐。参考李庆：《钱谦益：明末士大夫心态的典型》，

读，去他人徒好书束高阁者远甚。"[①]

到了 17 世纪 30 年代末，钱谦益似乎认为自己对典籍有了更深的领悟。1638 年春，他于狱中重读了《史记》《汉书》《后汉书》，最后"深悉其异同曲折，前此皆茫如也"。[②]他在其他场合也曾遗憾地说过，尽管小时候苦读《史记》和《汉书》，但那时"犹无与也"。[③]退隐常熟后，钱谦益继续对杜甫（字子美，号少陵野老，712—770）的研究，他写下的诗评是晚明一部奇特的作品（迄今为止，这部著作还没有得到充分的研究）。[④]王琦是《李太白诗集注》的编撰者，他曾表示，自己深受钱谦益的杜甫诗评的影响。但是事实未必真的就如王琦所言，后文我们还将会对其讨论。[⑤]

---

① Campbell, "Moral Status of the Book," p. 16.

② 钱谦益：《答山阴徐伯调书》，《牧斋有学集》卷三十九，第六册（《钱牧斋全集》，第 1346–1349 页）。

③ 钱谦益：《答杜苍略论文书》，《牧斋有学集》卷三十八，第三册（《钱牧斋全集》，第 1306–1309 页）。

④ 钱谦益：《读杜小笺》，《牧斋初学集》卷一〇六至卷一一〇（《钱牧斋全集》第三册，第 2153–2219 页）。钱谦益的杜甫诗评，包括《牧斋初学集》出版后对杜甫诗歌的继续研究，后来都收录在再版的《钱注杜诗》（上海：上海古籍出版社，1979，总两卷）。几十年前，洪业（William Hung）对钱氏的杜甫诗评的真伪提出质疑："钱谦益博学多才，文风雄辩，为人却首鼠两端……在我看来，钱谦益收藏手抄《杜工部集》孤本，即所谓的吴若本，对杜诗解读精妙，但钱谦益去世不久，吴若本就不见踪影。我认为，《钱注杜诗》抄袭了 1204 年版本，并做大量增删，这是一本巧妙的伪作。有关证据证明钱谦益本人就是篡改者。"参考 William Hung, *Tu Fu: China's Greatest Poet* (Cambridge, MA: Harvard University Press, 1952), pp. 13–15. 尽管如此，通过《钱注杜诗》还是可以深入了解钱谦益的文学思想，是书还有待进一步的研究。有关《钱注杜诗》浅显但有益的研究文献见张继沛："钱谦益笺杜之要旨及其寄托"，《联合书院三十周年纪念论文集》（香港：香港中文大学出版社，1986），第 215–234 页。两部比较全面地研究《钱注杜诗》的文献，如郝润华：《〈钱注杜诗〉与诗史互证方法》（合肥：黄山书社，2000）；陈莅珊：《〈钱笺杜诗〉研究》（北京：学苑出版社，2011）。

⑤ 《出版说明》，见王琦编撰：《李太白诗集注》（北京：中华书局，1977），第 9–10 页。

作为杰出的文学评论家，钱谦益有着深厚的古文基础，以《易经》为例，他的藏书目录中，注解《易经》或不同版本的《易经》就有一百六十五卷。^①在那个个性觉醒的时代，"人们乐于将注意力集中在重新解读古诗，或对古诗中某些措辞进行推敲上，从而获得对旧诗更深的洞察"，^②钱谦益无疑在这方面走在时代前面。1639年（郑元勋举办影园诗会一年后），当时有名的藏书家毛晋（字子晋，号潜在，1599—1659）在完成《十三经》的批注后，便请求钱谦益为作品作序。^③

这一时期也开启了钱谦益生命的新篇章，他遇到了柳如是，这个女人将与他共度余生。柳如是（原姓杨，字如是，号河东君，1618—1664）是明清易代时期的杰出人物。她本是青楼女子，才华横溢。^④1640年10月，两人在某地偶遇，过了一个月，柳如是女扮男装，独自一人到常熟拜访钱谦益，两人再次见面。柳如是此次乘小舟而来，显然，她喜欢乘坐小舟在繁荣的江南旅行。一部文学年鉴中有段含糊且暧昧的记载记录了这次拜访，柳如是

① 《绛云楼书目》，第323–325 页。

② James C. Y. Watt, "The Literati Environment," in Li and Watt ed., *The Chinese Scholar's Studio*, pp. 1–13(1).

③ 钱谦益:《新刻十三经注疏序》，《牧斋初学集》卷二十八（《钱牧斋全集》第二册，第850–852 页）。

④ 有关柳如是生平的详细资料，请参阅房兆楹的英文文章: Fang Chao-ying: *Eminent Chinese of the Ch'ing Period* (Washingtown DC: Government Printing Office, 1943-1944), pp. 529–530, 以及 Beata Grant in *The Indiana Companion to Traditional Chinese Literature*, Volume 2, pp. 107–129。有关柳如是生平与作品的详细情况，参阅陈寅恪《柳如是别传》，也可参考卞敏《柳如是新传》（杭州：浙江人民出版社，1997）。

说"吾非才学如钱学士虞山者不嫁"，钱谦益则以"吾非能诗如柳如是者不娶"作应答。[①] 次月，柳如是入住钱氏的我闻室。[②]

卜正民将明朝文人与青楼女子交往的兴盛归因于当时的社会背景：面对派系斗争和对朝廷信赖的丧失，士绅阶层感到无能为力。[③] 晚明社会上涌现了许多才貌双全的绝代佳人，她们虽然昙花一现，却活得轰轰烈烈。这一趋势与上层社会女性文学修养提高、个人自由得到改善也是一致的。[④] 柳如是女扮男装，追求与她文学才能相匹配的伴侣；她独来独往，"如是"和"儒士"谐音，某种程度上也可以解读为儒学之士。柳如是的形象，充分表明传统男女性别差异在此时开始模糊。像众多 17、18 世纪的真实或虚构的女性一样（真实和虚构不总能分得很清楚），柳如是这类女子的文学才华，总被人们视为美貌的锦上之花。但是也有人认为，将柳如是诠释为一个过分独立自主的女性，可能并不符合事实。柳如是在早年改名换姓，原来的身份不明（这是当时青楼女子的普遍做

---

① 沈虬：《河东君记》，引自范景中、周书田编纂：《柳如是事辑》，第 18—20 页。
② "如是我闻"是佛经中的熟语。
③ Brook, *Confusions of Pleasure*, p. 230.
④ Dorothy Ko, *Teachers of the Inner Chambers: Women and Culture in Seventeenth-Century China*(Stanford: Stanford University Press, 1994); 张宏生编：《明清文学与性别研究》（南京：江苏古籍出版社，2002）；Wai-yee Li, "The Late Ming Courtesan: Invention of a Cultural Ideal," in Ellen Widmer and Kang-i Sun Chang ed., *Writing Women in Late Imperial China*(Stanford: Stanford University Press, 1997), pp. 46–73; Kang-i Sun Chang, *The Late-Ming Poet Ch'en Tzu-lung: Crises of Love and Loyalism*(New Haven: Yale University Press, 1991). See also Robyn Hamilton, "The Pursuit of Fame: Luo Qilan(1755–1813?)and the Debates about Women and Talent in Eighteenth-Century Jiangnan," *Late Imperial China* 18(1)(1997): 39–71.

法）。①1664 年，钱谦益的逝世引发了一场有关家庭财产的激烈纠纷，此后，柳如是一贫如洗，并最终自杀，这也印证了她的脆弱。

不过我们还是回到辛巳年（1641）的正月初一，这一天，钱谦益和柳如是在常熟一起迎来新年。②此时，距离明朝末年风雨飘摇的日子似乎还很遥远。像许多同时代人一样，钱谦益的仕途坎坷，但等他到了六十岁时，他已经被公认为当时最杰出的诗人和文学家，更不用说他的藏书在江南首屈一指，凭借这些，他就可以聊以自慰。这时候，钱谦益和柳如是刚刚开始交往，柳如是貌美如花，芳龄不足二十四。钱谦益不顾原配夫人和家人的大吵大闹，打算六个月后迎娶她，也就是在婚礼之前，钱谦益动身前往黄山。

---

① 钮琇的《觚剩·河东君》描述钱谦益柳如是在文学上夫唱妇随，柳如是是男人的理想伴侣："宗伯吟披之好，晚龄益笃。图史校雠，惟柳是问。每于画眉余暇，临文有所讨论，柳辄上楼翻阅。虽缥缃浮栋，而某书某卷，拈示尖纤，百不失一。或用事微有舛讹，随亦辨正。宗伯悦其慧解，益加怜重。"(Niu, "Hedongjun," translated in Campbell, "Cao Rong(1613–85)on Books," p. 13)
② 钱谦益：《辛巳元日·元日次韵》，《牧斋初学集》卷十八（《钱牧斋全集》第一册，第 622–623 页）。

第二章　笔墨山水：黄山文学传统

　　山岳在传统中国是众多活动的中心，艺术、政治和宗教等都围绕着这一中心展开，相互竞争。尤其是对宗教而言，山岳是举行仪式的场所，又是崇拜的对象。山岳是山水景观的重要组成部分之一（山水景观由山和水组成），代表着稳定和永恒。很早之前，山岳就与王朝统治联系在了一起：它们既是国家之间的分界，又是边疆的天然屏障。"岳"是对一座山重要性的肯定性称谓。泰山、霍山、华山、恒山和嵩山曾经一度组成五岳，代表尘世间四界（后来衡山取代霍山），它们也是皇帝举行封禅、祭祀的地方。[①]

---

① 《尔雅》中的五岳是：东岳泰山、西岳华山、南岳霍山、北岳恒山、中岳嵩山。隋朝时，衡山取代霍山，成为南岳。参见徐朝华注：《尔雅今注》（天津：南开大学出版社，1987），第238页。关于五岳形成的历史，参考 Aat Vervoorn's "Cultural Strata of Hua Shan, the Holy Peak of the West," *Monumenta Serica* 39(1990–91): 1–30(esp. pp. 1–13)。本书（英文原版）将"岳"翻译为"Marchmount"，这种译法参考了汉学家薛爱华（Edward H. Schafer）。

《尚书》记载的传说中的舜是到五岳祭祀的第一人。[①]在舜之后，人们普遍认为，帝王的成败或王朝的兴衰是与东岳泰山（见图2）联系在一起的。[②]《史记》记载了公元前1世纪的泰山封禅仪式，杰出的帝王想通过这一仪式表现自己对前人的超越。也许更为明显的是，在中国各地可见的高耸的皇家陵墓也含蓄地表明了山岳、上天和皇权之间的联系。[③]即使后来有些皇帝并不喜欢封禅，山岳仍然是皇权的重要象征。后世的统治者不断利用这种象征意义，如康熙（圣祖，1662—1722在位）、乾隆。[④]

随着传统思想体系的演化，神化的中国山水不断被人们重新诠释、重新定义，各种思想的体系与正统儒家思想同时存在，又相互竞争。从6世纪末开始，道家试图将山岳纳入道教的宇宙观中。[⑤]禅宗则发展出了一套五山十刹系统。[⑥]更重要的是，他们建立的系统将

[①] 《舜典》的英文版，可参考理雅各（James Legge）的英译本 *The Chinese Classics* (Hong Kong: Hong Kong University Press, 1960), Volume 3 (1), pp. 29–51。

[②] 司马迁：《史记》（北京：中华书局，1959）卷四，第1355–1404页。有关封禅仪式的第一手资料，参考《封禅仪记》（收录在 Strassberg 的英文著作 *Inscribed Landscapes*, pp. 57–62）。

[③] John Hay, *Kernels of Energy, Bones of Earth: The Rock in Chinese Art* (New York: China House Gallery, 1985), pp. 59–60.

[④] Robert E. Harrist, Jr., "Reading Chinese Mountains: Landscape and Calligraphy in China," *Orientations* (Dec 2000): 64–69 (65–66). 关于清朝皇帝摒弃传统的封禅祭祀，见 Dott, *Identity Reflections*, pp. 150-181. Dott 引用了一句康熙皇帝的诗作为参考："欲与臣邻崇实政，金泥玉检不须留。"（第179页）

[⑤] John Lagerwey ("The Pilgrimage to Wu-tang Shan" in Susan Naquin and Chünfang Yü ed., *Pilgrims and Sacred Sites in China* [Berkeley: University of California Press, 1992], pp. 293–332). 劳格文（John Lagerwey）指出，道家"没有能够成功把全国的山岳纳入道教的宇宙观，五岳中只有华山和泰山在道教史上一直扮演重要的角色。"

[⑥] Brook, "Communications and Commerce," p. 629.

山岳和大乘佛教的四大菩萨联系起来。四座佛教传统名山分别是普陀山（观音菩萨）、九华山（地藏菩萨）、峨眉山（普贤菩萨）以及五台山（文殊菩萨）。正如明代的著名僧人所言，佛教四大名山是"菩萨下凡显灵，传扬佛法，普度众生"的道场。[①]四座名山作为佛教圣地的传统一直延续到晚明——在张岱的描述中，杭州春天的市集，成群的佛教信徒结队前往佛教圣地的情景，令人回味悠长。[②]

　　山岳渐渐成为宗教及传统思想流派的文化竞争之地，他们都想在山上留下自己的一席之地。山岳有时也会成为冲突的场所，宗教团体进行文化竞争，不惜牺牲其他宗教派别的利益，企图将自己的思想体系烙印在山水之间。不过，更常见的情况是，一座山可以同时属于不同的宗教信仰，也会在不同的历史时期具有不同的象征意义。[③]中国一千年来的绘画艺术也在很大程度上反映出山岳象征意义的演变。

　　黄山不属于传统的五岳，没有五岳的宗教象征意义。在几个世纪之前，黄山甚至不在具有文化意义的名胜之列。论及景观的文化意义，它们通常是由文人创立，例如湖北的赤壁便因苏轼那首著名的词而不朽，辋川则与王维的名字密不可分。与它们相比，当

---

① Brook, *Communications and Commerce*, p. 630.
② 张岱：《西湖香市》，见夏咸淳、程维荣校注《陶庵梦忆·西湖梦寻》，第109–110 页。
③ 罗柏松（James Robson）提醒我们，不要将某一景点明确地归为佛教名山或道教名山。他指出，衡山的历史就是众多宗教传统相互竞争的历史，见 James Robson, "The Polymorphous Space of the Southern Marchmount: An Introduction to Nanyue's Religious History and Preliminary Notes on Buddhist-Daoist Interaction," *Cahiers d'Extrême-Asie* 8 [1995]: 221–264)。参考 Vervoorn, "Cultural Strata," p. 23.

北宋山水画家郭熙（字淳夫，1020？—1100？）在一部重要的画集《林泉高致集》中罗列"天下名山"时，黄山并没有被提及。[①]事实上，在 1500 年之前来过黄山的名士中，有资格列入《黄山志定本》（成书于 1679 年）的，只不过寥寥数十人。[②]当然，正是因为通往黄山的道路艰难且险阻，一般人不易到达，所以它直到很晚才成为具有文化意义的山水景观。但是同其他景观一样，随着时间的推移，道士、僧人及儒士纷至沓来，各种信仰在这里安营扎寨，暗暗进行文化竞争，最终被儒家文人所占领。17 世纪黄山的声名鹊起与文人儒士离不开关系，文人和画家笔下的黄山仍然是道教的圣地，而通往黄山的道路则尤其要归功于佛教所引来的朝廷资助。

　　本章试图将黄山解读为一种话语传统的产物——景观象征意义的演变，首先取决于相关文本对其的描述。17 世纪最初的几十年，登临黄山之路不再像从前那样艰难险阻；有关黄山的作品也在增多，这在两个方面给黄山的历史带来发展。最明显的变化是人们对登临黄山的兴趣日益浓厚。尽管很少有文人明确承认，自己前往黄山是受到了他人的黄山作品的启发，但也有例外，1609 年 10 月，姚文蔚（字元素，号养谷，1592 年进士，杭州人）大病初愈之后完成了他的黄山之行，他把黄汝亨的游记作为促成此行的动力

---

① 郭熙：《山水训》，见《林泉高致集》，英译版："Advice on Landscape," in Victor Mair, Nancy S. Steinhardt and Paul R. Goldin ed., *Hawai'i Reader in Traditional Chinese Culture*（Honolulu: University of Hawai'i Press, 2005), pp. 380-387.
② 闵麟嗣编撰：《黄山志定本》（合肥：黄山书社，1990），第 80–115 页。本章后文会介绍《黄山志定本》。

和缘由。[①]而对本书更有意义的是，自 17 世纪以来，来到黄山的游历者可以接触到一种不断发展的有关黄山的文本表现传统，而游历者的作品则进一步促进这类文本的积累。这指导着游历者如何去了解黄山、游玩黄山、欣赏黄山。在后文中，我们还会看到有关承载着文化象征意义的山水景观的描述正在日积月累。这些文本的积淀不仅把黄山变成重要的文化地标，还建立起了一套黄山描叙的模式，流传至今。

黄山地形渊源

《黄山图经》是有关黄山的现存最早也是迄今为止影响最大的作品。这部作者佚名的宋代著作把黄山景观同道家神话传统紧密地结合在一起，而这一道教神话的传统或许要追溯至几个世纪之前。[②]书中记载，黄帝在仆人荣成和浮丘的帮助下，在黄山成功炼制出灵丹妙药，最终升天成仙，而黄山也因此成为道教的圣地。泰山也有着一个类似的传说，尽管相似，但独立于黄山的神话而存在。公元3 世纪，曹植（字子建，192—232）便曾在诗中颂扬黄帝在泰山升天的故事。[③]公元前 110 年，汉武帝（刘彻，公元前 140—前 87 在

---

① 《黄山志》（1667），第 457–459 页。

② "图经"这种说法，"到了明朝……已经成为陈词"。参考英文著作：Timothy Brook, *Geographical Sources of Ming-Qing History* (Ann Arbor: Center for Chinese Studies, University of Michigan, 2002), p. 4。

③ Paul W. Kroll, "Verses from on High: The Ascent of T'ai Shan," in Shuen-fu Lin and Stephen Owen ed., *The Vitality of the Lyric Voice: Shih Poetry from the Late Han to the T'ang* (Princeton: Princeton University Press, 1986), pp. 167–216 (pp. 186–189).

位）登泰山，举行封禅仪式，这一举动在很大程度上是在效仿黄帝，因为传说中黄帝的衣冠墓就在泰山。[①]

无论如何，道家以黄山作为神话传说的发生地，反映了黄山在道教的中心地位。黄山的标志性景观被贴上了神仙、升天及炼制丹药的标签，著名的黄山"三十六峰"也对应着道教里的三十六小洞天，反映了道教的宇宙观。[②]

《黄山图经》中原有的插图已经丢失，现有版本中的插图都是17世纪著名画家的作品，这些画家包括郑重（字千里，号天都懒人，1590—1630）、弘仁（原名江韬，字六奇，号无智，又号渐江学人，1610—1664）、弘仁的侄子江注（生于1623？）和梅清（字渊公，号瞿山，1623—1697）。现在我们已经无从得知这些图像是否同宋代原初版本的图像一致，但是携带《黄山图经》的明代游历者中没有一人提及这书中的插图，这似乎表明从16世纪之前的某个时刻开始，《黄山图经》就已经以纯文字的形式流传。《黄山图经》在当时的安徽书市一定随处可得，我们下面讨论的明代文人

[①]　Michael Loewe, *Faith, Myth and Reason in Han China* (Indianapolis: Hackett Publishing Company, 1994), pp. 130–136.

[②]　Anne Swann Goodrich, *The Peking Temple of the Eastern Peak*, cited in Joseph P. McDermott's "The Making of a Chinese Mountain, Huangshan: Politics and Wealth in Chinese Art," *Asian Cultural Studies* 17 (1989): 145–176 (153). See also Naquin and Yü, "Introduction: Pilgrimage in China," in *idem* ed., *Pilgrims and Sacred Sites*, pp. 1–38 (17). 关于道教名山的宗教地名，见 Thomas Hahn's "The Standard Taoist Mountain and Related Features of Religious Geography," *Cahiers d' Extrême-Asie* 4 (1988): 145–156。

中，很多人都提及了这一文本，却从未提到过它的珍稀性。[1] 而直到清代，《黄山图经》也都被黄山游历者奉为圭臬。

《黄山图经》的重要意义在于它确立了黄山具体景观的名称。它提供了现存最早的黄山三十六峰的名称，还介绍了从唐代开始黄山名称的历史演变，介绍了黄山是如何从原来的黟山（有时也称黝山或北黝山，字面意思是黑色之山）变成如今的黄山，其精确的描述令人惊叹：

> 黄山旧名黟山，当宣歙二郡。东南属歙县，西南属休宁，各一百二十里，即轩辕黄帝楼真之地，唐天宝六年（747）六月十七日，（唐玄宗）敕改为黄山。[2]

值得注意的是，这后来成为黄山得名的标准解释，由于没有任何其他资料曾说明黄山名称的来龙去脉（唐史中也没有记载这道谕旨）。[3] 元明两代的研究认为，唐代文人夸大了黄山其名的道教意义，甚至很可能是有人杜撰了这段历史，而宋代人又沿用了这一

---

[1]　汪泽民记述他在大德戊戌年（1298）得到的黄山文本，但没有记录其他细节（《黄山志定本》，第 207 页）。本章后面会介绍汪泽民。正如我们看到的，钱谦益在游记中多处引用《黄山志图经》，但是《绛云楼书目》收录的有关黄山的书籍却是《黄山庐山二图》。

[2]　本书英文版将"黄山"翻译为"Yellow Mountain"（注意此处 Mountain 是单数），因为我的研究是把黄山视为一座由许多山峰组成的整体。斯特拉斯伯格（Strassberg，*Inscribed Landscapes*）把黄山翻译为"Yellow Emperor Mountain"（黄帝山），他是根据黄山名称的渊源翻译的，这也许有其合理性。但是，我们并不清楚，晚明读者是否认为黄山之"黄"字指的是黄帝。在我看来，17 世纪的游记作者在游记中觉得有必要解释黄山名称，而且当时大多数文人对黄山名称起源的传说都持怀疑态度，这些事实说明斯特拉斯伯格的译法有待商榷。

[3]　《黄山志》（合肥：黄山书社，1988），第 2 页。

解释。① 很多人质疑《黄山图经》中这段关于黄山得名的解释，赵汸（字子常，1319—1369）便是其中的一位，他认为用中国传统的风水学说来解释黄山的"黄"字更为合理。② 吴度则指出，《黄山图经》所声称黄山得名的时间有些蹊跷，因为几个世纪之前的《列仙传》中就已经出现了黄山之名。③

黄山具体景观的得名同样复杂。毋庸置疑的是，黄山景观中最为重要的要属三十六峰的命名，其中的每座山峰都在《黄山图经》中被确定了名称，并且给出了简要的描述（正如我们所见，它们通常是根据各自在道教传统中的洞天福地中所扮演的角色命名）。遗憾的是，我们已经无法知晓《黄山图经》佚名的编著者在命名山峰时在多大程度上参照了当时已然存在的名称。但是方志的命名往往采用描述性语言，所以它很有可能确实是依照惯例命名的。正如钱谦益在游记中提到的，李白（字太白，号青莲居士，701—762）在《送温处士归黄山白鹅峰旧居》中提到的白鹅峰，无法在《黄山图经》中找到。宋朝之前的人们已经知道黄山由三十六座山峰组成（此时的各座山峰可能还没有被命名）。值得注意的是，虽然李

---

① 《黄山志》（合肥：黄山书社，1988），第 2 页。

② 赵汸:《送陈大博游黄山还诗序》,《黄山志定本》，第 172–173 页。

③ 《黄山志》（1988），第 2 页；《列仙传》（上海：上海古籍出版社，1990），第 23 页。据说作者是刘向（原名更生，字子政，前 79?—前 6)。17 世纪，许多文人似乎更喜欢用"黄海"来称呼这座山，这一名称在清初画作的题名和书尾页刊版号中尤其常见。谢兆申声称"黄海"为他的朋友潘之恒所创（《黄山志定本》，第 247 页）；潘之恒关于黄山得名的文章，可参考《黄山志》（1667），第 479–480 页。"黄海"这一名称模棱两可，有些旅行者似乎用它指黄山的一个景点，而非黄山整个山脉，参见王之杰的文章，收录在《黄山志》（1667）第 454–455 页，以及《黄山志定本》第 224–227 页。

白只提到三十二座山峰："黄山四千仞，三十二莲峰"，但唐代诗僧岛云在诗中已经提到了三十六座："峭拔虽传三十六，参差何啻一千余？"① 如果三十六峰的名称已经"流传"到了唐代诗人那里，那么，宋代方志中的地名也可能根据当时流传的文字或口头传述来撰写。

不管事实如何，《黄山图经》对明清两代黄山游记的创作乃至对人们在黄山的游历，都产生了实实在在的影响。《黄山图经》为"三十六峰"定下的名称成为后世的标准，之后的地理方志和其他历史资料都沿用了这些名称。更重要的是，《黄山图经》按照山峰的重要性为其从一到三十六依次编号，这一做法也被后世沿用。即使只是浮光掠影式地浏览明清两代的诗歌和游记，我们也会发现，三十六峰中被排序在前十的山峰会在游记中频繁出现，而这一排序正是依照宋代的做法。

本书的研究对象《游黄山记》篇幅有限，仅仅描述了被排序在前面的三座山峰，即翠微峰、石门峰和云门峰。② 钱谦益选择性地描述这几座山峰，也有可能是因为另外一些山峰在当时难以识别。当时的人们往往依靠文字描述来识别三十六峰，这确实会非常困难。脚夫、僧侣及当地居民可以辨认如天都峰、莲花峰等众所周知的重要山峰，也明确它们各自的名字。但正如钱谦益在游记最后

---

① 《黄山志定本》，第 373 页。
② 根据现存资料来看，流传于当时的山峰名称在多大程度上影响明清游客欣赏和游历黄山，明确他们所受影响的程度比确定有多少山峰更困难，也更重要。对此，我后文会继续探讨。

指出的那样，黄山可被识别的山峰并不多："所知者天都、莲花、炼丹、朱砂十余峰而已。"钱谦益感叹道，自宋代《黄山图经》出版以来，"学士大夫不能悉其名，而山僧木子不能指其处"。白鹅峰尤其神秘，辨认起来更是棘手。这座山峰因李白的诗歌而闻名天下，但到了1641年，人们实际已经无法确定它究竟是哪座。[①] 晚明文人视《黄山图经》为黄山的权威文献，但文本记载和实际景观之间存在很大的不确定性，景观的辨识困难得令人气馁。由于缺乏其他的权威文献，所以黄山诸峰的主要构成以及山麓的起止点在明代很难界定。[②]

图书编纂者于17世纪初将注意力投向黄山。但早在几十年前，普通民众对黄山的了解已经日益增多，并逐渐对其产生兴趣。南宋（1127—1279）之前，黄山一带，尤其是徽州的木材、茶叶和墨砚等商品已经名扬天下。17世纪初，依靠不断扩大的盐业市

---

① 我认为，1988年版《黄山志》在绘制山峰以及标示山峰高度方面存在很多问题。这也提醒我们，也正如钱谦益所说，有关山峰名称与位置的记载延续数千年，山峰对应的位置容易误导游客，三十六峰就属于这种情况。白鹅峰出现在李白的诗歌中，却不在《黄山图经》三十六峰之列，《黄山图经》只在附录中提及："李白有《送温处士归黄山白鹅峰》诗，今白鹅峰不在三十六峰之列，盖三十六峰皆高七百仞以上，其外诸峰高二三百仞者不与焉，白鹅峰亦诸峰之一也。"从钱谦益的游记中，我们可以看到，钱氏根据《黄山图经》附录中的解释，认为可能白鹅峰太过矮小，所以不该被单独列出。但仅仅过了不到半个世纪，闵麟嗣便在《黄山志定本》中白鹅峰的条目下面补充评论：李白诗中（错误地）把白鹅岭称为白鹅峰（《黄山志定本》，第33页）。到了1988年，《黄山志》又称，白鹅峰位于白鹅岭的东面……海拔1768米，在黄山的所有山峰（已确定八十二座）中排名第九，见《黄山志》（1988），第17页。
② 汪玄锡作于1532年的游记指出，徽州当地居民对于"黄山"的范围众说纷纭，见《黄山游记》，《黄山志定本》，第208–209页。

场，徽商声名鹊起，享誉全国。① 即使考虑黄汴是土生土长的徽州人这一事实，其成书于 1570 年的《一统路程图记》也充分表明了皖南商圈的重要性。1641 年，当钱谦益沿着杭州到齐云山（即白岳）的路前往黄山时，这条道路已经重要到地图上直接标明了两地的距离。② 毫无疑问，17 世纪初，皖南和大城市间的商业运输网络日益繁荣，为后来黄山被文人赋予文化意义提供了基础。此时，再回想文人笔下对富商流露出的酸味，便多少有些讽刺的意味。③

成书于 1609 年的杨尔曾的《海内奇观》是这一时期关于黄山的最全面的记载，书中有关黄山的部分包含了黄山的主要山峰及建筑的图像（图 5）。④ 杨尔曾书中列出的黄山三十六峰，实质上是依据《黄山图经》重新整理而成的，而他的文字似乎大量借用了元朝学者汪泽民（字叔志，1273—1355）的游记，后文我们还会讨论这篇游记。汪泽民的游记同样启发了《三才图会》，该书由王圻（字元翰，号洪洲，1530—1615）编撰，其子王思义增补，《三

---

① 谢肇淛在《五杂俎》中描述当时的徽商盛况："富室之称雄者，江南则推新安（古徽州，即今安徽黄山市），江北则推山右（今山西）。新安大贾，鱼盐为业，藏镪（钱）有至百万者，其他二三十万，则中贾耳。山右或盐，或丝，或转贩，或窖粟，其富甚于新安。新安奢而山右俭也。"见 Pingti Ho, "The Salt Merchants of Yang-Chou: A Study of Commercial Capitalism in Eighteenth-Century China", *Harvard Journal of Asiatic Studies* 17(1954): 130-168(143)。
② 黄汴：《一统路程图记》，第 246 页。
③ 当时黄山地区的繁荣，从歙县的进士人数可以看出：明朝黄山地区共有一百八十八位进士，其中万历年间或更晚的时候（1573 年以后）就占八十九人，见《歙县志》（北京：中华书局，1995），第 505–514 页。
④ 杨尔曾：《黄山图说》，引自《海内奇观》，见《中国古代版画丛刊二编》（上海：上海古籍出版社）卷八。

才图会》和《一统路程图记》的成书时间大约在同一年。[1]郑重的黄山水墨画（原作现为《黄山图经》插图），后来又被收录到1633年版的《名山图》中。这也佐证了黄山在这一时期的名气日益提升（图3）。

　　到了清康熙年间，又有僧人弘眉于1667年编撰了十册的《黄山志》，这是专门记载黄山的一部新的专著。弘眉的专著借鉴了《黄山图经》的内容（保留了传统的三十六峰），但新增了岩洞、溪流和建筑等景点，并附有各自的名称，从而成为当时有关黄山的最全面的著作。该书出版不久的1679年，闵麟嗣（字宾连，一字檀林，号橄庵，1628—1704）又编撰有《黄山志定本》。[2]然而这一版本错漏百出，1686年，在修正第一版谬误的基础上出版了第二版，现有版本是根据第二版修订而成。[3]闵麟嗣版的这一黄山方志是以弘眉1667年版的《黄山志》为底本。后来，有人批评用《黄山志定本》为书名显得过于托大，因为之后又出版有《黄山志续集》，该书由歙县人汪士鈜（字扶晨，号栗亭，1632—1706）于

---

[1]　王圻：《三才图会》（上海：上海古籍出版社，1985），第273页。英文节译本以及其探讨，见 John A. Goodall's *Heaven and Earth: Album Leaves from a Ming Encyclopaedia: San-ts' ai t'u-hui, 1610* (Boulder: Shambhala, 1979)。

[2]　本书（不包括《游黄山记》文本分析的部分）参考黄山书社1990年的版本。当我开始进行这项研究时，这一版本最容易得到。最近，线装书局的《中华山水志丛刊》（北京，2004，卷十六，第133—532页）是在1686年版的基础上写成的，我得到线装书局版的时候，已经无法在研究中使用，但这一版本的文本更为可靠，应该成为标准文本。

[3]　《黄山志定本》，第5页。

1691 年前后编撰。[1] 世纪之交，又出现两部作品：第一部是僧人安懒超纲编撰的《黄山翠微寺志》，写于 1691 年；[2] 第二部篇幅较短，是闵麟嗣编撰的《黄山松石谱》，该书于 1697 年面世。[3]

多种书籍的出版，可证明这一时期，黄山的文化影响力已经相当强盛，频繁出现在士绅阶层的视野中。到了 17 世纪末，当人们对山岳再度进行论资排辈时，黄山已经不容忽视了。

早期游客

《黄山志续集》中的游记从清代开始，事实上，许多游记出自汪士鈜本人之手，之前两个版本（《黄山志》和《黄山志定本》）收录的作品（包括游记和诗词）则可追溯至唐代。17 世纪上半叶，可能有很多这样的游记在民间流通，至少是以手抄本的形式在

---

① 《黄山志续集》的出版时间存疑。这部书有两个版本：一个版本由汪士鈜与助手吴菘和吴瞻泰（字东岩，号艮斋，1657—1735）在 1679 年之后编撰（1679 年闵麟嗣出版《黄山志定本》）；一个是修订版，由汪远志与汪树琪修订，在 1691 年之后出版。这一修订版是目前流行版本的基础，见《安徽丛书》第五期（上海：安徽丛书编印处，1935），卷十至卷十五，黄宗羲序文，时间是辛未年，即公元 1691 年。黄宗羲为汪士鈜诗歌作序的《汪扶晨诗序》并没有收录在《黄山志续集》（《黄宗羲全集》，卷十，第 86—88 页）。1988 年再版的《黄山志》上提到该书的初版时间为 1686 年（第 247 页）。卜正民的著作（Brook, *Geographical Sources*, p. 85）中只提到 1691 版的《黄山志》，卜正民错误地认为黄宗羲的序言作于 1631 年（辛未年）。卜正民在序言中认为，不存在所谓的权威的黄山志。明清时期的黄山方志清单，可参考卜正民的英文专著 (Brook, *Geographical Sources under She*,pp. 84—86)。
② 安懒超纲（释超纲）编：《黄山翠微寺志》（扬州：江苏广陵古籍刻印社，1996）。
③ 《黄山松石谱》收录在张潮（生于 1650 年）编撰的《昭代丛书》，1697 年初版，重印本见杨复吉（1747—1820）编纂（上海：上海古籍出版社，1990）卷一，第 52–54 页。

流通。事实表明，钱谦益和当时许多文人都对黄山相关的传统作品很熟悉。至少于清初编成文集的游记中，有一部分是为他们所熟知的。按照游记作者到黄山的年代先后来阅读他们的游记，我们会深感启发。从由古至今的文本中，我们可以看到围绕着黄山逐渐积累起来的文化叙事及底蕴。[①]

随着游历者的增多，游历黄山的体验自然而然也发生了变化，为了与 17 世纪作家的游记进行对比，在此，我会简要介绍一下我认为现存最早的黄山游记——吴龙翰（字式贤，号古梅）的游记。吴龙翰是歙县人，他的游记作于 1268 年。[②] 当时，吴龙翰与两名旅伴在黄山上待了三日，他们在天都峰举杯觞祝后才下山。最值得注意的是，他们在整整三天的旅程中显然没有遇到其他的游客，即使考虑到他可能在游记中省略了沿途碰到的或担任导游的僧侣（吴龙翰表现出的对路线及地名的熟知，这说明可能有导游相助），但此时路上的人迹罕见与后来游客的熙熙攘攘，确实形成了鲜明对比。

17 世纪之前最有影响力的黄山游记，可能是汪泽民作于

---

① 《黄山志》（1667）和《黄山志定本》是后文讨论的主要参考文献。《黄山志定本》按时间顺序编排，资料可靠。李一氓的《明清人游记黄山记钞》是一部短小的文选，收录重要的游记，有些游记的文字与以往的版本略有不同。文选中有两篇宋元游记，书名没能反映文选收录的所有文章；文选同时收录徐霞客两篇游记，这两篇游记未曾被其他文选收录。吴秋士编纂的《天下名山游记》（上海：中英书店，1936），书中的江南篇收录一些游记，部分游记的文本与旧版本稍微不同。见王克谦选注《历代黄山游记选》；诗歌方面，可查阅黄松林选注《黄山古今游览诗选》（合肥：黄山书社，1989）。

② 《黄山志》（1667），第 433 页；《黄山志定本》，第 204 页。

1340 年的长篇游记。^①汪泽民是距离黄山不远的婺源县人（现属江西）。他以宋版《黄山图经》作为黄山之旅的指南，他也是目前我们所知的最早用《黄山图经》作为旅行指南的游历者。后来，钱谦益在《游黄山记》中引用了汪泽民对鸟鸣声的描绘，而且，他也可能是从汪泽民的游记中推测出采药者登达天都峰需要三天的时间。不过更加值得注意的是汪泽民游记的整体基调，尤其是他以道教传统解读黄山的视角。汪泽民根据《黄山图经》，将黄山视为黄帝及仆人荣成和浮丘得道成仙前的居所，这一叙事在整部有关黄山的文学史中反复地出现。无论直接或间接，后来的游记频繁引用汪泽民游记的内容，我们可以据此推断，在汪泽民的游记于康熙年间正式出版之前，它已经在社会上以某种形式广为传播了。

值得一提的还有江西文人潘旦（字希周，号石泉，1476—1549）于 1519 年冬天写的一篇短文，他对黄山超凡脱俗的景观的描绘，标志着围绕黄山的文学创作发展已经进入了重要的阶段。^②潘旦是同几位朋友一起前往黄山的，他们登临黄山顶峰，见黄山三十六峰"如玉柱撑天"。之后，他们迷失了道路，不得不退回祥符寺（位于山麓）。潘旦用"不知人世复在何处"来形容迷路的情状，这颇为有趣，许多后来者包括钱谦益都在不断地引用这句话。和另一位游历者汪玄锡不一样的是，潘旦似乎没有用《黄山图经》作为旅行指南，汪玄锡生活在 16 世纪，他带着《黄山图

---

① 《黄山志》（1667），第 433–435 页；《黄山志定本》，第 205–207 页。
② 《黄山志》（1667），第 435 页；《黄山志定本》，第 207 页。

经》，所以能够知晓各处景观的名字。① 汪玄锡还借鉴了方志上黄山山脉延伸到邻近郡县的信息，他也是最早提出汤泉可以赋予生命新生的人。他熟知黄山的文学遗产，特别提到了黄山早期的游历者，如唐代诗人李白和贾岛（字阆仙，779—843）。②

另一篇游记的作者江瓘（字民莹，1503？—1565？）观察黄山的视角则同汪玄锡全然不同。③ 江瓘于1548年游历黄山，他对草药尤其感兴趣，所以重点记录了他在黄山上发现的种种草药。他显然也借鉴了汪泽民的游记，他引用汪泽民对鸟鸣的描述，如同一个世纪后钱谦益做的那样。江瓘还记录了当时黄山上一些被凿入岩石的台阶，但他的旅程仍然可谓一次艰难的攀登。跟更早的游历者不同的是，江瓘的游记提供了大量旅程的路线信息，正如汉学家高居翰指出的，江瓘游记中黄山之旅的路线是从一个明确的地点到另一个明确的地点。④ 从游记的文字中就可以看出这种变化，与前人的记述相比，江瓘还使用了更多的动词（行、上、入等）。

值得注意的是，离汤口镇不远的杨干村设有旅舍，方大治（字在宥，号九池）于1569年游玩黄山时也在此处留宿，⑤ 这或许标志着该地区旅行文化的开始。

另有一篇重要的游记作于万历年间，作者谢肇淛（字在

---

① 《黄山志》（1667），第435–436页；《黄山志定本》，第208–209页。
② 贾岛描写黄山的诗歌《纪汤泉》，见《黄山志定本》，第369–370页。
③ 《黄山志》（1667），第437–439页；《黄山志定本》，第209–212页．
④ James Cahill, "Huang Shan Paintings as Pilgrimage Pictures," in Naquin and Yü ed., *Pilgrims and Sacred Sites*, pp. 246–292 (252).
⑤ 《黄山志》（1667），第439–441页。

杭，1567—1624，福建长乐人）来自皖赣浙以外的地区。在作于万历年间且流传至今的黄山游记中，像谢肇淛这样自远方来的作者实属罕见。[①] 谢肇淛是明朝文坛的重要人物，他是诗人、学者和收藏家，因编纂《五杂俎》而闻名于世。17 世纪初，谢肇淛编撰了有关地理和制度的方志，晚年的他似乎成了颇有名气的旅行家。[②] 谢肇淛的短文精雕细琢，极有文采，但是更值得我们注意的并非他写下了什么，而是他没写什么：同江瓘的游记不大一样的是，他很少提及旅行的路线，甚至连地名也绝少提到。当他描述去往黄山的路途时，仅仅写下他自黄山南边而来，寄宿在芳村旅店，为躲避老虎，整晚待在屋内的情景。

　　谢肇淛的游记与徐霞客的游记形成了鲜明的对比。旅行家徐霞客来自江苏，于 1616 年和 1618 年两度登黄山。[③] 徐霞客的游记采用日记形式，详实记录他走过的路途和经过的地方。从现代人的角度，根据今天在中国书店书架上的《徐霞客游记》的数量来看，徐

---

① 《黄山志》（1667），第 444–446 页；《黄山志定本》，第 212–214 页。谢肇淛生于杭州，他的字"在杭"也表明他的出生地。他的生平，见 *Dictionary of Ming Biography 1368-1644* by Leon Zolbrod and L. Carrington Goodrich, Volume 1, pp. 546–550。

② Brook, *Geographical Sources*, pp. 35–36.

③ 朱惠荣校注：《徐霞客游记校注》卷一（昆明：云南人民出版社，1985），第 17–23 页以及第 39–42 页。徐霞客的两篇黄山游记的英译文及其探讨，可查阅 Li Chi trans., *The Travel Diaries of Hsü Hsia-k'o* (Hong Kong: Chinese University Press, 1974), pp. 67–83. 有关徐霞客的生平，参考英文著作：Fang Chao-ying, *Eminent Chinese of the Ch'ing Period* (Washingtown DC: Government Printing Office, 1943-1944), pp. 314–6, Ward, *Xu Xiake* and Andrea Riemenschnitter, "Traveler's Vocation: Xu Xiake and His Excursion to the Southwestern Frontier," in Nicola Di Cosmo and Don J. Wyatt ed., *Political Frontiers, Ethnic Boundaries, and Human Geographies in Chinese History* (London: RoutledgeCurzon, 2003), pp. 286–323.

霞客可能是那个时代最著名的黄山游历者。但我们无从得知在他生活的年代，人们是否也是这样看待他的。但无论如何，我们都要清醒地认识到，不能高估这两篇游记在明代黄山文本中的地位。值得注意的是，闵麟嗣的《黄山志定本》并未收录徐霞客的两篇游记。在对徐霞客的生平进行介绍时，闵麟嗣提到对他的游记不能流传于世的惋惜（"惜未传世"）。① 徐霞客成功登顶了天都峰，这是了不起的成就，但是在明代，后来的游记却绝无提及此事，这也表明他的游记当时并未在社会流传，甚至连手抄本的形式也难以寻觅。②

　　后文中，我们将讨论更多的游记，在安徽本地文人业已树立起来的黄山形象的基础上，这类游记为黄山形象增添了更多的内容。唐枢（字惟中，号一庵，1497—1574）的短篇游记，没有注明写作的日期，闵麟嗣认为其写作时间是在万历年间，如果他的看法正确，那么唐枢游黄山时已经是在他的晚年。③ 用"万奇争献"描述三十六峰，显然属于万历年间的话语，这种描述与顾起元的表达遥相呼应。顾起元属于江南士绅阶层，这在前文已经介绍过。事实上，对唐枢来说，拿数量之多和景观之"奇"并举，是为了增强表达效果，这种表达和美感紧密相关，而与"奇"的字面意思"奇

---

① 《黄山志定本》，第 97 页。据说，在清初，钱谦益曾劝藏书家毛晋出版《徐霞客游记》，但未能将之说服，《徐霞客游记》到了乾隆年间才正式出版 (Chaves, "Yellow Mountain Poems," pp. 465–466)。

② 钱谦益的《黄山游记》没有提及徐霞客曾经过过天都峰，这与他写作《徐霞客传》时还没有看到《徐霞客游记》的观点是一致的 (Chang, "An Annotated Bibliography on Hsü Hsia-k'o," cited in Chaves, "Yellow Mountain Poems," p. 465)。参考钱谦益：《徐霞客传》，《钱牧斋全集》第三册，第 1593–1596 页。

③ 《黄山志》(1667)，第 455–456 页；《黄山志定本》，第 215 页。

怪"及"不寻常"关系不大。对黄山游记的作者们来说，对奇景的寻觅必不可少，即便攀登黄山是如此艰辛，但是奇景依旧值得付出努力。

但是，攀登黄山的难度随着时间的推移也在逐渐降低，山上的寓所和石阶比以往任何时候都要多，游记作者们也开始提供更多有关重要山峰的名称等信息（他们可能通过向导获得）。冯梦祯是首批这类的黄山游历者，他是王维画卷的收藏者，我在第一章曾提到过他。[1]1605 年，冯梦祯游黄山，他记录了诸如云门峰常被称为剪刀峰等细节。而剪刀峰得名的缘由，令几十年后的钱谦益困惑不已。冯梦祯遵循惯例，相当确信地把天都峰列为最高的山峰——"游客无敢登者"的高峰。冯梦祯记录了众多奇观，他还是第一位用"奇"来描述黄山松树的作者。

黄山佛教

冯梦祯游黄山得到了潘之恒的帮助。潘之恒（字景升，1556？—1621），安徽歙县人，晚年定居黄山，万历年间曾主导黄山佛教场所的建设。[2]潘之恒多次出现在这一时期的游记中，他显然乐意充当别人的向导。[3]冯梦祯游黄山的次年，即 1606 年，僧人普门（原姓奚，名淮安，或惟安）加入潘之恒的行列。普门的到

---

① 《黄山志》（1667），第 450–452 页；《黄山志定本》，第 215–217 页。

② 潘之恒的文章，参见《黄山志》（1667），第 479–480 页。

③ 邹匡明作于 1610 年的游记，可参考《黄山志》（1667），第 471–474 页。

来，也标志着黄山佛教活动进入鼎盛时期。[1]

　　1610年，普门获得了万历皇帝和慈圣太后（原姓李，1546—1614）的捐助。[2]早在几年前，慈圣太后启用国库资助福登和尚（原姓续，号妙峰，1540—1613）修建寺院一事，就已引起当时人们的纷纷议论。[3]皇室除捐赠巨额资金外，还捐赠僧袍、权杖和整套的佛经，普门和他的同伴将这些物品都安置在黄山上。在这之前，晚明游人已经深谙山岳和皇权之间的联系，而这次捐赠更是将这种联系加以巩固。万历年间对于寺庙的建设，用余春芳的话来说，"达到了最奢华的规模"，佛经被大量印刷，分发到各地寺庙。[4]在这种情况下，黄色——传统上专属皇室的颜色，可能暗示同皇宫有关（"黄"字和"皇"字也同音）。其实早在599年，皇室和黄山寺庙之间已经开始存在正式的捐助关系，寺庙承载着祈福、佑护皇室的职能。[5]

　　17世纪的最初几十年，普门在黄山的建设，对促进黄山世俗旅行发展的重要意义，再怎么强调也不过分。新的登山路径和台阶

---

[1]　17世纪初期，僧侣虽然在黄山游记中很少出现，但是黄山寺院建筑的数量充分说明这时期黄山宗教活动的活跃，见《黄山志》（1988），第218–232页。

[2]　关于慈圣太后，可参考 Chou Tao-chi, *Dictionary of Ming Biography 1368-1644*, Volume 1, pp. 856–859。

[3]　福登和尚的生平，可参考英文文献：Else Glahn's biography of Fudeng in *Dictionary of Ming Biography 1368-1644*, Volume 1: 462–466; Ray Huang, *1587: A Year of No Significance: The Ming Dynasty in Decline* (New Haven: Yale University Press, 1981), pp. 14–15。

[4]　Chün-fang Yü, *The Renewal of Buddhism in China: Chu-hung and the Late Ming Synthesis* (New York: Columbia University Press, 1981), p. 154。

[5]　McDermott, "Making of a Chinese Mountain," p.157。

如雨后春笋般涌现，为文人攀登山峰提供了更便捷的途径，而在以前，这些山峰对大多数人来说都遥不可及。每年都在涌现的新修寺庙，为疲惫的游历者提供舒适的住宿，以前游历者不得不在山间蹊径中运送补给的情形已经不会再出现了。此外，山上不断增多的僧侣，也意味着游历者可以随时得到他们的帮助和指引。如果说在此之前，黄山已经成为一个颇具吸引力的旅行胜地，普门时代则真正开启了黄山景观的历史新篇章。①

这种吸引力一部分也是基于审美理想，如果说黄山在政治上与朝廷联系紧密，那么它在文化上则与晚明社会有着深刻的联系。那些声名鹊起的黄山景观的大多数特征，反映出一场晚明社会情感及艺术审美倾向变化的运动，正如白谦慎所言，这场艺术运动重视"奇形怪状、分离破碎和粗野笨拙"的概念。②直至今日，黄山仍以怪石、云海、奇松闻名于世，而这些都是晚明游历者特别喜爱的

---

① 17 世纪之前游客很少留下这方面的记录，但是，徽州地区以外的人对黄山产生了兴趣，使黄山成为全国性的政治和文化景观，这可能是朝廷对普门等僧侣支持的结果。

② Bai, *Fu Shan's World*, p. 128.

景观。①

　　17 世纪初用来描绘黄山美景雄姿的审美话语，恰恰是我们在前文所介绍过的人们收藏品鉴时常常使用的行话，这一点并不出人意料。以黄山的松树为例，虽然大家都了解"奇"的观念，但在每个人眼里，"奇"的定义并不一致，正是这一原因，"奇"催生着松树变成一种奢侈品，成为社会贪婪猎取的对象。在那个复杂的世界，品位和时尚的观念频繁改变富人的消费方式。邹匡明在 1610 年的一篇小品文写道："（收藏松树之人）往往取去为轩窗之玩"，我们在后文还会看到钱谦益对此事的反应。而邹匡明注意到，歙县的男人尤其痴迷其中。②

　　王之杰创作于 1606 年和 1608 年的两篇游记，是这一时期游记的典型代表。③ 王之杰深知普门对黄山的贡献，于是在 1608 年拜访了普门所在的法海庵。他在旅途中得到了僧侣的帮助，他提及在攀登的过程中，"僧扶掖以登"，这种在僧侣帮助下攀登的情形

---

① 在美学观方面，晚明中国同浪漫主义时期的西方相似，在中西方对怪诞不经且不符合早期美学观的作品感兴趣这一方面，表现得尤其明显。晚明游客为黄山云海着迷，而西方浪漫主义者也对欧洲的云海赞不绝口。在钱谦益游玩黄山之后的第三年，西方的一名日记作者约翰·伊夫林（John Evelyn, 1620—1706）以一种特别"晚明"的叙事方式记述他穿越阿尔卑斯山进入意大利的情景："我们攀登时，碰到团团浓雾，远看像巨大的岩石，又厚又黑，延绵约一英里。浓雾是干燥之地水汽蒸发在山里凝滞而成。浑厚的雾气笼罩，上看不到天，下看不到地，与其说我们在云雾中，不如说是在大海里。我们穿过浓雾，仿佛进入宁静的天堂，远离人间尘世。阿尔卑斯山像一座孤岛，而非连绵的群山，我们脚下是一片汪洋大海，波浪汹涌……"值得注意的是，这本日记直到 1818 年才得以出版。这一年，西方浪漫主义运动进入鼎盛时期，当时的视觉艺术作品（至少在主题方面），如果放在 17 世纪初的江南甚至黄山，都不显格格不入。
② 《黄山志》（1667），第 471–474 页。
③ 《黄山志》（1667），第 452–455 页；《黄山志定本》，第 221–227 页。

在 17 世纪的黄山旅者中很是常见。1606 年的第一次旅行时，王之杰意识到黄山上"怪松"和"奇石"的存在。到了 1608 年，他将修饰语进行颠倒，改为"奇松"和"怪石"。从目前已有的资料来看，如此描绘黄山景物，王之杰似乎是首创，而"奇松怪石"的说法也流传至今。"奇"得以将黄山（尤其是黄山上的松树）与其他的山岳区别开来，这种观点当时业已广为游历者接受。这些游历者之间有着广泛的交游，所以他们或直接或间接地接触到了这一观点。而且也有可能，他们的导游是同一名僧人。冯梦祯便在 1605 年撰写的游记中提到，他听到僧人向导用"奇"来形容"九龙潭"。

黄汝亨是来自杭州的文人，他的游记进一步表明，僧侣数量的增长在文人游玩黄山时起到了重要的作用。[①] 黄汝亨写道，他在黄山待了十天，其中七天在四处游逛，三天在室内避雨。他没有借助《黄山图经》一类的书籍作为旅行的指南，因此，他是完全依赖向导来帮助他确定并辨认景点及获知景点的名称。僧人告知他每座山峰的名号，还提供了更为详尽的知识。从他们的口中，黄汝亨还知晓了石莲、紫罗兰等花卉的名称。黄汝亨对松树的描述，也再次揭示了上述讨论中的"奇"字所体现的越来越复杂的含义——松树"甚奇"，其字面意思是松树"非常独特"。黄汝亨的叙述比之前的文人更有章法，他从黄山南麓开始，逐渐勾画游玩的路线，描写他所游览的重要景观。他尤其青睐"铺海"似的云，称之为"黄山最胜处矣"。这隐约透露出，围绕着黄山的传统文学叙述，已经逐

① 《黄山志》（1667），第 459–463 页；《黄山志定本》，第 232–236 页。

渐发展并形成了一套固定的表达方法。

从前的游历者用《黄山图经》作为旅行指南，被引导着关注黄山上的道教意象，而这是黄汝亨的游记中所没有的。也就是从这时起，大多数游记都开始强调普门及其他僧人在山上的活动。也就是说，与早期带有浓厚道教气息的游记比较，此时的游记开始更倾向于表现佛教的内容。

就我的研究而言，一篇非常重要的文章是福建文人谢兆申（字伯元，号耳伯）的游记。谢兆申在 1614 年到 1615 年游历了黄山，[①]他的游记中记述了他与普门的对话，普门向他解释了那座著名的四面佛像的构造；可能是和潘之恒交往的缘故（"吾友景升氏"），谢兆申受到了僧侣的热情款待，因为如前文我们提到的，潘之恒几年前曾参与建设黄山的佛教设施。有意思的是，谢兆申自黄山南边来。他仔细绘制地图，依次命名每个地点——灊口、树干、容溪、长潭、石砪岭、艻石和芳村。这一时期，他的描述次序已经成为游玩路线的标准，后来者如戴澳（字有斐，号斐君）等人的游记都遵循了同样的次序。戴澳曾经在 1617 年登黄山。[②]通过谢兆申的游记，我们强烈地感受到，黄山固定的游玩路线已在形成，游历者越来越倾向于遵循固定的线路，而非像从前那样自由地漫游。汤宾尹（字嘉宾，号睡庵，1595 年进士）的游记也证实了这一点，他在 1612 年，曾满怀信心地宣称"黄山之游发自汤寺"。[③]

---

① 《黄山志》（1667），第 489–494 页；《黄山志定本》，第 247–252 页。
② 《黄山志定本》，第 253–258 页。
③ 《黄山志》（1667），第 474–479 页；《黄山志定本》，第 241–246 页。.

万历后期的黄山

1620 年，万历统治已然结束，而黄山也从一座极难攀援、面目模糊的所在，变成了交通便捷、方便游玩的景点，这在硬件设施及信息资源方面都得到了体现。汪泽民写于 1340 年的游记，开篇还介绍了黄山及安徽各县郡的地理位置，[①] 而在 17 世纪初，这种说明性的文字已经显得太过多余。但是此时，皇室对黄山佛教建设予以物质和精神支持的伟大时代已然结束。五年后，黄山佛教史上最伟大建设者的时代也将结束——1625 年，普门圆寂。

不过，如果认为佛教会随着普门的逝世而在黄山渐渐消失，那就把事情想得太过简单。崇祯年间，许多寺院建筑都得以重建或修缮，如莲顶庵和兜率庵，[②]雪峤（原姓朱，名圆信）和云外（原姓汪，名行泽）等知名的僧人也在此期间陆续来到黄山。[③] 黄山上一座重要的寺庙文殊院部分毁于 1637 年的火灾，但很快又被重建。这一时期，前来黄山的游历者可以毫不费力地寻到住宿或向导。

即便如此，阅读万历到明朝覆亡之间的游记，我们还是能切实地感受到，万历年间才是黄山佛教发展的黄金年代，其时的盛况空前绝后。之后，虽然黄山的道路和台阶依然存在，但是，1620 年

---

① 《黄山志》（1667），第 433–435 页；《黄山志定本》，第 205–207 页。
② 《黄山志》（1988），第 218–232 页。.
③ 《黄山志》（1988），第 232–240 页。.

之前的宗教活动盛况已经难以再现（世俗旅行则恰恰相反）。[①]

　　1625 年以后来到黄山的游历者都能感受到，普门虽然已然圆寂，但是他却已然成为黄山景观中不可或缺的一部分。他所书写的碑文只是部分原因，更重要的原因则是深具象征意义的慈光寺。耸立的慈光寺时刻提醒后人，普门在为黄山争取到朝廷的资助方面曾经做出过多大的贡献。

　　1632 年，桐城派的方拱乾（字肃之，号坦庵）游历黄山，他眼光敏锐，指出天下名山多僧人，"但未有普门时，若未有黄山"。[②]方拱乾是与同伴杨补（字无补，号古农，1598—1657）同行，他们游览了黄山传统的重要景观，尤其是文殊院。[③]两人还与一位僧人共游，后者似乎是两人的向导，向他们指出景点的名称，并从两人那里获得反馈。譬如，方拱乾见到一棵名为"方便松"的松树时，气恼地指出这个名字不好，因为它忽视了"松品亦贵"的事实。[④]

　　吴廷简的两篇文章，也遵循了大致相同的章法。第一篇文章没有注明写作的日期，第二篇则落款于 1635 年。[⑤]吴廷简同样自黄山南麓而来，途经芳村。他在祥符寺沐浴留宿，参观了慈光寺的四面佛

[①]　关于黄山佛教的黄金时代，事实上，万历年间全国佛教兴盛，不能只将其归功于朝廷的经济支持。正如余春芳提醒我们，明末汉传佛教复兴，其特征是"普通知识分子和宗教"的融合 (Chün-fang Yü,"Ming Buddhism," in Twitchett and Mote ed., *Cambridge History of China* Volume 8, pp. 893–952)。

[②]　《黄山志定本》，第 266–277 页。

[③]　关于杨补的游记，可参考《黄山志定本》，第 277–285 页。

[④]　"方便松"的名称可能是一种谬误，包括闵麟嗣的《黄山松石谱》(1697) 等权威的文献里都找不到"方便松"的说法。

[⑤]　《黄山志》(1667)，第 512–518 页；《黄山志定本》，第 286–294 页。

像。途中，他快意长啸，为旅行助兴。长啸是一种古老的口技，古人认为，当身临其境，长啸可以增强体验。[①]前人的游记中也提到过这种长啸，比如骆骎曾（字象先，号沆瀣）[②]和许楚（字方城，号小江潭，见后文）。钱谦益刚到文殊院时也发出过一声长啸。[③]这也许说明，长啸既是身体对自然产生的一种生理性的反应，也同样是精神在文化传统下的反应。至此，描述黄山的游记在很大程度已经程式化，我们可以料想，吴廷简在黄山面临此情此景，也会自然地发出感叹"不复知有人间世矣"。

抛开长啸声不谈，来自歙县的许楚写于 1635 年的游记，和吴廷简的游记不仅在语言风格上相仿，而且在旅行路线上也颇为相似。他也从南麓登黄山，在山脚沐浴，汤泉的水同样"热可点茗"。[④]许楚遇见了朋友佘书升（字抡仲），佘书升之前曾修葺桃源庵，并渐渐作为黄山地区一个有头有脸的人物存在（吴廷简曾邀请佘书升同游黄山，但被拒绝）。许楚欣赏过松树和慈光寺中的四面佛像，眺

[①]　关于"长啸"的探讨，参考 Kroll, "Verses from on High," pp. 201–202。柯慕白的研究是根据李白《游泰山六首》："天门一长啸，万里清风来。"（第 200 页）亦可参考 Paul Demiéville's "La Montagne dans l'art littéraire chinois," in *France-Asie/Asia* 20 (1) (1965): 7–32: "le sifflement (xiao)était une pratique taoïste à laquelle on attribuait une sorte d'efficacité cosmique" (18, romanization altered), and Susan E. Nelson's "The Piping of Man," in Wu Hung and Katherine R. Tsiang ed., *Body and Face in Chinese Visual Culture* (Cambridge, MA: Harvard University Press, 2005), pp. 283–310。

[②]　《黄山志》(1667)，第 466 页。

[③]　参考钱谦益：《黄山组诗（十四）》："初十日从文殊院过喝石庵到一线天下百步云梯径莲华峰憩天海"（《钱牧斋全集》第一册，第 648–649 页）我对钱谦益的《黄山组诗》的排序，可参考本书第四章。

[④]　《黄山志定本》，第 294–297 页。

望着雄伟的天都峰感叹道，虽然"无繘受手无凹受足"（手和足都没有被缚住），但是"独普门老人登峰造极"，也就是说，只有普门成功地登上了天都峰的顶峰。从这里，我们也可以看到，即便普门已经圆寂了十年，他在黄山留下的烙印依然没有任何褪色的征兆。

第三章 山水：17 世纪的黄山视觉艺术

在郭熙尚未将黄山列入《林泉高致集》中的"天下名山"之前，艺术同旅行之间便已经建立了几个世纪的紧密联系。宗炳（字少文，375—443）的"卧游"早已成为文人生活中重要的组成部分。借助卧游，可怜的文人无需离开案台，便可以摆脱苦闷的衙门生活；而那些老弱的文人，当青春不再，也仍然可以依靠想象，在广阔的风景中漫游。到了明代，这仍然能引起文人的共鸣。何良俊曾这样说："凡五岳名山皆图之于室，曰：'惟当澄怀观道，卧以游之。'"这很明显指的便是宗炳的"卧游"[①]。

画作似乎也常常被人们在旅行时随身携带以为助兴，1541 年，陆树声进京考进士的途中，便在风雨中、在黄昏黎明时、在灯

[①] Craig Clunas, *Pictures and Visuality in Early Modern China* (London: Reaktion Books, 1997), p. 83.

光下、在炉火边欣赏画作："凡舟栖旅泊，风雨晨昏，灯火笔札之余，辄出披对。"[1]

钱谦益 1641 年的黄山之旅，是否也携带着画作，一面欣赏画作，一面纵情山水？从他的游记中，我们确实能看出这种可能。他的朋友，著名画家程嘉燧没有跟他一起出游，但游记里一直有他的影子，他通过一把画扇（大概是一幅山水作品），现身在游记的第五部分。

为了再找到一个旅伴，钱谦益先在休宁停留。他在那里邀请吴栻（字去尘）同游，吴氏家族是当地最大且最重要的艺术品收藏商。吴氏家族的收藏行为或直接或间接地促成了明代大量黄山画作的诞生。当时，黄山画作几乎可以被视为描绘吴氏家族私家园林的画作，因为徽州的大部分，也包括黄山，实际上都被吴氏家族控制着。[2]据推测，钱谦益欣赏吴氏的藏品，是为游玩黄山作准备；购买王维的画卷，也可能是吴氏家族成员促成的交易（钱谦益对此次交易的含糊其词令人难解）。我们在前文提过，艺术品只有在懂得欣赏他的主人手中才能拥有真正的意义，而它们落在商人手中，不过是"烟云笔墨，坠落铜山钱库中"，钱谦益讲述购买这幅画的情形时，便是这样评论的。

当然，晚明艺术在现实中的创作和交易都是极其复杂的，这到

---

[1] 叶杨编撰：《晚明小品文选》，第 16 页。.

[2] McDermott, "Making of a Chinese Mountain," pp. 161–163; 亦参阅 Hay, *Shitao*, pp. 42–46。

了最近几年才引起学者的关注。[1] 但日益明晰的是，17世纪初，艺术品买家数量不断增加，从而产生了对艺术品的大量需求。至少对那些将自己视为传统士人的人来说，这种对艺术品的需求，对他们维持自身士绅阶层的地位至关重要。富贾对视觉艺术的赞助形式更是多种多样，有短期的委托，也有维持长期友谊的合作。[2] 很多画作上的题跋（有时相当隐晦地）都提及人情与恩惠，这表明画作在士绅阶层复杂的社交中发挥了重要作用。尽管钱谦益宣称自己对文化瑰宝的明码标价感到震惊，但他本人也乐意参与艺术品的买卖：1643年，他出售了一套珍稀的宋版前后《汉书》给自己的学生谢三宾（字象三，号塞翁），它们曾经属于明代著名文人王世贞（字元美，号凤洲，1526—1590），这笔收入被他用来修建破损的绛云楼。[3] 而钱谦益一定也明白，自己的题跋会像董其昌的一

---

[1]　从学术界对艺术家傅山生平的研究，我们能看到研究方向的转变。根据1944年版的傅山英文版传记（C. H. Ts'ui and J. C. Yang, *Eminent Chinese of the Ch'ing Period* [Washingtown DC: Government Printing Office, 1943-1944], pp. 260–262），傅山不为钱财而鬻书卖画，而是靠行医售药等方式谋生。白谦慎最近对傅山的研究，广泛且深入地探讨明清易代时人们的艺术活动。研究结果清楚表明，借用傅山的话说："文章小技，于道未尊，况兹书写，于道何有！吾家为此者，一连六七代矣，然皆不为人役至我始苦应接。"（*Fu Shan's World*, p. 86.）如希望了解更多晚明艺术的创作与买卖情况，可查阅James Cahill, *The Painter's Practice: How Artists Lived and Worked in Traditional China* [New York: Columbia University Press, 1994]; Hay, *Shitao*; and Craig Clunas, *Elegant Debts: The Social Art of Wen Zhengming, 1470–1559* (London: Reaktion Books, 2004).

[2]　Chin and Hsü, "Anhui Merchant Culture," p. 23; Ellen Johnston Laing, "Sixteenth-Century Patterns of Art Patronage: Qiu Ying and the Xiang Family," *Journal of the American Oriental Society* 111 (1) (1991): 1–7.

[3]　钱谦益：《跋前后汉书》，《牧斋初学集》卷八十五（《钱牧斋全集》第三册，第1780–1781页）；《书旧藏宋雕两汉书后》，《牧斋有学集》卷四十六（《钱牧斋全集》第六册，第1529–1530页）。《跋前后汉书》记载，宋版书是以一千金卖给谢三宾的，而在《书旧藏宋雕两汉书后》则记载，卖出的价格是一千两百金。

样，将为王维的画卷增添文化的价值，因为他们的题跋明确地表明了作品的出处和真伪。

显然，若要深入分析商贾对艺术家的赞助，以及日新月异的市场等因素对晚明黄山艺术创作的影响，任务将非常艰巨，也远远超出本研究的范围。而且 1644 年之前的作品，现存世的很少，多少也会妨碍这方面的研究。[①] 然而，作为后文讨论的引导，我们至少有必要推测当时的黄山画作受到了哪些影响。

17 世纪的黄山画作大多遵循这种画风：抽象化的尖耸山峦、大量的留白，以及不惜牺牲实际空间的一致性。就此前的作品而言，元代大师倪瓒（原名珽，字元镇，号云林子，1301？—1374）的作品空旷清淡，符合这一风格。[②] 而当代理论家往往以此作为 17 世纪徽派画家的分类标准。王世贞称，新安画家（也就是徽州画家）将僧人弘仁当作鼻祖，师法倪瓒、黄公望（字子久，号一峰，1269—1354）的风格。[③] 元代画作在 17 世纪价格高昂——王世贞将其归因于徽州收藏家的偏好，[④] 但是我们有理由认为，晚明黄山作品的鲜明特征，至少部分地反映了当时的市场需求，甚至反映了

---

① 值得注意的是，最近在美国举办的两场黄山艺术展，作品都是 1644 年以后创作的。参考 "Dreams of Yellow Mountain: Landscapes of Survival in Seventeenth-Century China" (Metropolitan Museum of Art, New York, September 2003–February 2004) and "Yellow Mountain: China's Ever-Changing Landscape" (Arthur M. Sackler Gallery, Washington DC, May–August 2008)。

② Julia Andrews and Haruki Yoshida, "Theoretical Foundations of the Anhui School," in Cahill ed., *Shadows of Mt. Huang*, pp. 34–42 (34).

③ Adapted from Andrews and Yoshida, "Theoretical Foundations," p. 34.

④ James Cahill, "Introduction," in *idem* ed., *Shadows of Mt. Huang*, pp. 7–15 (10).

艺术赞助者的具体要求。

由于现存明朝覆亡前的作品相当匮乏，且缺少艺术品交易的书面记录，这种推测可能令人费解。但重要的是，我们在评估某位艺术家的风格时，需要了解不同时期各类鲜明的风格所可能体现的意义。周绍明（Joseph McDermott）在分析黄山画作的发展过程时指出，明朝灭亡后，黄山的艺术形象蕴含着对明朝效忠的主题，弘仁的作品在这一点上尤为突出。[①] 当然，清初几十年间，黄山作为被描绘的对象，确实常常与明朝遗民的反清复明运动联系在一起。倪瓒元朝遗民的身份，也提醒我们不能只用纯粹的美学观念去解读那些模仿他的超然物外、罕有人迹的山水作品。

我们在研究董其昌、倪瓒、王维等人的作品时，面对的是世上最稀有、最独特的艺术品，它们属于典型的"艺术"的范畴。而要想准确理解那些区别于这类士绅阶层艺术的"景观艺术"，则更为困难。但无论如何，后者在赋予景观意义上也起到了重要的作用。地方志中的木版画可能不像王维的画卷那样珍贵，但它们确实占据当时视觉材料的很大一部分，它们也促成了人们对某一景观的特定看法，使之最终被人们普遍接受。

几乎可以肯定的是，16 世纪末到 17 世纪初，书籍、陶瓷和漆器上印刷和绘制的黄山图像的数量远远超过了传统山水画的数量。只是这些图像一向属于艺术的边缘领域，在这一时期的著作中鲜被提及。而且，这些器物及图像也很少有能流传到现在的。此

---

① McDermott, "Making of a Chinese Mountain," pp. 157–161.

外，收藏家们还喜爱用古怪盘曲的黄山松树来制作盆景（见后文讨论），而这也为作为江南地区代表性景观的黄山增添了视觉材料。

不同的媒介中，黄山的形象迥然不同，苏轼曾批评根据画得像与不像来评判画作是一种幼稚的做法，[①] 但是人们画在瓷器上的图像，多少应该达到某种程度的准确性。[②]

尽管因为缺乏可用的视觉材料，想做出合理的推测很是困难，但是表现黄山的方式错综复杂，也跟前一章的讨论有关。中国画中几乎总是附有文字。明朝初年，政治家宋濂（字景濂，1310—1381）声称，写作和绘画"殊途同归"，[③] 在士绅阶层的意识中，景观通过文字表达与通过绘画表现之间，一直存在着密切的关系。

我的研究的关键"山水"，也暗示如钱谦益一类游记的复杂性。"山水"即风景，"山"和"水"两个字组合而成的"山水"，包含比单独的"山"和"水"更广泛而复杂的意义。如果说我对游记的研读引用了许多来自艺术领域对"风景"的阐释，那么在一定程度上，这是因为"山水"一词（无论是英文还是中文）很早就被运用到视觉艺术中。当然，钱谦益和其他晚明游记作者的游记频繁使用与绘画相关的语汇，这早就为人所知。但是，早期有

---

① Susan Bush and Hsio-yen Shih ed., *Early Chinese Texts on Painting* (Cambridge, MA: Harvard University Press, 1985), p. 224.

② 柯律格指出："精英理论，尤其该理论中有观点认为，社会精英诱导人们，让他们走向自己并不向往的地方。对于艺术，只有画家明白索求画作者的想法，满足其对画作的需求，才能运用精英理论来解释艺术，但是精英理论理论家很难知道求画者的动机。"(Craig Clunas, *Pictures and Visuality*, p. 45)

③ Clunas, *Pictures and Visuality*, p. 109.

关黄山的文字记载似乎也在很大程度上影响了 17 世纪中叶黄山视觉艺术的发展。呈现在游记和其他多种形式的视觉艺术中的黄山形象，最终浓缩成一套鲜明独特的形象，有力地表明这些传统艺术形式在围绕着黄山的意义层的形成中是相辅相成的。

山水木版画

于明朝覆亡前创作的有关黄山的艺术作品，保存下来的数量有限，且绝大多数都是木版画。1644 年以前，至少有七套黄山木版画于徽州出版，其中现存最早的作品是 1462 年版的《黄山图经》。[①]

这些作品往往用层叠的巨石作为构图的背景，特征鲜明的景观在空间位置上被任意安排，这也是当时木版画的特点。同时，在风格上，它们接近元代山水画家擅长塑造的空旷之感。比如在 1609 年版的《海内图经》（图 5）中，我们可以明显看到画家使用了垂直的线条，重新安排了景观的空间位置，这便使云彩看起来有如一片江洋。毫无疑问，画家选择了这样的主题，以表现道教传统中神仙所在的高山与岛屿。但是构图方面，比如画面前景大量的留白和稀疏的几株松树，又会让人不由自主地想起倪瓒的许多标志性画作（图 6），因此我们认为，这很可能是对元代山水画家的刻意模仿。

在明代，当人们对旅行路线和山川地理志的需求达到高潮

---

① McDermott, "Making of a Chinese Mountain," p. 150. 图 2 作品收录在周芜编著《徽派版画史论集》（合肥：安徽人民出版社，1983）。

时，徽州木版画和黄山景区的人气也在提升。至少在早期阶段，由于插图书册携带起来更为方便，这些书册中的木版画对黄山形象的树立，可能要比画卷影响更深。1498 年，出版商在插图版《西厢记》的后记中明确指出，这类插图书册为游历者提供了便利，而且其文字与图片的结合，可以让游人在商旅住宿、乘船旅行、闲逛或闲坐时娱以自乐。^① 当时，众多山川地理志中都有木版画，这告诉我们，明末对插图版书籍的需求是木版技术发展的主要动力。从这种意义上讲，文本和图像往往是并存的，即使也存在两者单独出现的情况，但描写黄山的文本和图像似乎总是在相互促进、相互影响。因此，17 世纪黄山视觉艺术发展到了巅峰，也就不足为奇了。可以想象，至少在明朝覆亡之前，黄山的绘画和印刷关系相当密切，并且有一些因素，譬如某些风格与木版技术的形式之间的相互适应，一定程度上影响了当时绘画艺术的发展。

黄山的文本和画作在主题方面的关系也同样相辅相成，这一点在有关莲花峰的两幅画作中表现得非常清楚。这两幅画的其中一幅是梅清的作品（图 7），另一幅是几乎和梅清同时代的戴本孝（字务旃，号前休子，1621—1691）的作品（图 8）。在这一例证中，文本就是山峰名称本身，此名称至少从宋代就流传下来，而两幅画作中的元素都受到这一名称中莲花意象的影响。两部作品的空间比例都极不准确（从梅清作品中松树下孤独的游历者，或从戴本孝作品中似为文殊院的建筑都可以看出），画作将漫长艰辛

---

① Clunas, *Pictures and Visuality*, p. 36.

的攀登之路描绘成仅仅几步之遥。画中或忽略或缩小了作为背景的众峰，使主峰在天空的衬托下脱颖而出。构图符合"莲花峰"的意义：一朵莲花在观赏者的面前绽放，被凸显到了几近夸张的地步。虽然两幅作品中都提及山峰的名称，但是观赏者却只能通过图像的形状来将之识别，这实际上也解释了上一章讨论过的黄山三十六峰已经无法辨认的原因。我们在钱谦益游记的第四部分中也同样会看到莲花盛开的形象，从"莲花献萼"一句中，可以看出莲花峰的名称影响了作者的描述，甚至影响了他对山峰的体验。

另一部作品《天都晓日》中，文本与画作也相辅相成。画家丁云鹏（字南羽，号圣华居士，1547—1628），该作品可能是现存最早的以黄山为主题的画作（图 9）。① 事实上，初升的太阳并非这幅画作最重要的特征，其着墨的重点是天都峰及背景山峰飞泻的流水，流水潺潺，流向画面的前景。与创作《海内奇观》（图 5）的艺术家相比，丁云鹏在协调画中不同景物的比例方面要成功得多（尽管他也并不能完全协调好），他用浮云将水流的中段遮蔽，让画面的前后隔离开来。右上角的题跋表明了作品的具体目的（纪念一位世交好友的五十岁寿诞），这幅作品也形象地再现了几个世纪前

---

① 高居翰在著作（Cahill, *Huang Shan Paintings*, p. 273）中使用了波士顿美术博物馆（MFA）收藏的佚名的真丝手卷的影印版（该书图 6.3 和图 6.4）。高居翰认为，这是已知的现存最早的黄山画作，画家假托徐贲（1335—1393?）之名。高居翰认为，根据这幅画作的风格，该作品应创作于 16 世纪。这幅画如果是画黄山，那么它确实是现存最早的黄山画。但是，从整幅作品内容来看，特别是画卷最左边部分，可以看出这并非黄山画作。波士顿美术博物馆也把这幅作品（08.87）认定为《雁荡山真形图卷》。

《黄山图经》所描述的流水能净化国土的效用。而将邪恶从国土洗涤出去的意象，在钱谦益的游记中也有所重现。事实上，画作的形象可能出现在最初配有文本的《黄山图经》木刻画中。晨曦下的浮云和雾霭将天都峰及其他山峰变幻为仙岛，也暗合了一种道家的意象。而画作中这种隐含的长寿的意味，也许被画家认为适宜赠予过寿的友人。

几幅画作的相似之处明显表明，在 17 世纪末之前黄山景观形象的形成确立过程中，画作是文本传统的补充。更关键的相似之处是，两种描述在形式上于同一时期平行地发展起来。我在前文已经提到过这样的观点，即木版画更倾向于呈现一组已经建立起可识别特征的景观，而非一个"真实"的场景。在大多数情况下，绘画作品中的景观空间关系似乎都是从属于各个景观的形式和名称（通常是给定的）。

有关黄山的艺术作品同木版画在空间特性方面也有着共同之处，尤其是画卷，这种形式的画作通常被设计为逐渐展开，然后画面得以一幅接一幅地展现。原济（1641—1718？，原名朱若极，后文我们会用他更有名的名字"石涛"来称呼）的黄山画卷从康熙时期流传至今，是少数反映黄山全貌的画作之一。当我们缓缓展开石涛的画卷，一座又一座的山峰逐渐出现在我们的眼前，这也符合早期《黄山图经》的文本传统。尽管石涛的画卷给人"全景"的印象，但是我们在其中看到的并非整座黄山，而是一系列清晰的、易辨认的景观的汇集。

现代的艺术观赏者习惯于隔着玻璃欣赏作品，能直接看到全部的被展现出来的景观（或策展人选择的部分），却很少有机会参与到一幅画卷逐渐被展开的过程中去。但我们要知道，17世纪的观赏者往往正是通过后一种方式（展开画幅）来欣赏作品。在这种非全景的画作中，画家通常会描绘局部画面里主次分明的空间，吴逸（字疏林）描绘文殊院的木版画便是一个很好的例子，其见于1690版《歙县志》（图4）。吴逸自称他的作品模仿了倪瓒，其在对山峰的空间排列上尤为有趣。文殊院左侧是莲花峰，右侧是天都峰。在很多文本与画作中，文殊院都是以这种形式出现的。有些画家通过隐藏莲花峰和天都峰的山脚，象征性地调和莲花峰和天都峰的比例，以在画面上隔开两座山峰，但是由于松树和山间路径在画里大小尺寸相似，文殊院、莲花峰和天都峰三个景点基本在同一水平面，这在现实中是不可能的（天都峰和莲花峰比文殊院的海拔高一百多米）。显然，艺术家并非随意地改变了空间比例；之所以这么安排，通常是作品构图的需要，目的是让玉屏峰处于中央（文殊院坐落其上），位于画面的上方，这是画家的主要用意。吴逸有意去创作出这样一幅不符合现实空间比例关系的作品，其用意引人深思。

除了少数例外，我们发现，画家倾向于把黄山上特征鲜明的景点视为独立的景观，而非整体的一部分。大量的事实支持了这种观点：我们在翻阅17世纪的黄山画作时，会发现黄山不再被描绘成一个包罗万象的形象，而是越来越多地以专集或画册的形式出现。

汉学家高居翰的黄山画作选集《黄山影：徽州的绘画与版画》以专册和联幅画为主，收录了当时三位著名画家弘仁、梅清和石涛的众多作品。[①] 而实际上，黄山绘画和版画当然比这个选集要更多；据我所知，高居翰至少省略了两幅重要作品：一幅是戴本孝 1675 年描绘黄山十二景观的联屏画，现存广东省博物馆（图8）；另一幅是他的《黄山四景图》四屏图，现存上海博物馆。[②]

我认为，黄山景物集的广泛出现，表明现实的景观空间位置愈发屈从于艺术表现的需要；在过去，真实的空间只是被扭曲、被忽略，而现在则完全被排除在观赏体验之外。这些集子不仅有助于确立黄山的标志景观，还规定了对每种景观的具体的审美体验，这一点从石涛的二十一个场景集《黄山图》的第八页中可以很明显地看出（图 11）。画作中，山巅的两个游历者清晰可见，其中一人面对状如海岛的山峰兴奋地挥举双臂。这幅画也再次呼应了道教中的仙岛意象，并作为黄山之旅的经典场景之一，强化了游历者从高处俯瞰的狂喜。这样的场景，在钱谦益及同时代其他人的作品中较为普遍，在绘画艺术中也很常见。

黄山风光

理解黄山独特的景观，有助于我们理解晚明时期人们观赏景

---

① Cahill, *Huang Shan Paintings*, pp. 286–288.
② 许宏泉：《戴本孝》（石家庄：河北教育出版社，2002），第 130–157 页。书中有戴本孝绘的《黄山十二景观联屏画》和《黄山四景图》。

观的方式，而这显然也同园林设计的表现方式密不可分。邹辉指出，早在几个世纪前，"景"的概念就同私家园林建立了关系，但是到了明代，私家园林的场景才开始以视觉艺术的方式呈现。[①] 这符合我们对晚明园林理念的了解——柯律格指出，晚明园林建造的专业术语受到绘画理论的影响，这种趋势与私家园林本身的转变紧密联系——园林是审美的场所，而不是用于生产的地方。[②] 在明代有关园林的文学中，园林的风格特征如石头形态、大小或竹子的高低等通常会根据是否接近前代某位著名山水画家的风格来归类。王心一（字纯甫，号玄珠，1572—1645）在《归田园居记》中描述了两组石头：一组错综复杂，似乎在师法赵孟頫（字子昂，号松雪道人，1254—1322）的风格，另一组笨拙憨厚，仿佛在效法黄公望之风格。[③]

　　当然，人为改变景观可能是出于经济的考虑，传说中的大禹治水便是一个例子；也可能是出于审美的需要，其中最明显的例子是盆景，这种艺术形式到 16 世纪才开始普及。1547 年，田汝成描述

① 　Hui Zou, "The Jing of a Perspective Garden," *Studies in the History of Gardens and Designed Landscapes* 22 (4) (2002): 293–326 (298–300).

② 　Clunas, *Fruitful Sites*, p. 98.

③ 　王心一：《归田园居记》，引自 Clunas, *Fruitful Sites*, pp. 98–100。

西湖盆景"多有画意"。[①] 计成（生于 1582 年）在 1631 年撰写的关于园林设计的专著中，建议园林的设计师应该"仿古人笔意"摆设石头。[②] 一个世纪后，清代诗人袁枚（字子才，号简斋，1716—1798），不遗余力地把他的南京随园改造成了缩小版的西湖，最终把六桥、花港等西湖特色景观都包含进去。[③] 袁枚自称他的随园是"天造"的典范，这颇有些讽刺意味，因为西湖本身就是按照人的审美人工改造过的大型景观。[④]

就我的研究而言，特为有趣的不是人工对景观的改造，而是这种改造背后的推动力。评价山水画的美学标准同样适用于评价自然景观。我们发现，晚明游记文学中把园林风格和绘画风格进行比较的情况极为普遍。在众多的游历者中，文人李日华（字君实，号九疑，1565—1635）在日记中明确地把风景与前代艺术大师的风

① Clunas, *Fruitful Sites*, pp. 100–101. 有关画意的讨论，可参考英文文献：Wai-kam Ho's "The Literary Concepts of 'Picture-like' (Ju-hua)and 'Picture-Idea' (Hua-i)in the Relationship between Poetry and Painting," in Alfreda Murck and Wen C. Fong ed., *Words and Images: Chinese Poetry, Calligraphy, and Painting* (New York: Metropolitan Museum of Art, 1991), pp. 359–404. 关于《红楼梦》"画意"的探讨，可参考英文著作：Xiao Chi's *The Chinese Garden as Lyric Enclave: A Generic Study of the Story of the Stone* (Ann Arbor: Center for Chinese Studies, Michigan University, 2001), pp. 177–189.

② 赵农注释：《园冶图说》（济南：山东画报出版社，2003），第 217 页。

③ 袁枚：《随园五记》，王英志校点：《袁枚全集》（南京：江苏古籍出版社，1993）卷二，第 208 页。也可参考我的英译版："In Lieu of Flowers: The Transformation of Space and Self in Yuan Mei's (1716–1798)Garden Records," *New Zealand Journal of Asian Studies* 3 (2) (2001): 136–149 (147–149).

④ 段义孚（Yi-fu Tuan）在其英文著作中描写西湖："西湖及其周围的景观大部分是人工改造形成的。杭州地区最早地处三角洲平原，几条小河缓慢流淌其间，后来流水变小，平坦的冲积平原基岩岛突起。大约在公元 1 世纪，人们在河流上筑坝，河水聚集成湖泊。西湖最初基本要素群山、湖水与河岸等就这样形成。"见 *China* (Chicago: Aldine-Atherton, 1969), pp. 124–125。

格进行比较。① 类似于"此景不同凡响，即使某某大师也不能尽得其神韵"的赞叹处处可见。杭州飞来峰也曾深深打动了袁宏道，他写道："颠书（张旭，活跃于742—755）吴画（吴道子或称吴道玄，活跃于710—760），不足为其变幻诘曲也。"②

吴廷简在黄山也提及了吴道子的画作："吴道子、顾虎头（顾恺之，345？—407？）不能几其万一。"③ 像吴道子这样的画家是否能够用笔墨传达出黄山景观的万分之一，人们可以喋喋不休地争论下去，但毋庸置疑的是，以艺术标准来评价自然景观的方式已被普遍地认同。

这种把山水形象艺术化，以及把整个景观简化为一个单一景观的倾向（正如段义孚曾指出的，"景观"一词充满了人工制造的痕迹）④，对于我们理解黄山的文学和艺术极为重要。17世纪的山水画成为描绘景观的一种标准范本；我们在游记中反复读到的景观也不断地出现在画作中。我们发现，作家们在对地点或景观进行描述时使用了相似的术语，而艺术家也在同样的地方使用了相似的笔墨技法。

研读17世纪末有关黄山的文字和艺术，人们可以很容易地勾

---

① 李日华：《味水轩日记》，屠友祥校注（上海：远东出版社，1996），第130–131页。

② McDowall trans., *Four Months of Idle Roaming*, p. 5.

③ 《黄山志定本》，第289页。

④ Yi-fu Tuan, *Topophilia: A Study of Environmental Perception, Attitudes and Values* (Englewood Cliffs, NJ: Prentice-Hall, 1974), p. 133; Tuan's "Foreword" to Kenneth Robert Olwig's *Landscape, Nature, and the Body Politic: From Britain's Renaissance to America's New World* (Madison: University of Wisconsin Press, 2002), pp. xi–xx.

画出十个到十二个黄山的"必游"景点，与此相比，当时许多其他旅游胜地，都还没有形成"必游"景点的游玩模式。[①] 黄山必游景点包括天都峰、莲花峰、"云海"、文殊院和其他景点，这些景点在前文提到的游记中都曾反复出现。到了 17 世纪，一个熟悉这套文学传统的文人甚至不用离开他的书斋，便可以将山上的景点——辨识出来。

文人的世界

景观可能在被人们实地观看之前就已经为人熟知，这是我的一个主要的观点。人们往往认为，游记是一种"眼见为实"的文学体裁，其实这属于过于简单化的主客二分。我的观点与人们通常的看法不同。何惠鉴讨论了文学符号被人们共同接受的重要性，因为这些符号能够唤起共同的意象，并创造隐喻。[②] 同样，士绅阶层创造的某些意象，不仅很容易被识别，而且艺术家不用身临其境，就可以将这种意象描绘出来。这在人物或神仙的题材中很是常见（许多画家知道洛神长什么样，但极少有人真的声称自己见过她），但在山水画中的表现就不那么明显了。尽管如此，黄山视觉意象的建立，使得 17 世纪的文人往往通过借鉴前代或同代的集体意象来描

---

① 鲁迅将其称为"十景病"，并声称这种病'沉重起来的时候大概在清朝。凡看一部县志，这一县往往有十景或八景，如'远村明月''萧寺清钟''古池好水'之类。而且，'十'字形的病菌，似乎已经侵入血管，流布全身，其势力早不在'！'形惊叹亡国病菌之下了"。

② Ho, "Literary Concepts," p. 366.

绘黄山，而不是通过实地写生。

　　18 世纪的僧人雪庄编撰画集时，在序言中提到，萧晨（字
灵曦，号中素，1677—1699）和郑重两位画家早期的作品并不
是通过实地写生，而是通过想象完成的。① 此外，高居翰认为北
京故宫博物院所藏《黄山图册》的作者是萧云从（字尺木，号石
人，1596—1673），而萧云从本人没有去过黄山。② 有人看过梅清的
画册之后，题跋说这本画册中至少有两个景观是根据石涛的作品所
作的，而梅清本人并没有去过这些地方。③ 石涛也说过，他有一幅黄
山画作不是依据自己实地的观察，而是依据宋代丞相程元凤（字申
甫，号讷齐，1200—1269）写作的一首诗而作的。④ 此外，画家的
作品集里通常会提到自己对前辈大师作品的研究，经常有画家会在
作品集里明确地表明自己的作品师法了某种风格。以梅清为例，在
几幅黄山画作中，他在题跋提及自己模仿了吴镇（字仲圭，号梅花
道人，1280—1354）等人的风格，⑤ 而模仿倪瓒的画风则一直流行
到 17 世纪。

① 　Cahill, "Huang Shan Paintings," p. 281.

② 　高居翰：《论弘仁〈黄山图册〉的归属》，《朵云》，1985 年第 9 期，第
108–124 页。《黄山图册》通常被视为弘仁的作品。根据对印章和用笔技巧的分
析，高居翰认为，这套册页是萧云从根据弘仁底本而作，弘仁原作已经佚失。类似
的观点，可参考徐邦达：《〈黄山图册〉作者考辨》，《朵云》，1985 年第 9 期，第
125–129 页。

③ 　Hsu Wen-Chin, "Images of Huang-shan in Shih-t'sao's Paintings," *National Palace
Museum Bulletin* [Taipei] 27 (1/2) (1992): 1–37 (5–6).

④ 　石涛：《大涤子题画跋诗》，汪绎辰编（上海：上海人民美术出版社，1987），
第 23 页。

⑤ 　梅清：《梅清黄山图册》（上海：人民美术出版社，1980）。

　　显然，时人并不觉得复制或模仿他人的作品是一种不诚实的行为，人们似乎已经接受了一种特定的黄山形象，并把传统作品里的黄山景观直接作为自己描绘的对象。这种对景观的集体解读，呼应了柯律格的观点，即："士绅阶层欣赏风景的行为实际是集体行为，在这种场合，他们交换、审视、表明自己的价值观，并影响年轻一代。"[1] 在明代，人们在欣赏艺术作品时，常常会有多名旁观者在场，虽然我们不清楚这在多大程度上反映出当时士绅阶层的真实社交场面，但文人们确实是经常聚集在一起，解读、诠释、互相借鉴，并发展他人的思想。

　　我希望能够正确还原一段人们逐渐树立黄山形象的历史。如果我们回头再看前一章讨论过的黄山文学作品，如同视觉艺术中存在的相似的描绘方式，文学作品中也明显表现出相似的描述方法。

　　高居翰认为，随着岁月流逝，一些黄山游记逐渐演变为经典的范例。尤其是谈到 18 世纪的袁枚和刘大櫆（字才甫，号海峰，1697？—1779？）的游记时，高居翰指出，在袁枚和刘大櫆后期的作品中，景观不再被加以描述，而仅仅只有一个名称，因为游历者沿着"一条固定的路线从一个指定地方到另一个指定的地方"。[2] 高居翰的观察非常敏锐，但是仅仅就黄山游记而言，我的研究会更加全面一些，对黄山旅行固定线路的形成，我的表述也会更准确一些，从而能够进一步完善高居翰的观点。从前面

---

① Clunas, *Pictures and Visuality*, p. 114.
② Cahill, "Huang Shan Paintings," p. 253.

几章的分析中，我们可以清楚地看到，黄山游记的典型范例在万历时期开始成形。到万历末期，至少从有记录的游记中，可以看到约定俗成的重要景点已经确立。《黄山志续集》收录的康熙时期的游记和诗歌，几乎无一例外涉及上述游记提到的普门修建的慈光寺四面佛、云海等景观及标志性景点。然而，正如我们看到的，描述这类景观在某种程度上也逐渐变得模式化。比如，到了1620年，游历者几乎不约而同地用"奇"这一字眼来形容黄山的松树，或者用"怪"来形容黄山的岩石。①

在前文中，我们曾讨论过作者的籍贯问题，这一点进一步佐证有关黄山的传统表述是集体努力的结果。除少数人以外，这些作者大多数来自黄山周边的地区，比如休宁、嘉兴、徽州、歙县。事实上，上文讨论的几篇游记都是于1635年之前写就的，而在1635年之前，该地区以外的人似乎很少关注黄山。我们知道，徐弘祖游玩过黄山，但那时，他的游记并没有太多读者。自宋代《黄山图经》出现直到当时，新的黄山方志还没有面世。换言之，如果说万历年间演化出了游玩黄山的固定路线及书写黄山的模式化描述，那么我们就大可以认为，在17世纪早期的几十年间，一定有相当数量的手稿在该地区的士绅阶层中私下流传。实际上，普门的工作使得人们游玩黄山变得更为容易，从而催生出更多的黄山作品，但是如果

---

① 周绍明认为，"明清黄山游记很少记述以前游客的情感或重复他们的话语"，他的观点有待商榷。事实可能恰恰相反，如果我们仔细研究黄山游记的发展脉络，就会发现，当时的黄山游记更加依靠前人的作品，不过是以更复杂的方式实现。

想接触这些黄山资料，必须与当地的文人有广泛的联系。就这一方面而言，很难想象在晚明的江南，还有别的文人比钱谦益拥有更广泛的朋友、家人、同僚及门生构成的社交网络。

钱谦益是当时著名的文学史家和藏书家，他拥有大量的藏书供他旅行所需。而且像他这种身份的文人，到达徽州时，也定会有人奉上合适的参考书册和游行指南。通过阅读钱谦益的文集，我们发现他与黄山当地文人关系密切，而这些文人的游记对黄山文学的发展至为重要。游黄山之前，钱谦益就已经认识冯梦祯，他和冯梦祯的几个儿子乃至孙子冯文昌都有联系，1605 年，冯文昌在祖父逝世大约三十八年后，请求钱谦益为祖父撰写墓志铭，并给我们上一章提到过的书信题跋；[1] 黄汝亨的名字出现在钱谦益在 1637 年之后写的墓志铭中；[2] 钱谦益在 1641 年前往黄山途中撰写的一篇文章中，称谢兆申为"亡友"；[3] 杨补和钱谦益相交已久；[4] 汤宾尹则在钱谦益 1610 年参加的进士考试中担任同考官；[5] 吴廷简必定是通过吴氏家族的其他成员间接与钱谦益认识的；吴闻礼（字去非，号筼

---

[1] 钱谦益：《南京国子监祭酒冯公墓志铭》，《牧斋初学集》卷五十一（《钱牧斋全集》第二册，第 1299–1302 页）。

[2] 钱谦益：《张母黄孺人墓志铭》，《牧斋初学集》卷五十九（《钱牧斋全集》第二册，第 1441–1444 页）。

[3] 钱谦益：《追荐亡友绥安谢耳伯疏》，《牧斋初学集》卷八十一（《钱牧斋全集》第三册，第 1733–1734 页）。1628 年，钱谦益撰写管志道（字登之，号东溟，1536—1608）的生平，文中提到了谢兆申，见《湖广提刑按察司金事晋阶朝列大夫管公行状》，《牧斋初学集》卷四十九（《钱牧斋全集》第二册，第 1252–1267 页）。

[4] 钱谦益：《明处士杨君无补墓志铭》，《牧斋有学集》卷三十二（《钱牧斋全集》第六册，第 1165–1166 页）。

[5] 蔡营源：《钱谦益之生平与著述》，第 34–35 页。

心）和吴廷简的侄子吴大震不仅出现在钱谦益其他的作品中，更是出现在《游黄山记》的序言中；[①] 另外，我们还应该记起钱谦益和程嘉燧的友谊，当初似乎正是后者的黄山诗画，促成了钱谦益的这次旅行。[②]

钱谦益能有机会获得有关黄山景观的书籍，这对我们后文讨论他的游记很有意义。可以看到，钱谦益的游记受到从李白的诗歌到万历后期的游记等所有具有黄山传统的文学的影响。钱谦益熟稔传统文学，这表现在他不仅能对种种典故信手拈来，而且能大段引用前人话语。

本章想阐明的是，晚明游历者实际的旅行经历对他们的描述影响并不太大，借用冯仕达（Stanislaus Fung）的话，两者非"相生相成"。[③] 而我们从后文可以清楚地看到，钱谦益的《游黄山记》不仅同黄山本身关系密切，而且同传统山水文学有着更为千丝万缕的关系。

---

① 钱谦益：《贺文司理诗册序》，《牧斋初学集》卷三十五（《钱牧斋全集》第二册，第 999–1000 页）；《吴母程孺人七十序》，《牧斋初学集》卷三十八（《钱牧斋全集》第二册，第 1052–1053 页）。

② 蔡营源在《钱谦益之生平与著述》的附录二（第 279–286 页）列出钱谦益的所有朋友（超过九百人），但书中只提供这些人的字，没有给出他们的名，而且也没有提供其他参考资料，比如，蔡营源把潘景升（即潘之恒）单独列为钱谦益的朋友，实际上"景升"是潘之恒的字，因此蔡营源所列清单参考价值不大。

③ 冯仕达用"相生相成"形容园林写作和治理的关系，见 Stanislaus Fung, "Word and Garden in Chinese Essays of the Ming Dynasty: Notes on Matters of Approach," *Interfaces: Image, text, language* 11–12 (June 1997): 77–90.

第四章　斧凿痕和钱谦益对黄山的思考

　　钱谦益《游黄山记》正义凡节，加上序言，共十部分。全篇共五千三百余字，每部分字数大致相同，只有第五节共九百二十七个字，篇幅大约是其他章节的两倍。游记是为配一组诗歌而作，其所书写的虽是钱谦益辛巳年（1641）的旅行，但实际写作时间是第二年（1642）的一月。

　　大约二十年前，汉学家齐皎瀚在研究钱谦益的黄山组诗时指出，这组诗歌可以分为截然不同的两组：第一到第十八首诗提供了"对实际旅行详细、连贯的叙述"，第十九到第二十四首诗则"重述第一部分，强调游历过的主要景观"。最后一首诗描写下山情况，共计二十五首。[①] 齐皎瀚还指出，这组诗包含"叙述"和"抒情"两部分，在格律上表现为前者七言，后者五言。他认为，诗歌的叙事成分使读者可以把这组诗歌作为黄山游记来阅读。[②] 齐皎瀚的分析对我的研究颇有意义。我在研读过游记的九节后，也认为该游记应分为截然不同的两组，这同齐皎瀚的看法一致。游记第一部分到第六部分是连贯的叙述，第七部分到第九部分是回忆，这一部分与诗歌结尾的叙述对应，但在初读游记时，我们很难发现这一点。[③] 这样的划分提醒我们，钱谦益的诗歌可能是他游记最直接的素材。游记不是在山上写成，而是几个月后在书斋里写

---

① Chaves,"Yellow Mountain Poems," p. 468.《黄山组诗》共二十五首，这与李祁的著作收录的一致（Li Chi, *Travel Diaries of Hsü Hsia-k'o*,p. 71）。《牧斋初学集》的卷十九实际收录三十二首诗歌：钱谦益的《黄山组诗》二十五首，柳如是的和诗四言绝句四首（《唱和钱谦益黄山组诗》第三至第五首），以及钱谦益下山几天后写的三首诗。我认为，钱谦益下山后所作的三首诗应该与《黄山组诗》放在一起讨论，因为这三首诗与拜访程嘉燧有关，而程嘉燧与钱谦益的黄山之旅密切相关。为了方便起见，我采用了齐皎瀚对《黄山组诗》的编号方法（按时间顺序排列，但不包括柳如是的四首诗）。

② 齐皎瀚认为（Chaves, "Yellow Mountain Poems," pp. 468–470）：钱谦益的第一组黄山诗可以说是"动态"的，诗中频繁使用动词，描述诗人在山水间的游玩，这表明钱谦益的诗与游记关系密切。德塞都（Michel de Certeau）在研究明代园林文献时（Michel de Certeau, "The Practice of Everyday Life"）发现了"地图"和"游览"之间的区别，柯律格后来借鉴了他的研究成果（*Fruitful Sites*, p.141）。

③ 游记第一部分到第六部分是连贯的叙述，第七部分到第九部分是回忆，从记述到回忆，如果脱离前后联系，读者很难辨别其中的变化。据我所知，迄今为止，《黄山游记》七至九的英译文只见于杨清华的英译本：Yu Kwang-chung, Yang Qinghua tran., *Sensuous Art*，原作作者余光中引用游记八（一半左右内容），以此作为例子，讨论游记中的松树。杨清华将原文从"径老人峰，立石如老人伛偻"开始译成连续的叙事，他的翻译脱离了原文的语境。钱谦益游记叙事在游记六已经结束，"径老人峰，立石如老人伛偻"是回忆，钱谦益回忆他在游记三中描述过的他曾游玩的景观，所以，"径老人峰，立石如老人伛偻"这句话，我的英译是"When one climbs Old Man Peak..."（见第五章）。

就的。①

我们在参照其他文本时，就会发现游记中有几处矛盾的地方。第一个矛盾之处是程嘉燧与钱谦益的黄山之旅的计划是何时确定的。对于此，序言的措辞有些含糊不清。程嘉燧是最先提议此次旅行的人，游记中写道："辛巳春余与程孟阳订黄山之游"，初读似感游玩计划在辛巳之春（1641）才确立，但根据程嘉燧的说法，他们是在庚辰（1640）十二月就制定了旅行的计划。②从后来他们的行动来看，这一说法较为可靠。程嘉燧最后没有参与这次旅行，其原因尚不明了，因种种文本语焉不详、前后矛盾。钱谦益只在序言中简单写道："（程嘉燧）逾月而不至"，他在《列朝诗集》中写作的程嘉燧的传记，也只字未提嘉燧曾经计划要参加那次旅行，③其原因令人深思。按照程嘉燧的说法，他三月初一才启程前往杭州，钱谦益只好自己先走。④陈寅恪推测，程嘉燧不愿如约到达会面地点，很可能是因为他当时不确定柳如是是否会与钱谦益同游（程嘉燧对年轻的柳如是素无好感）。从那一时期他们创作的几首诗中可以知道（见后文），这一年年初，钱柳二人就已经在一起了。而根据陈寅恪的说法，当程嘉燧知道柳如是不会和他们同游黄山后，已经来不及按照原计划去和钱谦益会面了（程嘉燧记述这件事时，援

---

① 《黄山游记》分为九节，有人也许会留意到其中数字九所反映的象征意义，古人分天下为九州，这是《禹贡》所述的治理国家的方案。
② 陈寅恪：《柳如是别传》卷一，第221—222页，引用程嘉燧：《耦耕堂集》。
③ 钱谦益：《列朝诗集小传》（上海：上海古籍出版社，1959）卷二，第576–579页。
④ 陈寅恪：《柳如是别传》卷一，第221–222页，引用程嘉燧：《耦耕堂集》。

引七句老人如孩童玩捉迷藏一般的可怜形象来形容自己）。[1] 而正是因为如此，钱谦益才试图在《游黄山记》中删去这段插曲，这也许就是为什么他要在游记第一部分伪造旅行日期（"予以二月初五发商山"）。钱谦益在《邵幼青诗草序》中也将时间写为农历二月。但根据程嘉燧的说法以及其他文献来重现当时的情景，显然旅程是于 1641 年 3 月开始的。

钱谦益《黄山组诗》的首篇提到的日期是三月初七。这一年二月，钱谦益和柳如是在杭州分别，在这之前，他们互相作诗唱和（见《牧斋初学集》）。柳如是的《东山酬和集》[2] 和她在齐云山所作的四首诗表明钱谦益二月晦日（二月二十九日）和三月朔日（三月初一）还在杭州（见《牧斋初学集》第十八章）。[3]

根据现有资料，我们可以推测出钱谦益黄山之旅的大概行程（若想知道更为具体、精确的行程颇为困难，后文将探讨这一点）。

　　庚辰年腊月（1640）：钱谦益和程嘉燧计划次年游黄山，"约以梅花相寻于武林之西溪"（序）。

　　庚辰年（1640）十二月至辛巳年（1641）三月：钱谦益在浙江

---

[1]　陈寅恪：《柳如是别传》卷二，第 615–631 页。

[2]　关于柳如是的作品，我参考的版本是周书田及范景中辑校的《柳如是集》（杭州：中国美术学院出版社，1999）。对于钱谦益和柳如是在这一时期创作的诗歌，我参考的则是周法高编著的《钱牧斋柳如是佚诗及柳如是有关资料》（台北：自印本，1978）。

[3]　我根据钱谦益的游记文字确定他的出游时间，这是我在研究初期犯的错误，可查阅我的英文文章："Qian Qianyi's (1582–1664)Reflections on Yellow Mountain," *New Zealand Journal of Asian Studies* 7 (2) (2005): 134–152.

及安徽旅行，柳如是参与了其中的部分行程。而程嘉燧"逾月而不至，予遂有事于白岳，黄山之兴少阑矣"（序）。

辛巳年三月初五（1641 年 4 月 14 日）[①]：钱谦益同替代程嘉燧的新旅伴吴去尘从商山启程（第一部分，见后文）。

第七天：钱谦益从山口出发，抵达黄山山麓汤院，在汤池沐浴后留宿桃花庵（游记第一和第二部分；诗歌第一至第五首）。傍晚时分，邵梁卿和邵幼青来访（游记第二部分；《邵幼青诗草序》及《邵梁卿诗草序》，《牧斋初学集》卷三十二），夜间大雨倾盆（游记第二部分；诗歌第六、第七首）。

第八天：钱谦益于白龙潭小楼赏天都峰瀑布（游记第二部分；诗歌第八至第十首）。"雨止，泉益怒，呀呷撞胸，如杵在臼。日下春，少间，乃商游事焉。"（游记第二部分）

第九天：钱谦益从汤院登山，观看老人峰铺海之云（游记第三部分；诗歌第十一首）。他又欣赏了天都峰，到了文殊院，在狭窄的寝室留宿（游记第四部分；诗歌第十二首）。夜晚起床观看茫茫月光下的黄山三十六峰（游记第四部分；诗歌第十三首）。

第十天：钱谦益与两位僧人离开文殊院，随后他们计划当天余下的行程，他们最后到了天海庵，当晚在天海庵过夜（游记第五部分；诗歌第十四至第十六首）。

第十一天：钱谦益起得很早，先到慈悲光寺，又从山上下来，在

---

① Keith Hazelton, *A Synchronic Chinese-Western Daily Calendar, 1341–1661 A.D.* (Revised ed.; Minneapolis: Ming Studies Research Series, University of Minnesota, 1985), p. 301.

汤池中沐浴，晚上住在桃花庵（游记第六部分，诗歌第十七首）。

第十二天：钱谦益从桃花庵出发，到达潜口（游记第六部分；诗歌第十八首）。

第十三天至第二十四天：钱谦益返程回家，他先到长翰山拜访程嘉燧（诗歌第二十五至第二十八首）。钱谦益可能正是在这时购买了王维的画卷（《牧斋初学集·跋董玄宰与冯开之尺牍》，不过我找不到资料可以提供精确的日期）。

壬午正月（1642）：钱谦益写作《游黄山记》，总共九节，并作序，这篇游记是为了配合他的《黄山组诗》①。

程嘉燧最终没有参与黄山之旅，但是他的形象却贯穿了整篇游记；他无疑是游记中除作者以外最重要的人物。对于这个七十七岁的老人来说，攀登黄山确实是一个艰巨的挑战，人们倾向于将程嘉燧进行黄山之旅的愿望理解为精神上的参与，而非切实的身体力行。

没有参与旅程的程嘉燧在游记中反复出现，而真正的旅伴吴去尘在游记中却不见踪影，两者形成了鲜明的对比。在游记的序言中，我们看到一个模棱两可的措词：

徐维翰（徐之垣）书来劝驾，读之两腋欲举，遂挟吴去尘以行。吴长儒为戒车马、庀糇脯，子含、去非群从，相向悢悢，而皆不能从也。

① 高居翰根据《黄山游记》序言，错误地认为出游时间为 1642 年（James Cahill, "Huang Shan Paintings," p. 277）。

"皆"一字的意义，在这里模棱两可，可以理解为子含、去非"两人都没参加"，也可以理解为整个吴氏家族"都没有参加"。这不禁让人猜测，吴去尘是否最终因为某些迫不得已的原因取消了这次行程？或许是的，因为游记的开篇虽然提及吴去尘，但是后文再也没有提到他，甚至《黄山组诗》里也没有提及。但是要重现钱谦益在黄山上的完整经历，不能只依据这些孤立的文本，在《牧斋初学集》卷三十二的《邵幼青诗草序》中，吴去尘再次出现。吴去尘在文本中的缺席，增强了游记的孤独感，也为这篇游记增添了重要的象征意义。

通过介绍钱谦益黄山之旅的大概行程，本章试图从游记的文字细节中解读钱谦益的黄山之旅；通过黄山的悬崖峭壁、流水飞瀑，进一步探讨成仙得道、宗教朝拜和出世归隐等话题。希望通过这些问题的讨论，读者能更容易接受我把游记视为传统文化之产物的观点。游记中没有写什么是和写了什么一样重要的。本研究便发现，想从钱谦益的游记中确定其精确的黄山行程路线是相当困难的，但这并非最重要的，因为钱谦益的旅行本质上是一次精神之旅，在这一精神的觉醒中，要想真正理解他笔下的自然世界，只有参考合适的文学材料才能做到。

肉体凡胎

吴佩宜在深入研究中国文学中的自传体文学后，发现自传体文学与游记有明显的相似之处。他指出，自传体文学的作者和游记作者都关注"活动"，而且他们的作品中必然"至少包含一条时间线索"。① 但是，当文人去著名的文化胜地旅行时，就会不可避免地带来另一个时间维度：对该景观的文学、政治或神话历史的思考。正如奚密在讨论 20 世纪诗歌时所言："包罗万象的观点使（诗人）思考历史，同时涵盖了过去、现在和未来的广阔范围。"② 也许游人在攀登山峰的过程中，对这种广阔的时间维度的感知也会变得敏锐，正如傅汉思（Hans Frankel）讨论唐诗时所言，攀登就是居高临下、抚今追昔。③ 高度具有某种象征意义，明代社会把高度作为社会地位的重要标志——高士（志行高洁之士）的理想就是在道德和政治意识上德行高尚，超脱世俗，也自然超过其他的社会阶层，这种优越的社会地位会方便他们观察并解读历史，因此，文人的登高总会引起怀古之情。

---

① Pei-yi Wu, *The Confucian's Progress: Autobiographical Writings in Traditional China* (Princeton: Princeton University Press, 1990), pp. 95–99. 丹尼斯·波特（Denis Porter）认为："有趣的游记作者把对世界的探索与自我的探索成功融为一体。"(Denis Porter, *Haunted Journeys: Desire and Transgression in European Travel Writing* (Princeton: Princeton University Press, 1991)

② Michelle Yeh, *Modern Chinese Poetry: Theory and Practice Since 1917* (New Haven: Yale University Press, 1991), p. 8.

③ Hans H. Frankel, "The Contemplation of the Past in T'ang Poetry," in Arthur F. Wright and Denis Twitchett ed., *Perspectives on the T'ang* (New Haven: Yale University Press, 1973), pp. 345–365; *The Flowering Plum and the Palace Lady: Interpretations of Chinese Verse* (New Haven: Yale University Press, 1976), pp. 113-127. 法国评论家罗兰·巴特（Roland Barthes, "The Eiffel Tower," in *The Eiffel Tower and other Mythologies*, translated by Richard Howard [New York: Hill and Wang, 1979], pp. 3–18)说："从空中俯视巴黎无疑会联想到巴黎的历史；站在埃菲尔铁塔顶端，眼前的景色会把思绪带进神秘的历史长河……"

题词也赋予景观一种时间上的维度，尽管到了 17 世纪，并不是每个人都喜欢景观上的题词。比如钱谦益在游记的第九部分中便指出，普门开山之后，游客蜂拥而至，青山白石"有剥肤黥面之忧"。他是在间接引用袁宏道 1597 年创作的《齐云山记》："余谓律中盗山伐矿，皆有常刑，俗士毁污山灵而律不禁，何也？青山白石有何罪过，无故黥其面裂其肤？"[①] 钱谦益的同时代人也记述过类似的感叹，在泰山，张岱对游历者在石头上刻字的糟糕行为[②]愤愤不平；而徐弘祖在云南旅行时，有人请他题跋，他反问道，山神做了什么，要遭受这样活罪？[③]

但无论喜欢与否，明代游人已经难以避免地看到刻在悬崖峭壁上的题字，这也已经成为旅行中的一项附属品。早在明代早期，就已经有人在偏远的景观题词。王履（字安道，号奇翁，生于 1332）的仆人于 1381 年游华山，他在隐蔽的悬崖裂缝中发现了竖排的四行字。[④]1743 年，一位来自南京的文官方苞（字凤九，号望溪，1668—1749）断言，他游历过的所有名山之中，只有雁荡山尚

---

① 袁宏道:《袁宏道集笺校》卷一，第 457–459 页。在最近的一项研究中，蔡九迪（Judith Zeitlin）强调在墙壁题字和在悬崖上题字之间的区别，钱谦益许多作品都提及在墙壁上题字写诗，这种现象值得深思。Zeitlin, "Disappearing Verses: Writing on Walls and Anxieties of Loss," in *idem* and Lydia H. Liu ed., *Writing and Materiality in China: Essays in Honor of Patrick Hanan* (Cambridge, MA: Harvard University Press, 2003), pp. 73–132.

② Pei-yi Wu, "An Ambivalent Pilgrim to T'ai Shan in the Seventeenth Century," in Naquin and Yü ed., *Pilgrims and Sacred Sites*, pp. 65–88 (77).

③ Ward, *Xu Xiake*, p. 177.

④ Kathlyn Maurean Liscomb, *Learning from Mount Hua: A Chinese Physician's Illustrated Travel Record and Painting Theory* (Cambridge: Cambridge University Press, 1993), pp. 36–37.

未有人在山上题词，保留了"太古之容色"。[①] 吴廷简在黄山看到了崖壁上有许多文字，而这些文字在 1635 年以前就已经存在，[②] 到了当时，有些题词已经不可辨认。1988 年版《黄山志》记录的不可辨认的题词便有大约两百处之多。[③]

袁宏道、张岱、徐弘组等人对题词的反感，可能部分因为题词包含了对著名景观概况的讲解，这会使得普通游人也能够通过题词轻易地了解一个景观，无论其是否具备相应的审美能力，而这很可能被认为是在挑战士绅阶层的地位，就像收藏品鉴专著《长物志》使得普通人从中获得了以前专属于少数人的知识一样。18 世纪末"如画"风格运动中，英国风景画日益遭受批判，部分原因也在于此。[④] 除此之外，题词还能为文人间接提供启示——我在黄山发现的一个比较有趣的例子是，谢兆申 1614 年描述香草石"石依林薄"，[⑤] 经过仔细考证，他似乎是直接借用了汪道昆（字伯玉，号南溟，1525—1593）此前留下的题词。[⑥]

无论如何，一段题词，不管是刻在悬崖上，还是写进游记里，都不可避免地带有某种历史感，或许还会给人一种生命转瞬即

---

① 方苞：《游雁荡记》，《方望溪先生全集》（上海：四部丛刊版）卷一，第 211 页。

② 《黄山志》（1667），第 512—516 页；《黄山志定本》，第 286—290 页。

③ 《黄山志》（1988），第 107—125 页。

④ Helen Leach, *Cultivating Myths: Fiction, Fact and Fashion in Garden History* (Auckland: Random House, 2000), pp. 97–98.

⑤ 《黄山志定本》，第 247 页。

⑥ 《黄山志定本》，第 29 页。汪道昆的游记可参考《黄山志》（1667），第 441—444 页。

逝的感觉。对这些因素的考量颇为重要，因为我们发现，时间的流逝和人的死亡正是贯穿钱谦益游记的主题。从某种意义上说，这也在意料之中，正如我们所看到的，黄山在明朝末年人们的心中与黄帝、仙人和灵丹妙药有着千丝万缕的关系。几个世纪以来，正如一位明朝诗人所说的，攀登黄山是为了"采药寻真"。[1] 即使没有像《黄山图经》这样的地理资料来提醒人们黄山在这方面的历史意义，黄山的山峰、流水以及其他以黄帝及其仆人命名的种种标志性景点，都会不断地提醒每位来到这里的明朝游人，黄山是一座有着道教传统的山。1641 年，钱谦益在黄山发现了更多生命须臾的意象。此时是普门和尚逝世大约十六年后，埋葬普门的塔可能是钱谦益看到的最明显的迹象。黄山的佛教项目和佛教活动在万历之后就已经逐渐衰落，这种衰落虽然缓慢，却无法挽回，它微妙地提醒人们时间的流逝，令人不禁悲从中来。钱谦益在游记第六部分中便如此指出："钟鱼寥落……数伽蓝于洛阳，盖不胜沧海劫灰之叹焉。"

那么，我们可以合理地推测，钱谦益在艰难登山的途中，可能也意识到了自己已经逝去的岁月。我们知道，一个半世纪后的清朝诗人袁枚在六十八岁左右时，只能在脚夫（或"海马"）的帮助下最终登上黄山："初犹自强，至崒甚，乃缚跨其背。于是并步并负各半。"[2] 尽管钱谦益的游记用词较为隐晦，但我们还是猜想，他在旅途中依靠脚夫的部分，应该比他愿意承认的多得多。事实上，第二

---

[1] 孙一元（字太初，1484—1520）：《黄山歌二首》，见《黄山志定本》，第 413-414 页。

[2] 袁枚：《游黄山记》，《袁枚全集》卷二，第 514-515 页。

年他在序言中将自己署名为"虞山老民"时，当时的情形可能还在
他的脑海里萦绕，这也许与他六十岁生日时的所思所想有关（即他
有生之年经历的第二个壬午年）。① 有人认为，当时钱谦益与柳如是
尚不稳定的关系，一定程度上加剧了他的这种焦虑。钱谦益在结束
黄山之旅的几个月后就迎娶了柳如是，这一年是 1641 年，柳如是
年仅二十三岁。从某些方面来说，我们可以把钱谦益的这次旅行看
作是他在与一位年轻女性建立新关系的背景下为了重新焕发青春活
力而进行的尝试。虽然这可能是一个过度的解读，但毫无疑问，钱
谦益在写到游记第二部分的汤泉沐浴时，一定想起了柳如是。因为
他在这部分提及了那位美丽的杨贵妃（杨玉环，719—756）和唐
玄宗（李隆基，712—756 在位）的故事，而杨玉环就比唐玄宗小
三十四岁。很显然，钱谦益在汤泉创作的四首绝句是写给柳如是
的，他后来也将这些诗寄给了她（这组诗收录在她的文集里，附有
标题《遥寄河东君》）。柳如是后来将他们两人相互唱和的诗汇集
在一起。②

　　钱谦益对死亡的焦虑还体现在他对名称的关注上。我们注意
到，黄山著名的三十六峰中，有许多已无法确认其对应的名称，如
李白诗中提到的著名的白鹅峰，到了宋代便已经无法辨别。像钱谦

---

① 有关明朝人们的平均寿命，可参考 Heijdra, "Socio-Economic Development," pp.
435–437。

② 《柳如是集》，第 145 页。齐皎瀚（Chaves, "Yellow Mountain Poems," p. 467）
和丁功谊（《钱谦益文学思想研究》第 115 页）推测，柳如是把两人唱和的诗歌
汇集收录在文集，这表明当时柳如是与钱谦益一起游玩汤泉。我不同意这种观
点，可参考我在游记第二部分的注释。

益这样的文学家，无法依托文字来辨认眼前的景观，这一定会使他深感困扰。到了 1642 年，当他坐在书斋里写作游记时，他发现了更多无法用文字辨识景点的例子。事实上，无知的方士们在炼丹台上筑坛、架炉鼎、炼仙丹，却根本没有意识到这里就是"轩辕相宅之地，故有神物护诃"（游记第五部分）。石门峰早在 9 世纪就已被确定名称，并被写入诗中，但现在，他引用了唐代诗人于德晦（840—855）的诗："山僧亦莫知所在。"（游记第七部分）典籍《山海经》和《水经》中关于黄山的条目令文人困惑（"自《山海经》《水经》纪三天子鄣，亦曰三天子都，地志家纷纷聚讼"）。更糟糕的是，游人现在习惯"以海名山，以黄名海"，这种叫法在典籍中显然找不到任何依据（"纰缪不典"，游记第九部分）。

在 1642 年的钱谦益的脑海里，一定翻涌着这些问题：关于黄山的权威资料，怎能被如此公然地漠视？一个人到了晚年，难道不应该靠所立之言来保证自己的身后之名吗？伟大诗人李白笔下的山峰，都不能保证世人不将其遗忘，那么，自己的作品，后世文人又会如何解读呢？我们无法知道当时钱谦益究竟是怎么想的，但是他一定在思考未来读者们将如何看待他的作品。

钱谦益用吴时宪的话作为《游黄山记》的结尾，吴时宪是新安人，不为人所知（"无能举其姓名"，游记第九部分）。在看到一棵仆地生长、夭矫奇异的松树时，他感叹总结道："千年而后，必有征吾言而一笑者。"这样的自我意识充斥在整篇游记中；自始至终，钱谦益似乎都有意识地要把自己的形象烙刻在黄山山水里，让后世的游人能够记住自己。

朝拜者

毫无疑问，钱谦益此行留给读者一个黄山难以攀登的印象。序言中的大部分内容都是在谈论行程开始前的重重阻碍：程嘉燧未能在约定时间抵达杭州；钱谦益"有事"于白岳，从而使得他对黄山之旅的热情下降；而且徐维翰在信函中指出这次旅行必将费时日、烦跋涉。游记的第五部分，钱谦益在僧人旅伴的协助下登山，这更突显了旅程的艰难；在游记第四部分，他的寄宿之所很是简陋，甚至他在床上都几乎无法伸展双腿。但正是黄山的不易攀登，使得它更值得一游。黄山与白岩山形成了鲜明的对比，在白岩山上，即使是最偏僻的岩石也已经被粗俗的游客瞎涂乱画。[1]

根据吴佩宜的说法，到了 16 世纪，将生命比喻成一种旅行的说法已经在中国文学中很是常见。吴佩宜在谈论学问时，引用邓以赞（字汝德，号定宇，1542—1599）的说法："学问从身心上寻

---

[1]　在钱谦益生活的年代，人们普遍认为黄山风景胜过白岳。持这种看法的人当中，黄汝亨最为有名，他在作于 1610 年的《游黄山记》中把白岳比作夷光（西施），把黄山则比作洛神，黄山神秀而白岳魁梧，见《黄山志》(1667)，第459–463 页。

求，纵千差万错，走来走去，及至山穷水尽终要到这路上来。"① 钱谦益正是把登山作为个人修养的过程；随着一段接一段深入阅读游记，我们对黄山山水的理解更深入，也更明确。钱谦益在游记第三部分描述的一个景观，到了第四部分却又认为这一景观无足轻重："向所沾沾于老人峰者，又存乎见少矣。"游记第五部分代表他获得了某种精神上的启迪，而到了第六部分，他又赋予了黄山三十六峰以生命，三十六峰成为他依依惜别的老友。游记第七部分，通过表达对黄山旧名（黔山）微妙变化的态度，钱谦益也表现出对黄山景观及山水文学传统的充分了解。

游历者与山水以适当的方式互动，从而获得精神上的启迪，这让人联想起宗教朝拜。毫无疑问，钱谦益的游记确实带有佛教及道教的色彩。他与僧侣结伴同游，并住在道观与寺庙里。佛教用语在游记中处处可见，炼丹台周围的建筑"宜其荡刚风而焚劫火"（游记第五部分），而文殊院"面拥石，如覆袈裟"（游记第四部分）。慈光寺和普门塔等佛教的标志性建筑处处可见。游记也广泛借用了道教的经典，特别是《庄子》和《列子》中的话语，在他

---

① 吴佩宜注意到《大学》中的"学"字所包含的广泛含义，在他的著作中把"学"音译为"xue"（Pei-yi Wu, *Confucian's Progress*, pp. 96–97）。我认为"学"有"修身"的意思。浦安迪（Andrew Plaks）在英译版《大学》中对"学"的解释："《大学》的'学'，翻译为英文'Learning'（学习），这是英文'学习'的狭义，容易误导读者。儒家话语的'学'有道德修养的内涵，它以完善道德修养为核心，涵盖积极思考个人生活的全部，对应英文'self-cultivation'（修身）。"见 Plaks trans., *Ta Hsüeh and Chung Yung, The Highest Order of Cultivation and On the Practice of the Mean*(London: Penguin Books, 2003), p. 3。深入探讨人生如旅途的比喻，可参考 Riemenschnitter, "Traveler's Vocation"。

的笔下，黄山是道士的炼丹圣地，黄山的山峰更是神仙的居所。不过，游记并没有详细地描述任何宗教活动，我们看不出哪座特定的寺庙是他旅行的目的地，或者哪位僧侣是他的拜访对象，象征宗教朝拜的烧香仪式也并没有出现在游记中。[①] 钱谦益没有描述他所留宿的寺院的宗教活动，游记虽然记录了他与僧侣之间的对话，但仅限于登山路线及游玩有关的内容。

　　我们需要谨慎评论钱谦益黄山之旅的宗教意义的另一个原因是，这篇游记开山见门地把黄山牢牢定位在正统儒家的语境中。在游记的开篇，钱谦益写道，这座山具有天都气象，主峰天都峰的东西南北各有山峦作为屏障，而黄山的河流可以将这里污秽的事物冲刷流泄掉（"必有大川巨浸以流其恶"）。尽管钱谦益写下这段话是深受《黄山图经》的影响，但是他同时引用了《国语》和《书经》，并直接用《左传》的话说明天都"以流其恶"的必要性。游记的开篇非常重要，而《游黄山记》的开篇便将黄山确立为符合儒家经典叙事的山水，然后才开始了更偏向于佛教和道教的黄山解读之旅。

　　总之，根据儒释道传统来恰当地解读黄山，似乎是游记前半部分想要展现的主题。从这一意义上说，我们需要注意的是不要过于强调钱谦益《游黄山记》的佛教或道教色彩，这方面的内容应该从文化层面而非宗教层面去理解。到 1641 年，晚明佛教思想的复兴，极大地改变了士绅阶层的构成。那时的寺庙方丈受过良好的教

[①]　Naquin and Yü, "Introduction: Pilgrimage in China," pp. 11–12.

育，文人可以同他们轻松聊天，与僧侣一起品茶，并在闲暇时欣赏寺院收藏的艺术珍品。这是一种互惠互利的关系；明朝晚期的寺院越来越多地依靠世俗游历者的资金资助和政治的庇护，而对山川地理志的系统编撰则是文人为寺院供支持的具体方式。[①]

卜正民将佛教复兴的原因部分归于晚明时期新的士绅阶层的形成，他们越来越脱离政治生活，并试图从文化角度重新定义自身的位置。[②] 朝廷（尤其是慈圣太后）对寺院的资助（见本书第二章），以及这一时期几位高僧的影响（钱谦益与这些高僧中的大多数人都有交往）[③]，结合创造出一个被袁宏道称为"儒袍禅心"的世界。[④] 道教也在这一时期得以复兴，隐居者的数量增多，契合了道教的隐士传统。晚明时期，由李时珍（字东璧，号濒湖山人，1518—1593）所著、1596 年出版的《本草纲目》的流行，反映出道教炼丹活动的再次流行。据说，嘉靖皇帝（世宗，1522—1566 在位）人过中年，痴迷于道教的长生不老药。[⑤] 几年后，顾炎武对前来应试的儒生过多引用道家典故的抱怨，也反映出文人的普遍困惑。[⑥] 事实上，这个时代确实是李日华所说的，文人（想象中的）理想的私人

[①] Timothy Brook, *Praying for Power: Buddhism and the Formation of Gentry Society in Late-Ming China* (Cambridge, MA: Harvard University Press, 1993), p. 353.

[②] Timothy Brook, "At the Margin of Public Authority: The Ming State and Buddhism," in *idem*, *The Chinese State in Ming Society* (London: RoutledgeCurzon, 2005), pp. 139–157, and *Praying for Power*.

[③] 钱谦益显然深受德清和尚（字澄印，号憨山，1546—1623）影响，参考孙之梅：《钱谦益与明末清初文学》，第 203—242 页。

[④] Brook, *Praying for Power*, p. 65.

[⑤] Huang, *Year of No Significance*, p. 8.

[⑥] 顾炎武：《日知录集释》卷二，第 823—824 页。

藏书是"东楼藏释道之书，西楼藏儒家经典"。[①]

对于钱谦益的黄山叙述为何掺杂了佛教和道教两种宗教的另一种解释是，黄山上与佛教及道教有关的特定的山峰名称无处不在。游历者在出发之前，他们的旅程就已经被赋予了一定程度上的宗教意义，这是确切的事实。三十六峰的名称便充满宗教色彩，同山上其他著名景点的名称相互映衬。钱谦益说，这些景观的命名"皆傅会文殊院而名"（游记第九部分）。游历者从西面出发，沿着西边固定的游山路线登山，仿佛是在观世音菩萨和文殊菩萨的指引下去朝拜，暗含着《华严经》中人们对于悟道的寻求。因为没有任何文本证据的说明，因此我们很难揣测钱谦益在山上参与了什么宗教活动（如烧香或祈祷）。但是像钱谦益这样受过佛教熏陶、佛学知识渊博的人，即使他并非一个虔诚的佛教徒，但当他寄宿在僧人朋友的寺庙时，如果不参加他们的宗教仪式活动，就像钱锺书（1910—1998）所言的，似乎也不太可能。[②] 此外，就像我们所知道的泰山朝拜活动一样，黄山同样也有一些有组织的朝拜活动，晚明黄山大量的僧人和活跃的寺院机构，有力地证明了这一点。[③] 事实上，钱谦益和其他文人在这个问题上的沉默态度，似乎证

---

① Watt, "Literati Environment," p. 6, 引自李日华：《紫桃轩杂缀》。

② 钱锺书认为，钱谦益不是虔诚的佛教徒，他后来皈依佛教是为自己背叛明朝而忏悔。谢正光（Andrew Hsieh）持不同观点，他提供了令人信服的证据，参考谢正光：《钱谦益奉佛之前后因缘及其意义》，《清华大学学报》（哲学社会科学版），2006 年第 3 期（21），第 13–30 页。

③ 有关泰山朝拜，可参考 Dott, *Identity Reflections*, pp. 79–100 和 Wu, "Ambivalent Pilgrim"。与泰山相比，黄山交通不便，文化精神象征意义较小，有组织的朝拜规模小。

实了吴佩宜的观点，即游记文学的叙事传统阻止了文人对朝拜活动的详细描述。文人与普通大众文化间的鸿沟，以及文人试图与庸俗大众保持距离的意图，可以部分解释游记中为何缺少朝拜活动的描写。[①] 钱谦益显然和僧侣（受过教育的山上居民）交往甚密，但是他是否同他们一起严肃探讨了《大藏经》，这一问题只能留给读者自己去想象。[②]

然而，在钱谦益和其他人的游记中确实存在非常明确的精神因素，即便这种精神不存在于当时或后来有组织的宗教活动中。尽管周绍明认为，佛教和道教对黄山的影响早在 13 世纪之前就已经开始减弱，[③] 但在晚明的记载中，黄山仍然被认为是具有灵性的，似乎拥有监督、引导和控制人类活动的神秘力量。这种神灵的看法也许与佛教或道教的世界观有模糊的联系——徐霞客曾在他的旅行中吟诵佛经来安抚山神，因为他担心自己可能冒犯了山神[④]——钱谦益笔下的黄山，也有一种令人敬畏的力量，类似于西方浪漫主义中的

---

① Wu, "Ambivalent Pilgrim," p. 66 and pp. 82–85: "作者明确地承认自己是朝拜者，并且毫不含糊地记述以朝拜者的身份参加各种朝拜活动，如果我们将这种记述视为散文的叙事，那么现存文献很难找到这类记载。"

② 我倾向于认为，朱利安·沃德（Julian Ward）在某种程度上夸大了《徐霞客游记》的佛教因素。徐霞客在旅途中"希望与僧人结伴同行"，这是当时的文人风气，而从这个角度才能更清楚地了解徐霞客。（Julian Ward, *Xu Xiake*, p. 173）

③ McDermott, "Making of a Chinese Mountain," p. 146.

④ Ward, *Xu Xiake*, p. 177.

崇高思想。① 尤其是游记第五部分，似乎和雪莱（1792—1822）后来所描述的"一种狂喜的奇观，近乎疯狂"一致。② 从这种意义上来说，整个登山过程可以理解为一种渴望通向与大自然神秘力量的交流，对钱谦益来说，大自然的神秘力量启迪他，帮他认识（"知"）自己和世界（钱谦益多次使用"知"这一字眼）。

当然，攀登高山必须有一定的方式，正如葛洪（字稚川，号抱朴子，283？—363？）在公元 3 世纪时曾警告说："山无大小，皆有神灵……入山而无术，必有患害。"③ 明朝的《灵应泰山娘娘宝卷》保佑泰山上诚心诚意的朝拜者畅行无阻，而虚情假意的朝拜者则寸步难行。④ 在西方传统中，良好的精神和身体状态对精神之旅非常重要，在但丁的《神曲》等作品中可以找到这种例子。后来的康斯特布尔（John Constable，1776—1837）回应了这种观点："风景画家必须怀着一颗谦卑的心在田野里行走，大自然不会让傲慢的人看到她的美。"⑤ 钱谦益对他选择的登山路径颇为自信，他询问同伴："子知黄山乎？是天中之都会，而轩辕洞府也。二百里内，皆离宫阁

① Cahill, "Huang Shan Paintings," p. 277. 有关中国文学和美学理论应用，可参考 Kin-yuen Wong, "Negative-Positive Dialectic in the Chinese Sublime," in Ying-hsiung Chou ed., *The Chinese Text: Studies in Comparative Literature* (Hong Kong: Chinese University Press, 1986), pp. 119–158, 以及 Rickett trans., *Jen-chien Tz'u-hua*, pp. 13–17.

② Robert MacFarlane, *Mountains of the Mind: A History of a Fascination* (London: Granta Books, 2003), p. 158.

③ 葛洪：《抱朴子内篇》。

④ Naquin and Yü, "Introduction: Pilgrimage in China," p. 27.

⑤ Ann Bermingham, "Reading Constable," in Simon Pugh ed., *Reading Landscape: Country — City — Capital* (Manchester: Manchester University Press, 1990), pp.97–120 (101–102).

道，群真之所往来，百神之所至止，殆有神物司启闭，给粪除于此地，而人未之见也。吾尝游岱矣，未及登天门，上日观，不知岱之尊也。今吾之至于斯也，肃然而清，悄然而恐，恍然如在天都、石门之上。余之兹游也，而岂徒！"乔纳森·吕（Jonathan Ree）对西方文学启蒙时期的朝圣者之旅进行了简短而缜密的讨论，他特别借鉴了但丁和约翰·班扬（John Bunyan，1628—1688）的作品，强调了游记叙事"不可避免要使用视觉透视的方法"，依靠读者来"从旅行者的角度，又从上帝或飞鸟的视角来俯瞰旅程，以看到旅行者视野之外的道路"。①

就《游黄山记》而言，叙事结构的关键在于钱谦益在尚未开始攀登时就已经透露这趟旅程的最终目的地（天都峰和石门峰），他最终是否能够抵达，将被视为此次登山成功与否的标准。但是我认为这里也微妙地呼应了李白的《游泰山六首》，诗人必须首先净化身心，才能正式开始攀登（李白认为天门山和观日峰两座山是他开始超越之旅的最佳选择）。②而像钱谦益这样一个深受传统文学浸染的士人，任何如登黄山般重要的事情都离不开对前代文人的学习与借鉴。

钱谦益的整篇游记都流露出一种神秘力量，而这在晚明文人的山水游记中很是典型：这种神秘力量有时被称为"山灵"，有时则

---

① Jonathan Rée, *Philosophical Tales: An Essay on Philosophy and Literature* (London: Methuen, 1987), p. 67.
② 李白：《游泰山六首》，《李太白全集》卷二，第 921–926 页。对李白的泰山组诗的深入探讨，参考英文文献 Kroll, "Verses from on High"。

被更模糊、更简单地称为"天"。[1] 游记的第七部分，神秘的力量在冥冥之中扮演了一个关键的角色："每春夏登山，烟岚逼塞，不辨寻丈，山僧叹诧得未曾有。甫复大作，淋漓沾湿，同游者更相庆业也。"这在某种程度上可以视为钱谦益对前辈吴廷简不久前所作的黄山游记的回应。吴廷简在 1635 年首次游玩黄山时，写道"天朗气清，峰峦历历可数"。离开时，他又写道"天若有待而然者"。[2]钱谦益的笔下，能够顺利登山是有赖于上天的恩赐的。整篇游记处处流露出这种感觉，以上引文和诗歌第十八首[3] 对应，游记第五部分还写道"天所相"。钱谦益和吴廷简对于以前游历者登山时的运气的重要程度的判断是正确的，1616 年，当徐霞客被浓雾所笼罩时，他眼睁睁看着自己的旅行计划"竟为天夺"。[4]

他们都很清楚历来登山时天气的决定性作用。司马迁在《秦始皇本纪》中记述秦始皇（嬴政，前 221—前 210 在位）于公元前 3 世纪登上泰山封禅，狂风怒号，其象征意义十分明确：皇帝德不配位，他狂妄自大的行为会遭受应得的惩罚。[5]宋代史官把宋真宗（998—1022 在位）在 1008 年登泰山时的场景同秦始皇登泰山的场景进行了比较：宋代仁君封禅时，景气恬和，天宇澄霁；暴君

---

[1] Naquin and Yü, "Introduction: Pilgrimage in China,"pp. 11–12.

[2] 《黄山志》（1667），第 512–518 页；《黄山志定本》，第 286–294 页。

[3] 钱谦益：《十二日发桃源庵出汤口径芳村抵潨口》，《钱牧斋全集》第一册，第 652–653 页。

[4] 《徐霞客游记校注》卷一，第 22 页。

[5] 司马迁：《史记》卷一，第 242 页以及卷四，第 1366–1367 页。

始皇泰山封禅时则狂风暴雨。① 钱谦益黄山之旅大约四十年后，康熙皇帝登泰山，当时的天气和汉武帝登泰山时一样好。正是出于这个原因，清朝的史书将康熙皇帝登泰山与汉武帝联系到一起：根据《汉书》的记载，汉武帝登泰山时，无风无雨，历史将其视为祥瑞。而如今，大清的皇帝遍访各地名山，到泰山时，天空晴朗，四海升平，神灵共庆。②

只有高尚的人才能够恭敬地登山，并顺利地下山，他们会看到自然的壮观景色，收获精神上的启迪，或者说，才能被授予天命。但对普通凡人来说，能够在黄山上看到的美景并不算多。李白登泰山也是以失望告终，《游泰山六首》中的第六首诗的最后几句，描述了诗人因一时疏忽而失去了获得长生不老的机会（"举手弄清浅，误攀织女机。明晨坐相失，但见五云飞"）。③ 钱谦益也一样，他每天在山麓的汤泉沐浴以净化身体，但最终证明这对于永生来说还是不够的。在游记的第七部分，他承认，黄山的一些地方是他根本无法到达的，只有经年累月，经历过山僧苦行般的生活，山灵才会允许他"复理游屐焉"。神仙世界虚无缥缈，而钱谦益同李白一样，最终都必须返回尘世人间。

---

① Dwight C. Baker, *T'ai Shan: An Account of the Sacred Eastern Peak of China,* 引自 Dott, *Identity Reflections*, p. 55。

② 《康熙起居注》，英文节译本见 Dott, *Identity Reflections*, p. 171。

③ 李白：《游泰山六首》；Kroll, "Verses from on High," pp. 212–215.

游历者

很显然，"朝拜者"（pilgrim）和"游历者"（tourist）两者绝不是非此即彼，我们发现两者的界限其实很难划清。汉学家达白安描述了晚期帝制时期狂热的泰山香客向导，比起今天中国国内旅游景区来回穿梭的旅行团导游，虽然世殊事异，但还是颇具相似之处。[①]阿兰·莫里尼（Alan Morinis）对朝圣的笼统定义是："从熟悉的地方或国家，前往另一个被信徒奉为圣地的地方。"这一定义很适合套在我们这里讨论的游记作者身上。[②]我认为，从钱谦益旅行的目的来说，他正属于莫里尼笔下的"主动式朝圣"之人。这种类型的游历者，其"目的在于改变其地位或状态"。[③]钱谦益的登山是一次精神之旅，这在他的游记里处处可见，但事实上，他的旅行并不是一次宗教朝圣或朝拜之旅。这次登山有某种仪式感，不过这种仪式感无关庙宇，而是同特定的地点关联。几个世纪以来，黄山的文学底蕴逐渐积累起来，正如我们在前几章中看到的，到了1641年，历史上纷至沓来的黄山游历者，共同为后来者规划出一条固定的游山路线。阅读这一时期创作的黄山（或其他重要的景点）游记，读者可以体会到，游历者未到黄山之前就已经明白自己应该去游玩哪些具体的景点。麦克坎内尔（MacCannell）将其描述为"景观神圣化

[①]　Dott, *Identity Reflections*, pp. 90–91.

[②]　Alan Morinis, "Introduction," in *idem* ed., *Sacred Journeys: The Anthropology of Pilgrimage* (Westport: Greenwood Press, 1992), pp. 1–28 (10).

[③]　Morinis, "Introduction," pp. 13–14.

的双重过程，这是游人同景观互动的结果"。①

从这一视角来重读钱谦益的游记颇有趣味，除了在少数片段中他试图把自己的游记与其他作家的游记区别开来，游记中大部分描述的景点及景观都是前人描述过的黄山的"真实风景"（借用麦克坎内尔的说法）。他的游记用典丰富，有时甚至颇为复杂。他的旅行路线基本上带领我们游览了整座山中的成名景点。游记的有些部分让人感觉，涉足某些必游的景点就仿佛在履行任务，特别是，钱谦益在游记的第一部分（大量引用谢兆申的文章）更是列出了他并没有到过的景点。在第五部分，我们又看到了这一点，当时，僧人为钱谦益制定了一条合适的旅行路线，而在还没有实地参观之前，钱谦益就已经依次对这条线路上的景点进行了描述（在后文中，我们可以看到，他并没有真正游玩过这些景点）。钱谦益的这段叙述，事实上打断了文章叙述的流畅性，如果文章的质量是作者的重要考量，那么这段描述本应该被删掉才对。在游记第八部分，钱谦益写到他在第五部分提及的两株松树，这几乎就像在"必游"景点的清单前面打钩，证明作者已经完成了任务。从这一意义上来说，这篇游记甚至变成了一篇必游景点的参观目录，参观过程也似乎被简化为一种这样的认知过程：在那里看到的不是景观本身，而是与景观相关的文学及艺术传统。②

---

① MacCannell, *The Tourist*, pp. 42–43.
② Pierre Francastel, "Problèmes de la sociologie de l'art," in Georges Gurvitch ed., *Traité de sociologie Tome II* (Paris: Presses universitaires de France, 1960), pp. 278–296 (284).

最能体现这一论点的典型例证是光明顶。光明顶是黄山的最高峰之一，如今，光明顶气象站矗立在原来的大悲院所在的地方。光明顶大致位于黄山山脉南北的交汇处，可以说是黄山最壮观的景观。元代作家汪泽民写道，站在光明顶上看三十六峰，"尽在一览"[①]。17世纪有几位游历者在游记中曾描绘了从光明顶远眺九华山、庐山和长江的景色，方拱乾就是其中一位，而这些地方离光明顶至少有六十公里。[②]这类描述往往倾向于强调周围地区的渺小，含蓄地致敬了孔子登泰山的情形，据说孔子"登泰山而小天下"，[③]而诗人杜甫登泰山时，也以"一览众山小"呼应了这一点。戴澳于1617年提到光明顶地理位置的优越性时说道："所不得于莲峰者已得之此矣。"[④]

与前人相比，钱谦益的游记明显缺少有关光明顶的描述。他看到石笋矼的奇观，也注意到在始信峰可以远眺到周围的郡县。尽管"天气如清秋，此游天所相也"，但是钱谦益竟未提及可能是他在黄山到达的最高点光明顶（他没有到达莲花峰或天都峰）的景观。游记中最明显的遗漏还有飞来石。黄山上的飞来石相当引人注目，从光明顶到山谷另一侧的丹霞峰，飞来石处处可见。游记丝毫没有提到光明顶及飞来石，而仔细研读游记第五部分规划的行程路

① 《黄山志》（1667），第434页；《黄山志定本》，第206页。
② 《黄山志定本》，第275页。
③ 《孟子·尽心上》，这段话的英译见：D. C. Lau trans., Mencius (Harmundswouth: Pengui Books, 1970), P. 187.
④ 《黄山志定本》，第257页。

线以及之后的叙述，我确信，钱谦益并没有登上光明顶，也没有登上大悲顶。所以游记的第五部分巧妙地将之省略。后世的人们一般认为，钱谦益绕过光明顶和大悲顶是为了使登山过程变得更容易些。通过研读相关诗歌（第十四至第十六首），也可以得到这一结论的佐证，因为诗中同样没有提及这两处景观。

像光明顶这样的地方，可被视作黄山之旅的必经之处，以至于钱谦益不得不在游记中对它含糊其词，这也让我们对游记的创作过程有了更为深刻的认识。光明顶之所以如此重要，部分是因为它的名字，或者更准确地说，是由于钱谦益的前辈们反复地提到了它。麦克坎内尔认为"视觉神圣化"的过程依赖景点的名称；而对于钱谦益那个时代的人来说，黄山上那些没有被命名的地点是毫无意义的，因为没有名称，也就没有文学的价值。从此种意义上来说，今天黄山的重要文化景观是那些频繁出现在旅行指南或图册上的景观（白鹅峰就是其中之一），以及那些独特的、易识别的景观。在游人眼里，一线天和黄山上其他类似景观之间的区别首先便是一线天崖壁上的小牌匾（图十二）。为景观命名，不仅赋予了景观意义，而且通过这些有了名称的景观，游人同前人也建立了联系。

隐士

很大程度上，《游黄山记》是讲述钱谦益同黄山著名景点神交的一篇文章，而不仅仅是简单的"到此一游"。这一观点并不否认游记中叙述的人物活动；正如我们所看到的，《游黄山记》中有诸多相关人物活动的描写。无论如何，想要前往几个在晚明时期就已闻名天下的黄山景点都需要人物的活动（例如百步云梯）。实际上，我们应当意识到，空间关系在这里服从于对特定景观的描述。尽管这篇游记表面上对地形进行了精确的描述，但是如果想将它视作旅行指南则是不可行的，因为作者在描述很多地方时都故意地含糊其词（如前文提到的光明顶的情况），而且很多地方的叙述往往并不连贯。从这种意义上说，《游黄山记》与前文讨论过的梅清和石涛等画家的黄山画作具有惊人的相似。在那些画作中，视野中不必要的细节都被统统删除掉了。而仿佛要把游人吸引到精心设置的园林里一样，钱谦益的叙述也将读者带到自己精心筛选过的风景中。

钱谦益在叙述时对选材进行了取舍，其中最明显的例子是他在游记中只字不提的旅伴吴去尘。实际上，如果我们浮光掠影地浏览游记，会很容易觉得钱谦益似乎在独自旅行。当然，钱谦益本人是每个场景的焦点：饱览云海时，泉水拍打着他的胸口；他幻化成老人峰，等等。但即使如此，就如我们所看到的，游记还是很少叙述他在山中的活动。提到僧人，他往往一笔带过，其他社会性的交往更是鲜被提及。所有这些必须从文学传统的角度来理解，我的研究部分想表明的是，游记描述登山的活动，具有某种特定的方法。在古代，旅行几乎总是结伴而行，但在晚明的游记中，我们很少见到谈及社会交往的内容。文人在山上时，可能会以传统隐士自居，利用这一时间来静静思考当时不尽如人意的政治环境，甚至期待圣明的君主降临，那样自己就不会再怀才不遇。① 钱谦益便在黄山叹息自己生活在"沧海劫灰"的时代（游记第六部分），自己的政治生涯颇为坎坷且饱受争议（当然更多的风波还在后头），如果能披上隐士的长袍，过上遁隐山间、远离世俗的生活，是再令人向往不过的了。②

对于旅行者来说，黄山上景点的名称加强了黄山和隐士传统之间的联系，例如"桃源庵"，钱谦益在黄山逗留期间就在此居住过。尽管闵麟嗣在 1679 年解释说，桃源庵之所以得名，是因为附近水域漂浮的花朵，③ 但是熟读经典的明代文人肯定会联想到陶潜（原名渊明，字元亮，365—427）笔下的《桃花源记》，陶潜代表了中国传统的隐士形象，他笔下的渔夫发现了桃花源，那里与外界隔绝，百姓怡然自得，过着不知秦汉、无论魏晋的生活。④ 钱谦益创作《游黄山记》的时间比陶渊明的《桃花源记》晚了几个世纪，而游记中遁世的话语更为丰富。游记第二部分，钱谦益汤泉

---

① Alan J. Berkowitz, "The Moral Hero: A Pattern of Reclusion in Traditional China," *Monumenta Serica* 40 (1992): 1–32.

② 有关古代中国隐士的英文文献，可参考 Alan J. Berkowitz, "Reclusion in Traditional China: A Selected List of References," *Monumenta Serica* 40 (1992): 33–46.

③ 《黄山志定本》，第 45 页。

④ 陶潜：《桃花源记》，逯钦立编校：《陶渊明集》（北京：中华书局，1979），第 165–167 页。有关陶渊明与中国隐士的传统，可参考 A. R. Davis, "The Narrow Lane: Some Observations on the Recluse in Traditional Chinese Society," *East Asian History* 11 (1996): 33–44.

沐浴后，感觉"飘飘然皆尘外物也"。这句话与王维的名句"古木无人径"有着内在的联系。游记第三部分，钱谦益觉得黄山观音崖以上的地方"非复人世"。看过三十六峰在眼前"参错涌现"，他感到"恍恍然又度一世矣"，一个"度"字意味深长，因为这一部分游记的开头同样使用了"度"这一字眼（"由祥符寺度石桥而北"）。事实上，游记第三部分在整体上便是致敬陶潜的《桃花源记》。钱谦益在悬崖峭壁间小心翼翼地行走，最后才到达旅程真正开始的地方，这让人联想到陶渊明笔下的渔夫，也正是这样缓缓穿过狭窄的通道，进入了桃花源的世界。

钱谦益黄山之旅的真实情形当然会有所不同。这一时期山上的建筑数量足以说明，到黄山旅行的人流量肯定比游记描述的要大得多。自普门时代以来，钱谦益感叹道："徽人以黄山媚客，轺车辎轩，至止相望。"马车载着游客蜂拥而来（游记第九部分），然而，游记中并没有描写任何登山的游客。这有点像卢梭（Jean-Jacques Rousseau，1712—1778）笔下的孤独漫步者，他通过白日梦表达这样的一个观点：风景在某种意义上反映了游历者精神上的孤独。游记中也没有提及脚夫和轿夫（这一点也不奇怪），但几乎可以肯定，钱谦益登山时，一定得到了他们的帮助，因为明代的游历者已经像亨利·詹姆斯（Henry James，1843—1916）说过的那样，早就习惯于"仆人和发达的导游服务"。① 游记中同样没有评论当时任何的社会问题，钱谦益只是在第六部分简单而委婉地提到了饥荒的存在。

事实上，当钱谦益游览黄山时，江南地区正处于动荡之中。17世纪 40 年代，稻米的价格一直在缓慢上涨，1639 年至 1642 年，稻米价格急剧上涨，致使许多人饿死；《歙县志》1641 年的条目中便记载了当年粮食价格上涨而导致的人吃人的惨状。② 次年冬天，当钱谦益坐下来创作游记的时候，江南的饥荒已经对早已积贫积弱的劳苦大众造成了毁灭性的打击。张岱后来估计，杭州附近将近一半的人口死于 1640 年到 1641 年的饥荒（钱谦益去黄山要行经杭州）。③

游记中没有记录这些，这部分是因为《游黄山记》并不是一篇简单的记录旅行见闻的随性作品，而是一位受过传统文学熏陶的文人精心构思的作品。从这一角度来看，《游黄山记》早于日本作家松尾芭蕉（1644—1694）的纪行文，后者的《奥之细道》是关于 1689 年一次旅行的回忆录。最近的研究表明，它是松尾芭蕉进行"高度建构"的一部作品，而不仅仅是如实地按时间顺序记录真

---

① 亨利·詹姆斯讲述伊迪丝·华顿（Edith Wharton，1862—1937）的旅行，朱利安·巴恩斯在作品中引用亨利的讲述，见 Julian Barnes, "Something to Declare" (London: Picador, 2002), p. 67. 用伊迪丝的丈夫的话来说，就连他们夫妇出行的汽车也安装了"所有出行的辅助装置和便利工具"，见 R. W. B. Lewis, *Edith Wharton: A Biography* (New York: Harper and Row, 1975), p. 177.

② 叶梦珠：《阅世编》，来新夏点校（上海：上海古籍出版社），第 153 页；《歙县志》，第 108 页。

③ Brook, *Confusions of Pleasure*, p. 237.

实的事件。① 钱谦益的游记中有选择性地对景观的叙述，也使得作者
留给读者一种隐士的印象：对政治生活兴致缺缺，更不愿积极参与
社会的活动。我们最好将这理解为社会环境的产物，就如同促生晚
明私家园林的社会环境一样。最近的研究表明，事实上，大多数私
家园林主人的目的并非归隐。韩德玲（Joanna Handlin Smith）这样
评论祁彪佳的私家园林："祁彪佳的园林并非文人的孤芳自赏，而是
地方的社会精英聚集一堂，共同欣赏私家的宝藏。"② 持这种观点去
思考晚明自然山水景观颇有助益。这两种类型的景观在晚明都象征
完美的世界。③

　　本研究中，有关钱谦益此次旅行的具体情况，更多的是来自
我对《牧斋初学集》的深入阅读，而不单单来自《游黄山记》这
篇游记。钱谦益 1641 年底写作的两篇序言证实了吴柷参与了这次
旅行；而邵氏在这次旅行的作用，游记中仅简单提及；从一篇跋
中，我们了解到，钱谦益在黄山购买了一幅名贵的画作；而从钱
谦益的诗歌中，我们又可以确认柳如是参与了旅行的前半部分游
程。明代文学集子出版的标准格式，可能方便读者理解跨越几卷的
整体信息。但是《游黄山记》开始并没有讲述整个旅程，这不利于

---

① Steven D. Carter, "Bashō and the Mastery of Poetic Space in Oku no hosomichi," *Journal of the American Oriental Society* 120 (2) (2000): 190–198 (191).

② Joanna Handlin Smith, "Ch'i Piao-chia's Social World," p. 66.

③ 在西方，花园（garden）同样有天堂（paradise）的含义，这从 paradise 的词源来看最明显，paradise 源自拉丁语 paradisus，paradisus 源自古希腊语 παράδεισος，指波斯人带有围墙或围栏的公园、果园或游乐场，παράδεισος 源自古老的伊朗语 pairidaonza，意思是圈地。

通过文献来理解这篇游记。[①] 至少这对钱谦益来说，很显然，游记是以一个自传体的方式展现作者与山水的神交，他知道如何选择性地描述自然世界，而非简单地客观描述。

读者

钱谦益的《游黄山记》是为配合他的《黄山组诗》而作，这一形式使得这部作品有别于其他的作品，这一点也值得做些简要的讨论。有人认为，游记创作需要实地的活动，写作游记也是文人进行旅行的目的之一。钱谦益在序言中写道，"是游也，得诗二十首"，这句话透露出钱谦益认为此行的收获之一便是完成了诗文的创作。这种看法在晚明文人中相当普遍，袁中道（字小修，号珂雪斋，1570—1623）在《游居柿录》中就明确地表达过旅行对创作的重要性："静居数月，忽思出游。盖予箦笪谷中，甚有幽致，亦可以闭门读书。而其势有不能久居者，家累逼迫，外缘应酬，熟客鼹扰，了无一息之闲。以此欲远游。一者，名山胜水，可以涤浣俗肠。二者，吴越间多精舍，可以安坐读书。三者，学问虽入信解，而悟力不深，见境生情，巇途成滞处尚多；或遇名师胜友，借其雾露之润，胎骨所带习气，易于融化，比之降服禁制，其功百

---

① 中西方在研究游记与山水画上有相似之处，都通过如作者或艺术家的信息来加深对游记或山水画的理解，见 Bermingham, "Reading Constable"。同样，乔伊斯（James Joyce，1882—1941）的小说《尤利西斯》（*Ulysses*），读者必须通过作者的信件来理解作品。《尤利西斯》的修订版当然会参考作者编撰的勘误表，见 Jeri Johnson, "Composition and Publication History," in *idem* ed., *Ulysses: The 1922 Text* (Oxford: Oxford University Press, 1993), pp. xxxviii–lvi)。

倍。此予之所以不敢怀安也。"①

钱谦益的文集可以被视作那个时代的作品典型，他的诗歌往往是为社交活动而作，"送别"和"拜访"是他吟诗作赋的主要动因。早在几个世纪前，"君子登高必赋"这句话便如孔子的教导一样深深地影响了文人。② 钱谦益作为那一代也许最伟大的一位诗人，也认为有必要为自己的《黄山组诗》写作一篇游记。这也在提醒我们，几个世纪以来的中国传统文化中，诗歌一直被视为文学之祖。

钱谦益写作《游黄山记》的理由，从游记中我们只找到"寒窗无事，补作记九篇"这句话，与其说这句话为我们解开了心中的疑惑，不如说引出了我们更多的疑问。钱谦益也许觉得自己的诗歌过于深奥或隐晦，若无游记加以解释，读者就无法理解。齐皎瀚指出，诗歌和游记有时可以相互阐释，③ 但这种理由并不充分，特别要考虑的因素是，钱谦益是在离开黄山十个月后创作的游记，游记的资料直接来源于他的《黄山组诗》。钱谦益认为一个时代的历史就体现在其诗歌中，这一观点，他后来进一步发展并用"诗史"来进行概括。④

在创作《黄山组诗》之后，究竟是什么原因促使钱谦益又写了一

---

① Duncan Campbell trans., *Notes Made Whilst Travelling and at Repose* (Book One) (Wellington: *Asian Studies Institute Translation Paper #2*, 1999), p. 1.

② 屈守元笺疏：《韩诗外传笺疏》（成都：巴蜀书社，1996），第 656 页。

③ Chaves, "Yellow Mountain Poems," pp. 471–472.

④ 吴晗（1909—1969）：《钱牧斋之史学》，《文史杂志》1944 年第 4 期（7/8），第 57–59 页。

篇游记？借用约瑟夫·布罗德斯基（Joseph Brodsky，1940—1996）
的话来说，钱谦益完成了"从快跑到慢跑"① 的转变。回顾这篇游记
在 1642 年 1 月的创作背景，我们可以想象的是，钱谦益写作的动
力不仅来自他正在为出版《牧斋初学集》作准备，也来自 1641 年
12 月他为邵幼青和邵梁卿叔侄各写的序言，叔侄二人后来也被写入
了《游黄山记》的第二部分。② 如前所述，吴栻是旅行的同伴，这在
钱谦益的序言中得到证实，这也是唯一的文本证据。另一篇《邵梁
卿诗草序》则是了解钱谦益的黄山之旅的关键：

> 余游黄山，海阳邵梁卿与其侄幼青追随于芎村、药谷之间，恨相
> 见之晚也。梁卿好为诗，其诗每一时为一集，携以就正于余。余何能
> 知梁卿之诗？以黄山之游知之也。
>
> 夫黄山三十六峰，高者至九百仞，其高二三百仞者不啻千百，图
> 经略而不书。蓬峰之石桥，③ 阮溪之仙乐，④ 青牛之所栖，⑤ 毛人之所
> 止，⑥ 非乘风云御六气者莫能至焉。然而陟黟山之麓，未及翠微，固洼
> 然足以骇矣。自郡至山口一百二十里，洞石如莹，溪流如镜，美箭衣

---

① Susan Sontag, "A Poet's Prose," in *idem, Where the Stress Falls: Essays* (London: Vintage, 2003), pp. 3–9.
② 钱谦益：《邵幼青诗草序》《邵梁卿诗草序》，《钱牧斋全集》第二册，第 934–936 页。《邵梁卿诗草序》没有注明写作日期，这两篇序在文集同一页出现，我们有理由认为两篇序都是作于 1641 年 12 月（这是第一篇序的写作日期）。
③ 据《黄山图经》记载，唐开元年间，有人曾见到蓬峰有一座神秘的石桥，长二十至三十丈，横跨在两座山峰间，但后来没有人看到过这座石桥。
④ 阮溪即阮公，见本书第五章。
⑤ 据《黄山图经》记载，翠微寺曾经有青牛出现。传说老子的坐骑是会飞的青牛，见《列仙传》，第 3 页。
⑥ 关于黄山毛人，本书第五章有介绍。

壁，灵草被崖，人世之尘埃腥腐，莫得而至焉。

吾以谓黄山之天都，天子之都也。率山匡庐大鄣，天子都之鄣也。一百二十里之内，譬之皇都之畿会也。吾诗有曰："兹山延袤蕴灵异，千里坤舆尽扶侍。"① 不如此，则黄山之势不尊，其脉不长，所蕴之灵秀亦峭薄而易尽。善游黄山者，徘徊于芍村、药谷之间。旋观其一重一掩，却迎回合之形胜，而黄山之面目已在吾心目中矣。

唐人之诗，光焰而为李、杜，排奡而为韩、孟，畅而为元、白，诡而为二李，此亦黄山之三十六峰，高九百仞，厜䍨直上者也。善学者如登山然，陟其麓，及其翠微，探其灵秀，而集其清英，久之而有得焉，李、杜、韩、孟之面目亦宛宛然在吾心目中矣。余遇梁卿于芍村、药谷之间，读其诗而善之，以为善喻梁卿诗者，无如此何也。

梁卿之诗，其气深稳，其音和雅，尘埃腥腐之所不至，不若世之趋奇侧古者，穷大而无归，茫然丧其所怀来也。自芍村、药谷而上之，烟岚无际，雷雨在下，斯可以为登黄山矣。语人曰：我乘云御风，舍芍村而弗繇。非狂则惑也。余游黄山遇梁卿，知游山与学诗之法焉，亦知之芍村、药谷之间而已矣。

将三十六峰与唐代伟大诗人联系起来，可以让我们深入了解钱谦益的山水观和文学观，他在描述黄山的一首诗中写道："到此方

---

① 钱谦益《黄山组诗》第一首《三月七日发滻口径杨干寺逾石碶岭出芳村抵祥符寺》，《钱牧斋全集》第一册，第641—642页。

知杜老诗。"① 通过向文学先辈致敬，钱谦益不仅表明他对自然的理解，而且阐述了作品优劣的评判标准。他知道后人也会用这样的标准评判自己的作品，这里的自信和序言中的自谦相矛盾："维翰之言尽矣，又多乎哉予之援笔为此篇。"与同代人相比，钱谦益的文集收录的游记较少，事实表明，《游黄山记》比人们之前意识到的重要得多。

我们清楚地从钱谦益《游黄山记》的谋篇布局中看到传统文学对全面理解黄山的作用。钱谦益描绘从一个景观到另一个景观的方法，受到《黄山图经》中代代相传的知识的影响，与此同时，他对黄山的思考大量来自他掌握的儒家和道家的经典。仔细研读文本，它表明文本在很大程度上是建立在以前的黄山游历者的基础上，形成克里斯代瓦的"文本的挪用"，旧的文本被消化吸收后，以新的形式呈现。② 更令人感兴趣的是，钱谦益的很多描述直接借用柳宗元（字子厚，世称河东先生，773—819）和王维等人的作品，而这些人从未到过黄山（就我所知，他们也从未提及黄山）。仔细研读后章的注释文本后，我们或许能看到，作者通过《黄山游记》，同悠久的文学传统建立起千丝万缕的联系，游记把个人和世界紧密地结合在一起了。

---

① 钱谦益《黄山组诗》第一首《三月七日发灊口径杨干寺逾石碶岭出芳村抵祥符寺》，《钱牧斋全集》第一册，第641—642页。
② Julia Kristeva, Σημειωτική [Sēmeiōtikē]: *Recherches pour une sémanalyse* (Paris: Éditions du Seuil, 1969), p. 146.

乙
篇

第五章 《游黄山记》原文与注释

说明

我翻译《游黄山记》时，原文主要采用《四部丛刊·牧斋初学集》（上海：商务印书馆）的版本，同时参考如下版本（不同版本的详细说明，请查阅附录一）：

《牧斋初学集》，四部丛刊本（上海：商务印书馆）

《牧斋初学集》，遂汉斋本（上海：文明书局，1910）

钱仲联标校：《钱牧斋全集》（上海：上海古籍出版社，2003）

弘眉编纂：《黄山志》（北京：线装书局，2004）

闵麟嗣编撰：《黄山志定本》（1686，上海：安徽丛书编印处，1935）

李一氓编:《明清人游黄山记钞》（合肥：安徽人民出版社，1983）

王克谦选注:《历代黄山游记选》（合肥：黄山书社，1988）

贝远辰、叶幼明选注:《历代游记选》（长沙：湖南人民出版社，1980）

倪其心选注:《中国古代游记选》（北京：中国旅游出版社，1985）

吕秋山等编:《黄山志》（合肥：黄山书社，1988）

为方便读者，文中以笔名或字号出现的人物，我都尽可能写成原来的姓名。关于黄山地标和景点的地形和历史信息，我参考如下资料。其中优先参考了容易获得的资料：

闵麟嗣编撰:《黄山志定本》（合肥：黄山书社，1990）

吕秋山等编:《黄山志》（合肥：黄山书社，1988）

黄松林:《黄山导游大全》（合肥：黄山书社，1993）

李家宏编:《黄山旅游文化大辞典》（合肥：中国科学技术大学出版社，1994）

翻译过程中的妥协、折中是不可避免的，想克服中国古典散文中固有的文化符号，又想保留原文的风格，同时做到文从字顺，是很难的。为了研究方便，本书英译本中的人物都附有详细的介绍和背景资料，所以书中必然也有大量的注释。我的目的是读者阅读译文时能感受到原作的优美，避免读者阅读钱谦益游记的英文译本时，像"从背面欣赏佛兰德挂毯"①。为此，译文提供详细的注释，以方便专家和相关研究人员阅读，普通读者也可以不受学术性评语的影响，通畅阅读。为保持原文互文性的特点，在适当的地方，我尝试着吸收詹姆斯·莱格 (James Legge, 1815—1897) 等学者现有的经典翻译，但是这并不总是可能做到的。希望我的翻译没有离谱到像约翰·明福德（John Minford）曾经指出过的那种情形："中国贵族用伊丽莎白时期的英语、拉丁语和法语交谈，而他们的仆人用像伦敦佬的口音咒骂"，但愿通过我的翻译，钱谦益的声音虽然听起来略有些模糊，但读者仍然可以聆听他的心声。②

① "从背面欣赏佛兰德挂毯"(like viewing Flemish tapestries from the wrong side)，这是借用堂吉诃德的话（更确切地说是引用《堂吉诃德》英译者的话）。Miguel de Cervantes Saavedra, *The Ingenious Hidalgo Don Quixote de la Mancha*, John Rutherford trans. (London: Penguin Books, 2000), p. 915。
② John Minford's "Pieces of Eight: Reflections on Translating *The Story of the Stone*," in Eugene Eoyang and Lin Yao-fu ed., *Translating Chinese Literature* (Bloomington: Indiana University Press, 1995), pp. 178–203.

钱谦益《游黄山记》正文

序

辛巳 ① 春，余与程孟阳订黄山之游，② 约以梅花时相寻于武林之西溪。③ 逾月而不至，余遂有事于白岳，④ 黄山之兴少阑矣。徐维翰书来劝驾，⑤ 读之两腋欲举，遂挟吴去尘以行。⑥ 吴长孺为戒车马，庀糇脯。⑦ 子含、去非群从，相向怂恿，⑧ 而皆不能从也。维翰之书曰：白岳奇峭，犹画家小景耳。巉崎幽石，尽为恶俗黄冠所涂点。黄山奇

---

① 崇祯十四年，即 1641 年。

② 关于程嘉燧（字孟阳）的传记，参阅：*Eminent Chinese of the Ch'ing Period* (Washingtown DC: Government Printing Office, 1943–1944)，第 113–114 页；《黄山志定本》，第 94–95 页；《列朝诗小传》，卷二，第 567–569 页。高居翰：《黄山之影：黄山画派的绘画与版画》（Cahill, *Shadows of Mt. Huang*）书中收录，简略介绍程孟阳和李流芳（字长蘅，号香海，1575—1629）的作品（包括插图），并对两者做了比较。

③ 关于梅花的介绍，参阅毕嘉珍的《墨梅》（Maggie Bickford, *Ink Plum: The Making of a Chinese Scholar–Painting Genre*）及《玉骨冰魂》（*Bones of Jade, Soul of Ice: The Flowering Plum in Chinese Art*）。参阅文后"记之八"有关杭州西溪梅花的注释。

④ 白岳指齐云山，在休宁县西北，黄山南面，离黄山大约 50 公里。

⑤ 徐之垣（字维翰，号在涧楼），浙江鄞县人（见《明人室名别称字号索引》，卷二，第 314 页）。

⑥ 吴栻（或吴拭，字去尘），休宁县人，钱谦益说他"好游名山水"（《列朝事迹小传》卷二，第 636 页）。朱彝尊（字锡鬯，号竹垞，1629—1709），《静志居诗话》（人民文学出版社，1998）第 604–605 页也有吴栻的简介。有关吴栻参与旅行的详情，参阅第四章。

⑦ 吴大震（字东宇，号长孺），休宁人（见《明人室名别称字号索引》，卷二，第 160 页），他是吴廷简的侄子，作为旅游同伴出现在《黄山前游记》（《黄山志》1667 年版，第 512–516 页；《黄山志定本》，第 286–290 页）。他这篇游记，被稍微改动过，收录在李一泯《明清人游黄山记钞》，游记标题《黄山纪略》，出现在文集第 18–24 页。我不清楚吴栻和吴大震的确切关系。

⑧ 吴闻礼（字去非，号筠心），杭州人（见《明人室名别称字号索引》，卷二，第 175 页）。我不太清楚子含的正式姓名。

峰拔地，高者几千丈，庳亦数百丈，上无所附，足无所逴，石色苍润，玲珑夭曲。每有一罅，辄有一松径之，短须老骨，千百其状，俱以石为土。① 历东南二岳，② 北至叭哈以外，③ 南至落迦、匡庐、九华，④ 都不足伯仲。大约口摹决不能尽，悬想决不能及。虽废时日，烦跋涉，终不可不到也。是游也，得诗二十余首。寒窗无事，补作记九篇。已而悔曰：维翰之言尽矣，又多乎哉？余之援笔为此编也，客闻之，索观者相属。余不能拒，遂撰次为一卷，⑤ 先诒孟阳于长翰山中，⑥ 而略举维翰之书以发其端。壬午⑦ 孟陬，虞山老民钱谦益序。⑧

记之一

黄山笋秀峻极，作镇一方。江南诸山，天台、天目为最，以地形准之，黄山之趾与二山齐。⑨ 浙东西、宣、歙、池、饶、江、信诸

---

① 裴世俊在探讨钱谦益《游黄山记》的短文中，引用这段话，他误以为这话出自钱谦益，其实原话出自徐维翰的《钱谦益古文首探》，第100页。

② 这里指泰山（东岳）和衡山（南岳）。参阅第二章有关中国三山五岳相辅相成又相互竞争的历史。

③ 叭哈具体所指不详，王克谦《历代黄山游记选》认为叭哈指"巴哈噶托尔山"，今在蒙古境内。

④ 这些山都是佛教名山，普陀山（也叫普陀洛迦山）位于浙江东海，是晚明重要的佛教圣地。庐山（也叫匡庐）在江西，在中国人心中，庐山和慧远（334—416）紧密联系在一起，慧远后半生在庐山度过。九华山耸立在安徽黄山的北面，在晚明成为保存佛教典籍的地方。

⑤ 钱谦益的《游黄山记》及前言收录在《牧斋初学集》卷四十六。

⑥ 程嘉燧在安徽休宁的家业位于长翰山。

⑦ 崇祯十五年，即1642年。

⑧ 虞山（也叫乌目山）海拔263米，位于常熟东北，常熟是钱谦益的家乡。据说，此山因周朝虞仲得名（《史记·周本纪》）。钱谦益、柳如是和瞿式耜的墓地都在虞山，目前还保存完整。

⑨ 这里引用《黄山图经》："江南诸山之大者有天目天台二山……宣歙之平地已与二山齐焉。"（《黄山图经》，1a）其他游记也经常引用这段话，如方大治1569年创作的《黄山志》（1667年版，第439-441页）。

郡之山，皆黄山之枝陇也。① 其水东南流入于歙，北入于宣，南入于杭于睦于衢，自衢西入于饶，西北入于贵池。其峰曰天都，② 天所都也，亦曰三天子都。东南西北皆有郛。数千里内之山，扈者岿者岌者岠者峄者蜀者，③ 皆黄山之负扆几格也。古之建都者，规方千里以为甸服，④ 必有大川巨浸以流其恶。⑤ 黄山之水，奔注交属，分流于

① 出自《黄山图经》，钱谦益用"枝陇"代替原文"肢脉"(脉络)(《黄山图经》，1a–1b)。风水师认为山脉相连是为了维持彼此间源源不断传输能量。"枝陇"(有时也写作"支垄"或"支龙"；钱谦益在游记的第八部分里也写为"支")。中国传统思想里山脉与龙脉的关系，可以参阅尹弘基(Hong–key Yoon)：《韩国堪舆的研究：风水的文化与自然之关系》(台北：东方文化服务处，1976)，第29–45页。尹弘基引用唐代风水宗师杨益(杨筠松)的话："昆仑(须弥山)是天地骨，中镇天地为巨物，如人背脊与项梁，生出四肢龙突兀，四肢分出四世界，南北东为四方。"这段中文文本的最初起源不明，可参阅一丁、雨露和洪涌所著《中国古代风水与建筑选址》(石家庄：河北科学技术出版社，1996，第112页)。书中描述和杨筠松有关昆仑山风水的描述相似。

② 可参阅"记之四"中天都峰的几个不同叫法。天都峰和莲花峰谁高谁低历来争论不休，《徐霞客游记》对此做过介绍。徐弘祖同时登上过天都峰和莲花峰两座山，在古代，只有极少数人明确指出莲花峰比天都峰高，徐弘祖是其中一位。大多数人认为钱谦益登过这两座山峰(李祁也暗示钱谦益到达过，这显然是不对的)。在合适的地点观看天都峰，它险峻的山形以及其所处的位置，给人的感觉是它比莲花峰高，但只要登上天都峰或莲花峰，就知道事实并非如此。成书于1988年的《黄山志》将天都峰列为黄山第五高峰(海拔1810米)，莲花峰为第一高峰(海拔1864米)，这颠覆了钱谦益对天都峰形象的描绘。我们阅读钱谦益的游记时，应当清楚的是，钱谦益把天都峰雄冠黄山群峰当作是理所当然的。

③ 钱谦益引用的是《尔雅·释山》一章："卑而大，扈。小而众，岿。小山，岌。大山，岠。属者，峄。独者，蜀。"(《尔雅·释山》，见徐朝华：《尔雅今注》，第235页)。

④ 钱谦益引用《国语》卷二："昔我先王之有天下也，规方千里，以为甸服。"(《四部丛刊·国语》，上海：商务印书馆，第14页)。传统帝王专属地称为"服"，《书经·禹贡》规定：五百里甸服，可理解为以国都为中心，边长为一千里的正方形区域。《书经》文本的解释以及"甸服"一词的起源，可参阅理雅各的英译本：《中国经典》(Legge trans., *Chinese Classics*, Volume 3 [1], pp. 142–151)。

⑤ 《左传》就已经确立国都应该洗涤污秽的传统，成公十六年，晋国韩献子说："不如新田，土厚水深，居之不疾，有汾浍以流其恶，且民从教，十世之利也。"见理雅各的译本：《中国经典》(Legge trans，*Chinese Classics*，Volume 5 [1], pp. 358–560)。

诸郡者，皆自汤泉而出，^① 其为流恶也亦远矣。谓之天都也，不亦宜乎？^②

余以二月初五日发商山，^③ 初七日抵汤院。^④ 自商山至郡七十里，^⑤ 自郡至山口一百二十里，^⑥ 至汤院又八里。^⑦ 其所径，寺曰杨干，台曰容成，潭曰长潭，岭曰石砧，石曰芗石，溪曰芳溪，村曰芳村。^⑧ 其地势坡陀苹确，拥崖据壁，溪流萦折，滑岸相错。其人家衣美箭，被芳草，略彴拒门，疏篱阻水，褰裳济涉，半在烟岚云气

---

① 为简明起见，在本书英译本，我将汤池直接翻译为"热泉"（hot springs）。到了现代，"温泉"或"朱砂泉"是这类泉水更常见的叫法。

② 根据风水学的观点，水流的布局，不仅对国都布局重要（钱谦益的隐喻），对山岳本身也重要。宋代学者胡舜申在《地理新法》一书中指出："山如人之形体，水如人之血脉。人有形体，生长枯荣，一资于血脉。血脉周游于一身之间，厥有度数顺而不差，则其人必康且强，逆而失节，则其人必病且夭矣。"（尹弘基：《韩国堪舆的研究：风水的文化与自然之关系》，第50页）毫无疑问，钱谦益再次从《黄山图经》中借用这一形象，书中详细描述发源于黄山的众多河流的风水。（《黄山图经》，10a–12a）

③ 商山在休宁县，在屯溪西南，距离十公里左右。钱谦益黄山之游的行踪，可参阅第四章。

④ 汤院指祥符寺（参阅下文）。

⑤ 郡指当时的徽州（黄山地区在明代都叫徽州）。

⑥ 山口（字面意思是"山的出入口"，位于现在的汤口，"汤口"字面意思是"热水的出入口"）。事实上，徽州与黄山汤泉之间有一个山口镇，但是我更想把原文的"山口"理解为"山的出入口"。

⑦ 摘自《黄山图经》(1b)："自郡至山口一百二十里，自山口至汤院又八里。"

⑧ 16世纪末期，开始有游客记载从徽州到汤口一路上所经过的地方，表明该地区的旅游文化正在发展，已经形成适合旅游的线路。钱谦益几乎原文照搬谢兆申成书于1615年的游记（《黄山志》，第489–494页；《黄山志定本》，第247–252页）。众多这类记载中，谢兆申的游记是较早的记录。《谢耳伯先生初集》的序言据说写于崇祯十三年（1640），可惜我没有研读过这部作品。到了1642年，钱谦益书斋的案几上，很可能就摆放着谢耳伯的作品，因为在下文中我们看到，钱谦益的游记中大量引用谢耳伯的文字，我在后面引用谢耳伯这篇重要游记时，都会注明其在1667年版《黄山志》中的位置，因为这一版本的谢耳伯的作品似乎更完整。

中。由长潭而山口，山率环谷，水率注溪，谷穷复入一谷。① 山与谷如堂如防，旋相宫，又相别也。② 溪水清激如矢，或溃沸如轮，③ 文石错落，深浅见底。百里之内，天容沈寥，云物鲜华，游尘飞埃，望崖却反，人世腥腐秽浊之气，无从至焉。余语同游者曰："子知黄山乎？是天中之都会，而轩辕之洞府也。二百里内，皆离宫阁道，群真之所往来，百神之所至止，殆有神物司启闭，给粪除于此地，而人未之见也。吾尝游岱矣，未及登天门，上日观，不知岱之尊也。④ 今吾之至于斯也，肃然而清，悄然而恐，恍然如在天都石门之上。⑤ 余之兹游也，而岂徒哉？"是日浴于汤池，宿药谷之桃源庵。

记之二

自山口至汤口，山之麓也，登山之径于是始。汤泉之流，自紫石峰，六百仞县布，其下有香泉溪，泉口溃沸蒸热，冷泉下注，凉温齐和，溪尾涌出，秽浊迸去。初浴，汗蒸蒸溢毛孔，已而忾然霍

---

① 出自谢兆申《游黄山记》（见 1667 年版《黄山志》第 489 页）。
② 这句话可追溯到《尔雅·释山》里对山貌的深奥的描写："山如堂者，密。如防者，盛。峦，山堕。重甗，陶。左右有岸，厒。大山，宫。小山，霍。小山别，大山鲜。"（徐朝华：《尔雅今注》，第 236 页）
③ 再次引用谢兆申《游黄山记》（见 1667 年版《黄山志》第 489 页）："其清澈如飞矢或如旋轮。"
④ 这里可能暗喻李白登泰山，李白认为天门和日观是开启得道成仙之路的合适地方（《李太白全集》卷二，第 921–926 页，参阅第四章里的讨论）。
⑤ 这里提及的天都峰和石门峰，也许是游记前部分的主题，即黄山不仅是佛教和道教传统的胜地，而且也符合正统的儒家理想（这点在钱谦益讨论国都的选址时表现尤为明显）。石门是个带有儒家色彩的名字，出自《论语》。

然，如醒斯析，如疴斯解。① 拍浮久之，恍然感素女、玉真之事。②

作留题四绝句。③ 浴罢，风于亭，巾屦衣袂，飘飘然皆尘外物也。折

而西，竹树交加，崖石撑柱，蒙笼幂历，如无人径。④ 行半里许，俆

---

① 1617 年，戴澳也描述类似的汤泉体验："试之初，似太热，顷乃相宜。"（《黄山志定本》，第 254 页）

② 玉真指杨贵妃，是唐玄宗宠幸的妃子。杨贵妃原来嫁给唐玄宗之子寿王（李瑁），唐玄宗为了更合理正当迎娶杨玉环，将她送到尼姑庵净身，杨玉环因此得号太真。唐玄宗专门为杨贵妃在长安（今西安）修建华清池，后代的文学作品中，华清池常常与沐浴联系在一起。杨贵妃比唐玄宗小三十四岁，借用杨贵妃的典故，所以几乎可以肯定，钱谦益用杨贵妃暗指比他小三十六岁的柳如是。素女是传说中的仙女，据说素女是性学老师，教了黄帝房中之术。《素女经》记录了她的智慧。参阅道格拉斯·威尔：《卧室的艺术：包含女性独自冥想文本的中国性瑜伽经典》（Douglas Wile, *Art of the Bedchamber: The Chinese Sexual Yoga Classics Including Women's Solo Meditation Texts*, Albany: State University of New York Press, 1992）。正如基思·麦克马洪 (Keith McMahon) 所指出，素女的角色是增强皇帝的房事的自信心，鼓励他与年轻女子的房事，参阅基思·麦克马洪：《吝啬鬼、泼妇与一夫多妻：18 世纪中国小说中的性与男女关系》（Keith McMahon, *Misers, Shrews, and Polygamists: Sexuality and Male–Female Relations in Eighteenth-Century Chinese Fiction*, London: Duke University Press, 1995, p. 43）。但是我看不出素女与杨贵妃的联系，也确实找不到素女与汤泉沐浴联系起来的资料，我更愿意将这句话里的"素女"看作定语，修饰杨贵妃（这句话实指杨贵妃）。唐玄宗当政因为宠爱美貌的杨玉环而臭名昭著，后来往往与皇帝懒于朝政联系在一起，这个类比无论如何都耐人寻味。

③ 钱谦益四绝句《禊后五日浴汤池留题四绝句》，见《牧斋初学集》卷十九（《钱牧斋全集》第一册，第 642–643 页）。这段话带出一个令人疑惑的问题：柳如是是否和钱谦益结伴同游黄山？齐皎瀚（《黄山古典诗歌》，第 467 页）和丁功谊（《中国文学思想史》，第 115 页）都认为柳如是参与了游黄山的前半程，柳如是创作四绝句组诗和钱谦益的组诗唱和，收录在《牧斋初学集》卷十九。钱谦益诗中提到的杨贵妃毫无疑问是暗喻柳如是，但是我有足够的证据证明，柳如是在钱谦益到达黄山之前就已经离开。我们应该注意的是，钱谦益这组诗被柳如是收录到她的文集（《柳如是文集》第 145 页），诗歌在文集中的标题是《禊后五日浴黄山下汤池留题四绝句遥寄河东君》。

④ 可能暗指王维《过香积寺》，诗歌开头写道："不知香积寺，数里入云峰。古木无人径，深山何处钟。"（赵殿成笺注：《王右丞集笺注》，香港：香港中华书局，1972，卷一，第 131–132 页）

氏桃源庵在焉。[1] 庵之前，天都、青鸾、钵盂诸峰，[2] 回合如屏障。其左则白龙潭水膏渟黛蓄，[3] 喷薄巨石，水声砰磅，[4] 微雨霡霂。辛夷照檐，皎如玉雪。俄闻篱落间剥啄，海阳邵梁卿幼青自白岳来访，[5] 足音跫然，足乐也。[6] 午夜闻冲撞弥急，溪声雨声，澎湃错互。晨起坐小楼，视天都峰瀑布痕斓斑靫駁，俄而雨大至，风水发作，天地掀簸，漫山皆白龙，掉头掉尾，横拖倒拔。白龙潭水鼓怒触搏，林木轰磕，几席震掉。雨止，泉益怒，呀呷撞胸，如杵在臼。日下舂，[7] 少间，乃相与商游事焉。佘氏庵傍汤池，朝夕浴于斯，饮于斯，汲于斯，以斯池为汤沐焉，服食焉，皆可也。昔人饮菊潭而强，饮杞

---

① 佘书升（字抡仲），晚明隐士，桃源庵的修葺归功于他。

② 鸾是《山海经》中的神鸟，状如翟而五彩文，是太平盛世的吉祥征兆（袁珂：《山海经校注》，上海：上海古籍出版社，1980，第 35 页）。

③ 借鉴柳宗元《游黄溪记》的"黛蓄膏渟"，参阅吴文治点校：《柳宗元集》（北京：中华书局，1979，卷三，第 759-762 页）。钱谦益大量引用柳宗元的文字，游记的中间部分尤其明显。

④ "砰磅"是拟声词，可能是借用王之杰。在 1606 年的游记里，王之杰描写白龙潭的水声用"砰磅"一词（《黄山志》，第 452-454 页；《黄山志定本》，第 221-224 页）。

⑤ 邵梁卿和邵幼青叔侄这次来访，可参阅钱谦益写的序言（《钱牧斋全集》第二册，第 934-936 页），见第四章。

⑥ 指《庄子·徐无鬼》："夫逃虚空者，藜藋柱乎鼪鼬之径，踉位其空，闻人足音跫然而喜矣，又况乎昆弟亲戚之謦欬其侧者乎！"李一氓《明清人游黄山记钞》和王克谦《历代黄山游记选》中没有提到这次拜访，也没有"俄闻篱落间剥啄，海阳邵梁卿幼青自白岳来访，足音跫然，足乐也"这句话。但是这句话却出现在其他文本，让人疑惑不解。李一氓的文集中缺乏任何文本信息，所以我们完全不知道这段话被删除的原因，但是我们注意到，没有这句话，文章似乎更流畅。我认为，不能排除这句话是后来加上去的可能。

⑦ 字面意思"日落舂山"，神话中指太阳落山地方，参阅丁度：《集韵》（台北：台湾商务印书馆）卷一，第 36 页，《平声·钟韵》一章。

水而寿。^① 况丹砂之泉，轩辕浴之，三日而伐皮易毛者乎？^② 以千金赁药谷之庐，^③ 以二千金庀糇粮，治药物，沐饮于斯泉者数年，登真度世，可执券而取也。今有进贤冠于此，曰卖之三千金，人争攘臂而求之；以三千金买一仙人，则掉头不顾，此可为一笑者也。

---

① 菊潭（也称菊泉）在今河南省。因能益寿而闻名于世，记载在李时珍的《本草纲目》中。钱谦益可能是引用苏轼的《和陶桃花源并序》。苏轼这篇诗序，前后自相矛盾。苏轼在序言中驳斥了桃源住的是神仙的说法："世传桃源事，多过其实。考渊明所记，止言'先世避秦乱来此'。则渔人所见，似是其子孙，非秦人不死者也。又云'杀鸡作食'，岂有仙而杀者乎？旧说南阳有菊水，水甘而芳。居民三十余家，饮其水皆寿，或至百二三十岁。蜀青城山老人村，有见五世孙者。道极险远，生不识盐醯，而溪中多枸杞，根如龙蛇，饮其水，故寿；近岁道稍通，渐能致五味，而寿益衰。桃源盖此比也软？使武陵太守得而至焉，则已化为争夺之场久矣。尝意天壤间若此者甚众，不独桃源。余在颍州，梦至一官府，人物与俗无异，而山水清远，有足乐者。顾视堂上，榜曰'仇池'。觉而念之，仇池，武都氐故地。杨难当所保，余何故居之？明日以问客，客有赵令畤德麟者曰：'公何问此？此乃福地，小有洞天之附庸也。杜子美盖云'万古仇池穴，潜通小有天'。他日，工部侍郎王钦臣仲至谓余曰：'吾尝奉使过仇池，有九十九泉，万山环之，可以避世如桃源也。'"（《苏东坡全集》，北京：中国书店，1996，卷二，第86–87页）
② 黄帝浴汤泉的传说在《黄山图经》中有记载，书中引用《周书异记》的记载，是书早已不存于世。事实上，据说黄帝应该是浴汤泉七天（《黄山图经》[2b]："黄帝至汤泉，浸七日，皱折故皮随水而去"），钱谦益写为"三日"可能是笔误（在诗歌里他写为七天，参阅诗歌第十九首，《钱牧斋全集》第一册，第653–654页）。这一故事在另一版本里也是写为七日，参阅《黄山志定本》，第100页。
③ 明代用"金"作为流通货币银的单位，"特殊物品用金作为计价单位，普通货物用银两作为计价单位，两者分别使用"。参阅柯律格著作:《长物》（Clunas, *Superfluous Things*, p. 133 and pp. 177–181）。举一个例子作为比较，钱谦益在1620年前后花一千金（或说是一千两百金，具体见第一章）购得宋代版本的《两汉书》，收藏家项元汴（子京，号墨林，1525—1590）则花两千金购得王羲之的《瞻近帖》，这一价格，创下明代艺术品收藏价格的纪录。

记之三 [1]

由祥符寺度石桥而北，[2] 逾慈光寺 [3]，行数里，径朱砂庵而上，[4] 其东曰紫石峰，三十六峰之第四峰，[5] 与青鸾、天都，皆峰山也。过此取道钵盂、老人两峰之间，[6] 峰趾相并，两崖合沓，弥望削成，不见罅缝。扪壁而往，呀然洞开，轩豁呈露，如辟门阖。登山者盖发轫于此。里许，憩观音崖，[7] 崖欹立如侧盖。[8] 径老人峰，立石如老

---

[1]　贝远辰编《历代游记选》和倪其心编《中国古代游记选》有游记第三部分的两种版本，并附有注解，第三部分有英译文可供参考。参阅斯特拉斯伯格：《题画景观》（Strassberg, *Inscribed Landscapes*, pp. 315—316）。

[2]　祥符寺是汤泉附近主要的建筑，建于唐代。祥符寺的名字在宋代大中祥符年间（1008—1016）就已经出现，作为黄山上最古老的寺庙，祥符寺有时也叫做汤院（见"记之一"）或汤寺（见"记之五"），在明清两代备受游客喜爱。祥符寺位于山门，钱谦益的游记中，祥符寺只是提供休息的地方。

[3]　后文"记之六"部分会详细讨论。

[4]　这句话有问题，朱砂庵其实是慈光寺的旧名，在晚明人所共知（晚明几位作者都提过这事，可参阅徐弘祖 1616 年的游记："[慈光]寺旧名朱砂庵，见《徐霞客游记校注》卷一，第 19 页。闵麟嗣撰《黄山志定本》和李一氓编《明清人游黄山记钞》将"庵"改为"溪"，即"径朱砂溪"。这样一改，结果显然更符合逻辑。但我对这一解决方案并不满意，因为朱砂庵作为标题反复出现在钱谦益的《黄山组诗》中（第十一首），诗歌和游记是对应的。这说明名字本身是错误的，而不是文字谬传的错误。在这种情况下，不可能是"朱砂溪"（通常不可能将一条溪误称为一座庵）。所以我依然保留四部丛刊本里的"庵"，但我将其作为钱谦益的笔误。我能找到的资料中，还没有人讨论这一谬误。

[5]　钱谦益按照《黄山图经》记载的黄山三十六峰的顺序，请参阅我对"记之四"部分的注解。

[6]　老人峰是黄山的主要标志之一，明清游记经常提到老人峰。老人峰并不在三十六座山峰之列。17 世纪时，老人峰之所以出名，可能是由于其景色优美，是观看云海的最佳山峰。在现代，乘缆车的游人虽然还可以看到老人峰，但只是一闪而过而已。而且，徒步上下山的主要路线已经不经过老人峰，老人峰的影响也在日减。

[7]　可以参阅余春芳：《观音：观世音菩萨的中国转型》（Chün–fang Yü, *Kuan–yin: The Chinese Transformation of Avalokiteśvara*, New York: Columbia University Press, 2001）。

[8]　引用谢兆申《游黄山记》（见 1667 年版《黄山志》第 491 页），钱谦益用"崖"代替谢肇淛原文的"岩"。

人伛偻。① 县崖多奇松，裂石迸出，纠枝覆盖，白云蓬蓬冒松起。僧曰："云将铺海，② 盍少待诸？"遂憩于面峰之亭。登山极望，山河大地皆海也。天将雨，则云族而聚于山，将晴则云解而归于山。山河大地，其聚其归，皆所谓铺海也。云初起，如冒絮，盘旋老人腰膂间，俄而灭顶及足。却迎凌乱，迫遽回合，③ 弥漫匼匝。海亦云也，云亦海也，穿漏荡摩，如百千楼阁，如奔马，如风樯，奔踊却会，不可名状。荡胸扑面，身在层云中，亦一老人峰也。久之，云气解驳，如浪文水势，络绎四散；又如归师班马，倏忽崩溃，窅然不可复迹矣。回望老人峰，伛偻如故，若迟而肃客者。④ 缘天都趾而西，至文殊院⑤ 宿焉。黄山自观音崖而上，老木攲径，寿藤冒石，青竹绿莎，蒙络摇缀，⑥ 日景乍穿，飞泉忽洒，阴沉窅窱，非复人世。山未及上曰翠微，⑦ 其此之谓乎？升老人峰，天宇恢廓，云物在下。三十六峰，参错涌现，恍恍然又度一世矣。⑧ 吾至此，而后乃知黄山也。

---

① 引自谢兆申《游黄山记》（见 1667 年版《黄山志》第 491 页）："径老人峰，峰立石如耋偻焉。"
② 云（现通常指云海），与泉水、怪石和奇松一并被称作"黄山四绝"。
③ 引自柳宗元《永州龙兴寺东丘记》，参阅《柳宗元集》卷三，第 748–749 页。参阅我下文"记之五"部分的注解。英译文参考 H. C. Chang。
④ 钱谦益笔下老人峰躬身迎客的形象，可能是参考了他的朋友袁中道的说法（《黄山志》，第 463–464 页；《黄山志定本》，第 258–260 页）。
⑤ 位于莲花峰和天都峰之间，原址是玉屏楼。
⑥ 引自柳宗元《至小丘西小石潭记》："青树翠蔓，蒙络摇缀，参差披拂。"见《柳宗元集》卷三，第 767–778 页。
⑦ 引自《尔雅》："山未及上翠微。"（《尔雅今注》，第 235 页）
⑧ 超"度"得道成仙的道教色彩，在这部分很明显，文中开头和结尾用"度"相呼应，更是增添这种色彩。

记之四

憩桃源庵，指天都为诸峰之中峰，山形络绎，未有以殊异也。云生峰腰，层叠如裯衣焉。云气蓊翳，峰各离立，天都乃岿然于诸峰矣。并老人峰沿硐上，皆缘天都之趾，援危松，攀蹼壁，或折而升，或县而度。旋观天都，如冕而垂，如介而立，[①] 视向之所见，尊严有加焉。下岭复上，僧方凿石，斧凿之痕，与趾相错也。石壁断裂，人从石蹼中上。历蹼里许，[②] 天都逐蹼而走，甫瞪目而踵已失也，甫曳踵而目又失也。壁绝，石复上合，[③] 乃梯而下。人之下如汲井，身则其绠也。汲既深，绠完地而出，又从井干中上也。折而陟台，是为文殊院，[④] 普门安公所荒度也。[⑤] 院负叠嶂峰，左象右狮，[⑥] 二罗松如羽盖，面拥石如覆袈裟，[⑦] 其上有跌

---

① 出自谢兆申《游黄山记》(见 1667 年版《黄山志》第 492 页)，钱谦益游记第四部分大量借用谢兆申的游记。

② 出自谢兆申《游黄山记》(见 1667 年版《黄山志》第 492 页)。

③ 出自谢兆申《游黄山记》(见 1667 年版《黄山志》第 492 页)。

④ 出自谢兆申《游黄山记》(见 1667 年版《黄山志》第 492 页):"折而陟台，是曰文殊之院。"

⑤ 普门，陕西僧人，1606 年迁到黄山，详见本书第二章。普门的名字和天台宗有关，意指周遍圆通，又译无量门，为佛教徒敞开的大门。我读到"安公"时，总是将它看作荣誉的称号，似乎它总是被用来指普门。荒度，《书经》最早用荒度来指大禹治水的辛苦劳作:"启呱呱而泣，予弗子，惟荒度土功。"

⑥ 谢兆申《游黄山记》(见 1667 年版《黄山志》第 492 页)写为"院故负胜莲之峰，左拥石如象，右拥石如狮"。钱谦益用叠嶂代替谢兆申的胜莲，可以留意后文"记之九"，这两个名字往往混淆。文殊院背靠玉屏峰。钱谦益的游记和从古至今有关玉屏峰位置的记载并不一致。象石和狮石分踞文殊院两侧。

⑦ 袈裟是传统的僧袍，梵语中是指杂色的衣服，以区别普通人的白色长袍。

迹，其下下绝。① 桃花峰居趺石之足，桃花之汤出焉。② 其东则天都峰
如旒倒垂，其西则莲华峰献蓊焉，③ 其西面旷如也。④ 指点凝望，浮
烟蠹霭，青葱绀碧，穿漏于夕阳平楚之间。已而烟凝霭积，四望
如一。暮景夕岚，无往而非云海。向所沾沾于老人峰者，又存乎
见少矣。⑤ 坐台有二鸦翔集，⑥ 僧言此神鸦也，明日当为公先导。⑦
与之食，祝而遣之。寝室不满一弓，夜气肃冽，与老僧推户而

---

① 出自谢兆申《游黄山记》（见 1667 年版《黄山志》第 492 页）："罗松二如盖，
面拥石如覆袈裟，其上有趺迹，其下无临地。"
② 出自谢兆申《游黄山记》（见 1667 年版《黄山志》第 492 页）："桃花峰丽焉
峰，故居趺石之足，桃花之汤出焉。"
③ 出自谢兆申《游黄山记》（见 1667 年版《黄山志》第 492 页）："西则莲华峰
献蓊焉……其东拱天都……如旒倒垂。"莲华峰也作莲花峰。
④ 按照《黄山志定本》《明清人游黄山记钞》《历代黄山游记选》的说法，最后
一句将四部丛刊本中重复的"西"字改为"南"。这样更准确地描述了天都峰的位
置，天都峰位于文殊院东南方位，莲花峰则位于文殊院西北方向，从文殊院望向
西南，视野空旷。
⑤ 可能暗指《庄子·秋水》："吾在天地之间，犹小石小木之在大山也。方存乎
见少，又奚以自多！"这段话和刘禹锡《九华山歌并引》所见略同。刘禹锡（字梦
得，772—842）在该诗序言中感叹："昔余仰太华，以为此外无奇；爱女几、荆
山，以为此外无秀。及今见九华，始悼前言之容易也。"见陶敏、陶红雨校注：
《刘禹锡全集编年校注》（长沙：岳麓书社，2003）卷一，第 337–338 页。1618
年，徐弘祖游黄山，站在文殊院平台眺望，同样为看到的景观所震撼，他是这样
说的："真黄山绝胜处。"（《徐霞客游记校注》卷一，第 39 页）
⑥ 四部丛刊本写作"生台"，这里更正为"坐台"。齐皎瀚依据钱仲联 1985
年版《牧斋初学集》，在他的英译本中将之译成 "born on the terrace"（Yellow
Mountain Poems, p. 473）。我根据《黄山志定本》《明清人游黄山记钞》《历代
黄山游记选》，改为"坐台"或"座台"。对这一改动，我很满意，因为这和钱
谦益在诗歌（第十二首）中用"座（坐）台"描绘文殊院相一致。黄习远（字
伯传，号儵阁）在 1613 年的游记中也使用"文殊坐"的名称（《黄山志》，第
480–483 页）。
⑦ 神鸦显现充当导游，1635 年，许楚在游记中就记录（《黄山志定本》，第
296 页）。

起。三十六峰，微茫浸月魄中，零露瀼瀼，沾湿巾屦，凄神寒骨，^①峭怆而返。余故好山栖野宿，以此方之，其犹在曲屋突夏砥室罗帱之中乎？^②余之山居而宿焉者，自兹夕始也。

记之五

清晓，出文殊院，神鸦背行而先，照微、幻空两僧从焉。^③避莲华沟险，从支径右折，险益甚。照微肘挟余臂，幻空踵受余趾，三人者，蹷与驱蛩若也。^④行三里许，憩照微茅庵。庵背莲花，面天都，负山屃赑，蔽亏云汉，俯视洞壑，日车在下。阴茅檐，藉白石，出孟阳画扇传观，惜不与偕杖屦也。二僧踞盘石，疏记所宜游者，曰由喝石居三里至一线天，^⑤再折一里许，下百步云梯，又一里，上大悲顶，^⑥出新辟小径，三里许，达天海。^⑦饭讫，东北行，上

---

① 钱谦益再次引用柳宗元《至小丘西小石潭记》："坐潭上，四面竹树环合，寂寥无人，凄神寒骨，悄怆幽邃。以其境过清，不可久居，乃记之而去。"见《柳宗元集》卷三，第767-768页。

② 这句话暗指《楚辞·招魂》篇："天地四方，多贼奸些。像设君室，静闲安些。高堂邃宇，槛层轩些。层台累榭，临高山些。网户朱缀，刻方连些。冬有突厦，夏室寒些。川谷径复，流潺湲些。光风转蕙，氾崇兰些。经堂入奥，朱尘筵些。砥室翠翘，挂曲琼些。翡翠珠被，烂齐光些。蒻阿拂壁，罗帱张些。纂组绮缟，结琦璜些。"

③ 僧人照微居住在莲花峰，是程嘉燧的朋友。僧人幻空，身份不明。

④ 借用《淮南子·道应训》："北方有兽，其名曰蹷，鼠前而兔后，趋则顿，走则颠，常为蛩蛩距虚取甘草以与之，蹷有患害，蛩蛩距虚必负而走。此以其能，托其所不能。"见陈广忠编撰：《淮南子译注》（长春：吉林文史出版社，第266-267页）。《山海经》里的蛩蛩有马的外形，根据郭璞（字景纯，276—324）的说法，蛩蛩日行千里（《山海经校注》，第246-247页）。钱谦益似乎将蛩距当作两种动物，这表明传统文献围绕着这种动物的看法历来就有争议。

⑤ 喝石居是僧人照微的草庐。

⑥ 大悲顶可指佛教寺庙（也称大悲院）或大悲峰所在的地方。

⑦ 天海同样可指天海庵（我自己的理解），也可指天海庵附近的地方。

平天矼；五里上石笋矼；转始信峰，经散花坞，看扰龙松，过师子林，上光明顶，复归天海。少憩，登炼丹台而还，日未亭午，天气如清秋。此游，天所相也。[①]食时饭天海，神鸦却而迎焉。次第游历，如二僧之云。[②]日夕鸦去，回翔如顾别，乃返天海宿焉。一线天石壁峭狭，水旁激如雨，疾趋过之。传曰：岩岑之下，古人之所避风雨。[③]谓此也。云梯当莲华峰之趾，磴道历七百级。磴狭而级长，踵曳如絚，胫垂如汲，下上攀援，后趾须前趾，前踵跖后踵，[④]旁瞰股栗，作气而后下，乃相庆脱于险也。始信峰于三十六峰不中为儿孙，[⑤]一部娄耳，而颇踞诸峰之胜。由师子林东折，两崖陡立，相去丈许。北崖裂罅处，一松被南崖，[⑥]援之以度。陟其岭，茅庵欹倾，积雪搘拄，俯视云气，诸峰蠹出，其最奇，石笋矼也。图

---

① 可能指《左传·昭公四年》里的典故："晋、楚唯天所相，不可与争。"意思是，晋国和楚国的霸业只有靠上天的帮助，而不是彼此可以争夺的。钱谦益用这一典故来指登山时得到神明的帮助，关于这问题的讨论，见第四章。
② 事实上，游记写到这里后，钱谦益对后面的线路含糊其词。从喝石居开始，我们就很难将钱谦益的登山线路拼凑完整。两位僧人制定了异常艰巨的行程。有人认为钱谦益登上了光明顶，我完全不认同这观点，详细讨论见第四章。
③ 可能是参考《左传·僖公三十二年》："晋人御师必于殽，殽有二陵焉。其南陵，夏后皋之墓地；其北陵，文王之所辟风雨也。必死是间，余收尔骨焉？秦师遂东。"
④ 模仿吴伯与（字福生，1613年进士）描述云梯："不能全受足后趾俟前趾发乃可发。"（《黄山志》，第446–450页；《黄山志定本》，第236–240页）。
⑤ "中"读为 zhōng（词义是"符合"）。《黄山志》《黄山志定本》《明清人游黄山记钞》《历代黄山游记选》用"之"代替"不"，大概是为了解决将"中"读为 zhōng 的问题。我认为这种解决方法不合理，因为始信峰并不属于三十六峰。
⑥ 接引松，因伸展的树枝像欢迎客人一样而得名。在晚明，接引松已经成为游客心中著名的景点，具体例子可参阅徐弘祖（《徐霞客游记校注》，第21页）和吴廷简（《黄山志定本》，第289页），两人都注意到悬崖之间有一座狭窄的桥，松树就像桥的护栏，这也符合画作里对松树的描绘。钱谦益用"援之以度"来形容，多少有些夸张。

经云：黄帝浮丘公上升之后，[1] 双石笋化成峰，可高千丈。[2] 今石笋攒立，不啻千百，嵌空突起，拔地插天，钩连坼裂，谲诡化贸，亦不可以丈计。岂造物者役使鬼神，[3] 破碎虚空，穿大地为范围，凿混沌之肺腑，[4] 以有此也？起视大壑，却立万仞。指点宣州、池阳，堆皴蹙摺，累如囷廪。冯高临下，如限堵墙。堆阜虚落，人语殷殷。过此则翠微、松谷，[5] 黄山西北之境尽矣。炼丹台之前，拱立相向者，炼丹峰也。翠微、飞来诸峰，[6] 各负势不相下，胥俯为环卫，崩

---

[1] 据说浮丘辅助黄帝最终得道成仙。

[2] 引用《黄山图经》，书中介绍仙人峰时提到一对石笋"上二石笋如人对坐"，据《仙记注》，轩辕与浮丘同游于此，飞升之后，双石笋化为峰，可高十丈，人们一般认为两石笋是轩辕和浮丘成仙时留下的痕迹。人们常说，朝南的那块石头是黄帝，它的背后有一块石头支撑着，像一块玉屏风；朝北的那块石头是浮丘。它们脚下的石崖高一百五十余米，连猿猴都够不着。从附近的紫石峰顶，可以看到它们就像两个面对面坐着的神仙（《黄山图经》，6a–6b）。"千"和"十"字相似，钱谦益用千丈（误引《黄山图经》里的十丈，《黄山图经》则引用《仙记注》，也写作"十"），是印刷时出错的结果。然而，我查询的所有的版本，包括四部丛刊本，都是写作千丈。钱谦益很可能将仙人石和支撑的岩石混淆，所以我决定不更正原文，保留"千丈"。

[3] 造物者，关于造物者的观念，参考爱德华·谢弗：《唐朝文学中的创造自然观念》（Edward H. Schafer, *The Idea of Created Nature in T'ang Literature*, Philosophy East and West 15 [1965]: 153–160）。谢弗引用了韩愈、李白和柳宗元等作家的作品，他们推测造物主是否存在以及造物主的目的（用谢弗的话说，"塑造动物的人"）。另见袁枚在 1782 年《游黄龙山记》中对造物主创造万物方法的见解。

[4] 指《庄子·应帝王》中关于混沌的寓言故事："南海之帝为儵，北海之帝为忽，中央之帝为浑沌。儵与忽时相与遇于浑沌之地，浑沌待之甚善。儵与忽谋报浑沌之德，曰：'人皆有七窍，以视、听、食、息，此独无有，尝试凿之。'日凿一窍，七日而浑沌死。"中国神话混沌的观念，见袁珂：《中国古代神话》（北京：中华书局，1960，第30–31页）和安妮·比瑞尔（Anne Birrell）的英文作品《中国神话导论》（*Chinese Mythology: An Introduction*, Baltimore: John Hopkins University Press, 1993, pp. 98–100）。

[5] 翠微峰，高居翰将"微"写为"薇"。

[6] 正如闵麟嗣指出，现代人所说的飞来峰，对 17 世纪的游客来说，常常指飞来峰上的飞来石，飞来石引人瞩目，钱谦益却没有具体描述，我认为这说明他没有登上光明顶（见第四章）。

压倚倾，栉比棋布，若削剑戟，若树储胥。轩辕相宅之地，故有神物护诃。妄人不察，设版筑室，宜其荡刚风而焚劫火，[①] 不终朝而辄毁也。三十六峰，侧影旁轶，敷花如菡萏，丹台藏贮其中，如的中之蕙。台方广可置万人，[②] 三面劖削，前临无地，[③] 却行偃卧，足蹙蹙不能举，[④] 目眴眩者久之。余之登兹山也，自汤寺而上，[⑤] 披蒙茸，[⑥] 历幽仄，盖奥如也。自文殊院而上，指削成，溯云汉，盖旷如也。[⑦] 及遵石笋、丹台，观夕阳，望光景，意迷精爽，[⑧] 默自循省，灵区异境，显显心目。安知俯仰之间，不将一瞬迁改，夜半有负之而

---

① 刚风，佛教和道教术语，也许和佛教金刚有关，意为钻石，引申义为坚不可摧，或指导致世界末日的劫风（见下文）。劫火，传统的佛教宇宙观，劫是指世界经历生灭一次的时间。这周期经历成、住、坏、空四个阶段。每个阶段又分为二十个小劫（每个小劫大约为一千六百万年），每个劫的最后阶段都有劫火、劫水和劫风三大灾难。

② 这个评论借用汤宾尹 1612 年的游记："最方以广，其上可置万人者，炼丹台也。"（《黄山志》，第 474–479 页；《黄山定本》，第 241–246 页）

③ 借用王之杰 1608 年的评论："三面劖削前临堑壑者。"（《黄山志》，第 454–455 页；《黄山志定本》，第 224–227 页）

④ 可能借用《论语·乡党》："执圭，鞠躬如也，如不胜。上如揖，下如授。勃如战色，足蹙蹙，如有循。"意思是行聘问礼时，拿着圭，恭敬而谨慎，好像拿不动一般。向上举圭时好像在作揖，向下放圭时好像在交给别人。神色庄重，战战兢兢；脚步紧凑，好像在沿着一条线行走。

⑤ 汤寺指祥符寺。

⑥ 可能借用苏轼名篇《后赤壁赋》："予乃摄衣而上，履巉岩，披蒙茸，踞虎豹，登虬龙，攀栖鹘之危巢，俯冯夷之幽宫。"

⑦ 借指柳宗元在《永州龙兴寺东丘记》（《柳宗元集》卷三，第 748–749 页）阐发的自然美学观："游之适，大率有二：旷如也，奥如也，如斯而已。其地之凌阻峭，出幽郁，寥廓悠长，则于旷宜；抵丘垤，伏灌莽，迫遽回合，则于奥宜。"意思是游玩适意的去处，大概有两种境界：开阔的地方和深幽的地方，仅此而已。那个地方需要登临高山险峰，可以远离浓荫幽暗，视野开阔辽远，那么就便于获得开阔的感受；如果都是山丘相连，上面又有灌木野草，小路迂回曲折，那么就易于获得深幽的感受。

⑧ "爽"表示"丧"（丧失或失去）的意思，最初出自《列子·周穆王》，有关章节见后文。

趋者与？① 安知吾身在此，而市朝陵谷，堆尘聚块者，不已宵然若丧与？又安知吾所坐之处，所游之地，非幻化为之，如所谓五山之根无所连著者，② 而吾亦将冯空而硕虚与？③ 余肉人也，载朽腐之

① 典出《庄子集释》卷三上《内篇·大宗师》，其中有段深奥难懂的话："夫藏舟于壑，藏山于泽，谓之固矣。然而夜半有力者负之而走，昧者不知也。"其意是将船儿藏在大山沟里，将渔具藏在深水里，可以说是十分牢靠了。然而半夜里有个大力士把它们连同山谷和河泽一块儿背着跑了，睡梦中的人们还一点儿也不知道。华兹生按照俞樾的注解，将"山"理解为表示捕鱼工具的"汕"，解决令人费解的"藏山于泽"的问题。关于这点以及其他注解，见郭庆藩（1844–1896？）撰《庄子集释》（王孝鱼点校，北京：中华书局，1961，卷一，第243–246页）然而，"有力者"似乎是指"造物者"，而不是指力气大的人。事实上，钱谦益也是这样理解的，他借用这则典故来表达风景固有的变幻莫测。佛教著作《宗镜录》，成书于公元10世纪，也是按照该意思理解这句话，书中用"趋"代替"走"，钱谦益和《宗镜录》一样。这说明钱谦益借用的典故可能源自《宗镜录》。《宗镜录》是一部有关佛教谚语、禅诗和译文的文集，作者延寿（904—975）以倡导多元化传播佛法而闻名，禅尊达摩，建议统一禅宗和印度佛教的教义。作为明末重要作品，《宗镜录》出现在袁宏道等名人的作品中，但是并没有出现在《绛云楼书目》里，曹溶将这点作为绛云楼藏书录不完整的证据（见第一章）。《宗镜录》是中国第2016部大藏经作品，高楠顺次郎（Takakusu Junjirō）和渡边海旭（Watanabe Kaigyoku）将《宗镜录》收录于《大正新修大藏经》（*Taishō shinshū daizōkyō*, Tōkyō: Taishō issaikyō kankōkai, 1924–1932）。有趣的是，毛扆（字斧季，1640—1713）曾经引用他父亲毛晋的话用"有力者"来形容钱谦益。

② 钱谦益直接引用《列子·汤问》，他在第七部分也引用这段话。见杨伯峻编撰：《列子集释》（北京：中华书局，1979，第151–152页）："中有五山焉：一曰岱舆，二曰员峤，三曰方壶，四曰瀛洲，五曰蓬莱。其山高下周旋三万里，其顶平处九千里。山之中间相去七万里，以为邻居焉。其上台观皆金玉，其上禽兽皆纯缟。珠玕之树皆丛生，华实皆有滋味，食之皆不老不死。所居之人皆仙圣之种，一日一夕飞相往来者，不可数焉。而五山之根无所连著，常随潮波上下往还，不得暂峙焉。"其意为，大海深沟上有五座大山：一叫岱舆，二叫员峤，三叫方壶，四叫瀛洲，五叫蓬莱。每座山上下周围三万里，山顶平地九千里。山与山之间，相距七万里，彼此相邻分立。山上的楼台亭观都是金玉建造，飞鸟走兽一色纯净白毛。珠玉之树遍地丛生，奇花异果味道香醇，吃了可长生不老。山上居住的都是仙圣一类的人，一早一晚，飞来飞去，相互交往，不可胜数。但五座山的根却不在海底相连，经常随着潮水波涛上下颠簸，来回漂流，不得片刻安静。理查德·斯特拉斯伯格（Richard Strassberg）指出，《史记·封禅书》里有寻找"神仙岛"的记载："自威、宣、燕昭使人入海求蓬莱、方丈、瀛洲，此三神山者，其傅在勃海中。去人不远，患且至，则船风引而去。盖尝有至者，诸仙人及不死之药皆在焉。"

③ 钱谦益用"硕虚"（从空坠落），这里意味深远，再次指《列子·周穆王》一章（一些版本用"殒"代替"硕"，见《列子集释》，第93页），有关章节见后文。

躯，以游乎清都紫微，余心荡焉。夫安得不执化人之袪，憧而求

还也与？① 楚庄王曰：子具于强台，南望料山，以临方皇，左江右

淮，其乐忘死，② 恐留之而不能反。吾之于此山，所以游焉而乐，乐

焉而不敢以久留也。

---

① 这句话和游记前面提到的几段话暗喻《列子·周穆王》(《列子集释》，第90—94 页)："居亡几何，谒王同游。王执化人之袪，腾而上者，中天乃止。暨及化人之宫。化人之宫，构以金银，络以珠玉，出云雨之上，而不知下之据，望之若屯云焉。耳目所观听，鼻口所纳尝，皆非人间之有。王实以为清都、紫微、钧天、广乐，帝之所居。王俯而视之，其宫榭若累块积苏焉。王自以居数十年不思其国也。化人复谒王同游。所及之处，仰不见日月，俯不见河海。光影所照，王目眩不能得视；音响所来，王耳乱不能得听。百骸六藏，悸而不凝。意迷精丧，请化人求还。化人移之，王若殒虚焉。既寤，所坐犹向者之处，侍御犹向者之人。视其前，则酒未清，肴未晞。王问所从来。左右曰：'王默存耳。'"其意为，没住多久，他邀请穆王一同出去游玩。穆王拉着他的衣袖，便腾云而上，到天的中央才停下来。接着便到了幻化人的宫殿。幻化人的宫殿用金银建筑，以珠玉装饰，在白云与雷雨之上，不知道它下面以什么为依托，看上去好像是屯留在白云之中。耳朵听到的、眼睛看到的、鼻子闻到的、口舌尝到的，都是人间所没有的东西。穆王真以为到了清都、紫微、钧天、广乐这些天帝所居住的地方。穆王低下头往地面上看去，见自己的宫殿楼台简直像累起来的土块和堆起来的茅草。穆王自己都觉得即使在这里住上几十年也不会想念自己的国家的。幻化人又请穆王一同游玩。所到之处，抬头看不见太阳月亮，低头看不见江河海洋。光影照来，穆王眼花缭乱，看不清楚；音响传来，穆王耳鸣声乱，听不明白。百骸六脏全都颤抖而不能平静；意志昏迷，精神丧失，于是请求幻化人带他回去。幻化人推了一把，穆王好像跌落到了虚空之中。醒来以后，还是坐在原来的地方，左右还是原来侍候他的人。看看眼前的东西，那水酒是刚倒出来的，菜肴是刚烧好的。穆王问左右："我刚才是从哪里来的？"左右的人说："大王不过是默默地待了一会儿。"从广义上讲，钱谦益这整段文字可以看成是响应列子故事的神游，即精神的旅游。

② 这句话在《明清人游黄山记钞》和《历代黄山游记选》添加的标点都不对，引号加得太靠前，结果钱谦益成为这句话的主语，变成钱谦益"恐留之而不能反"。这句话出自《淮南子》，见后文。《历代黄山游记选》文中错误主要是由于疏忽，因为《淮南子》的引用是正确的(《历代黄山游记选》第 109 页和第 173 页)。"恐留之而不能反"，源自《淮南子·道应训》的典故，楚庄王为自己没有参加宴会找理由(钱谦益引语和原文不同)："吾闻子具于强台。强台者，南望料山，以临方皇，左江而右淮，其乐忘死，若吾德薄之人，不可以当此乐也。恐留而不能反。"见《淮南子译注》，第 564 页。有关楚庄王(前 613—前 591 在位)政权的记录，见《史记》卷五，第 1699—1703 页。

记之六

晨起，风蓬蓬然。^①取道云梯，面风逆上，负风而仆，仆而起，两腋若有人相扶，不知其为风力也。尽云梯，则为莲华峰之趾。径如荷茎，^②纡回藏峰腹中。磴穷，穿峰腹而出，如缘荷本上重台也。风愈厉，逆曳不得上，乃据石趺坐，以俟登陟者。巡途而下，欲前复却，一松一石，低回如故人。僧曰："三十六峰，处处惜别，盍早至慈光寺，招邀诸峰，与执手栏楯闲乎？"寺踞天都之陇，枕桃花、莲华二峰，左则朱砂、青鸾、紫石，右则叠嶂、云门，并外翼焉。^③普门安公者，缚禅清凉山中，^④定中见黄山，遂由清凉徙焉。^⑤比入都门，^⑥愿力冥感，慈圣皇太后颁内帑为薙发，^⑦赐

---

① 可能引用吴伯与（1611）的描述，指炼丹峰（1667 年版《黄山志》，第 446–450 页；《黄山志定本》，第 236–240 页）。

② 引自谢兆申《游黄山记》（见 1667 年版《黄山志》第 493 页）。

③ 出自谢兆申《游黄山记》（见 1667 年版《黄山志》第 489 页）。

④ 我将"缚禅"中的"缚"（捆绑）理解为"结"（打结），其含有创立的意思。清凉山指山西五台山，中国四大佛教名山之一。普门和 17 世纪初来到黄山的几个高僧都来自五台山。自古就用"清凉山"来指五台山异常寒冷的气候。11 世纪的僧人延一编撰方志《广清凉传》记载盛夏在五台山还可见冰。玛丽·安妮·卡特尔在她的英文文章《五色云上：五台山之歌》里引用过这段话，见 Mary Anne Cartelli, On a Five–Colored Cloud: The Songs of Mount Wutai, *Journal of the American Oriental Society* 124 (4) (2004): 735–757 (738)。

⑤ 据《黄山志定本》（第 41 页），普门于万历丙午年（1606）来到黄山。

⑥ 据说，万历年间（1988 年版《黄山志》，第 233 页），普门离开黄山前往国都，为黄山佛事寻找赞助资金。

⑦ 慈圣皇太后（1546—1614）资助佛教建设，见第二章。

紫衣幡杖。① 神宗赐寺额曰慈光②，降敕护持。③ 今寺尊奉藏经，慈圣所钦赐装池也。④ 四面金像⑤，像七层，层四尊，⑥ 凡二十有八，层有莲花坐，坐有七准提居叶中，⑦ 一叶一佛，佛不啻万计。慈圣及两宫所施造也。⑧ 普门将构四面殿，手削木为式，四阿四向，不失毫

---

① 皇宫赠送黄山僧人礼物相关情况，参见 1988 年版《黄山志》，第 233 页。

② 慈光隐含的意义是，慈圣皇太后作为国母和佛教徒的伟大慈悲的光辉。

③ 皇室赐寺额的时间，不同版本的方志记载不一。根据《黄山志定本》，神宗赐寺额时间是在辛亥年（1611）夏天，但是 1988 年版《黄山志》认为赐寺额的时间是万历四十年（1612）春天，第二年再赐袈裟和权杖。皇帝敕令颁布时间，钱谦益说得很含糊。慈光寺被正式定为护国寺，定期举办活动为社稷和皇室祈祷，以换取朝廷的赞助。清朝旅行家黄肇敏认为慈光寺获得这一称号是在万历三十六年（1608），实际并不正确（《黄山纪游》，劳亦安引用在他编撰的作品《古今游记丛钞》，台北：台湾中华书局，卷三，第 13–14 页）。

④ 钱谦益此处用"装池"表达，略显晦涩。《明清人游黄山记钞》用"装渗"，这也大概可以说明不同文本的差异。《黄山志定本》这段文字曾经被省略，重版（第 41–42 页）将这文字重新加上时，用"装潢"一词。这三种礼物，保存在带装饰的盒子中，函匣共 678 个（《黄山志定本》，第 41 页）。

⑤ 四面金像，这金像似乎是四面毗卢遮那，是与太阳有关的佛，他的法界无量。

⑥ 根据《明清人游黄山记钞》和《历代黄山游记选》的文本，校正为："像七层，层四尊，凡二十有八尊。有莲花坐。"原来四部丛刊本写作："层有莲花坐"，以这种理解，则会有七个莲花座。而我认为每尊佛像端坐在单独的莲花宝座上，总共有二十八个莲花宝座（黄肇敏的游记为这种理解提供依据，《古今游记丛钞》卷三，第 21 页）。闵麟嗣在《黄山志定本》（第 42 页）根据钱谦益的游记改述，所以我把尊理解为层。

⑦ 准提，在佛教中，准提佛母三目十八臂，与摩利支菩萨有关，在道教里，被称为斗姆元君。

⑧ 周道池（*Dictionary of Ming Biography 1368–1644*，卷一，第 856–859 页）指出，慈圣太后捐助佛教寺庙遭到首辅张居正的反对。谢兆申在文章中记录了他和普门谈论这尊佛像建造的内容（1667 年版《黄山志》，第 489–490 页；《黄山志定本》，第 248 页）。

发，① 今藏弃焉。② 普门只手开山，③ 炽然建立。④ 当其时，两宫之慈恩加被，四海之物力充牣，⑤ 移兜率于人间，⑥ 化榛莽为佛土，何其盛也！军兴日烦，饥馑洊至，钟鱼寥落，⑦ 糠覈不继，追鼓钟于长信，⑧ 数伽蓝于洛阳，⑨ 盖不胜沧海劫灰之叹焉，斯李文叔之所以致慨于名

---

① 黄山文学是逐渐发展起来的文本，这是很好的例子。钱谦益的描述在很大程度上归功于谢兆申，谢兆申描述普门向他展示的模型的边角和横梁。钱谦益的文字似乎对黄肇敏产生了更直接的影响，黄肇敏几乎照搬钱谦益的原文："拟构四佛殿手削木为式四阿四向不失累黍。"(《古今游记丛钞》卷三，第22页)

② 《黄山志》中找不到这句话，但这句话出现在《黄山志定本》的第41—42页。钱谦益的文字和闵麟嗣有细微的差异（如上文所述的"装潢"一词）。据谢兆申介绍，普门的模型"高不盈四尺"（谢兆申《游黄山记》，见1667年版《黄山志》第489—490页）。

③ 《黄山志定本》写为："普门安公双手开山。"这种在流传过程中产生的错误，可能是由于省略造成的（前一段以普门安公者开头）。

④ 竖起燃烧的灯，也就是说，光消除我们对佛陀和佛法的愚昧无知。

⑤ 四海意思是四海之内，即整个中国。

⑥ 佛教宇宙观中，释尊成佛以前，从兜率天降生人间成佛。未来成佛的弥勒，也住在兜率天，将来也会从兜率天下降成佛。钱谦益显然很喜欢这个说法，在《牧斋初学集》的几篇文章中，这种说法以类似的形式出现（见《钱牧斋全集》，第三册，第1718、1721、1724和1743页）。

⑦ 钟鱼，传统上寺院里以敲大木鱼（也叫鱼板或木鱼）来通知用餐时间。从文字上，至少能从青铜钟的使用情况看到明朝的衰落；在旷日持久的战争中，寺院里的钟往往被明朝政府充公，用以制造武器，见《纵乐的困惑》(Brook, *Confusions of Pleasure*, pp. 156–157)。

⑧ 长信，长信宫是汉朝皇后居住的宫殿。描写长信宫的诗歌，见李白《长信宫》（《李太白全集》卷二，第1173–1174页）。

⑨ 指杨衒之（卒于555?）。《洛阳伽蓝记》成书于公元547年。公元493年至534年，洛阳是北魏都城，鼎盛时期，洛阳有一千多座佛教寺庙，杨衒之的《洛阳伽蓝记》记载了这些寺庙的位置和历史。

园也 ①。普门塔在寺后，白石凿凿，② 桃花流水，围绕塔前。人世牛眠马鬣，起冢象祁连者，方斯蔑如，亦可感也。③ 是夕再浴汤池，宿桃源庵。山僧相送不忍舍，④ 郑重而别。寄语天都、莲花诸峰，如吴人语念相闻也。⑤ 元人汪泽民曰：宿汤寺，闻啼禽声，若歌若答，节奏

---

① 指李格非（字文叔，1041?—1101?）的《洛阳名园记》，该书作于 1095 年，是一部有关前朝首都洛阳著名园林的重要文献。李格非在是书的开篇评论说："洛阳处天下之中，挟崤渑之阻，当秦陇之襟喉，而赵魏之走集，盖四方必争之地也。天下当无事则已，有事，则洛阳先受兵。予故尝曰：'洛阳之盛衰，天下治乱之候也。'方唐贞观、开元之间，公卿贵戚开馆列第于东都者，号千有余邸。及其乱离，继以五季之酷，其池塘竹树，兵车蹂践，废而为丘墟。高亭大树，烟火焚燎，化而为灰烬，与唐俱灭而共亡，无余处矣。予故尝曰：'园圃之废兴，洛阳盛衰之候也。'且天下之治乱，候于洛阳之盛衰而知；洛阳之盛衰，候于园圃之废兴而得。则《名园记》之作，予岂徒然哉？呜呼！公卿大夫方进于朝，放乎一己之私以自为，而忘天下之治忽，欲退享此乐，得乎？唐之末路是已。"钱谦益借用这句话，隐含的意义是：黄山佛教寺院的状况和数量同样可以作为明朝的兴衰预兆，明朝目前正处于衰落时期。这段话是钱谦益对当时社会和政治格局最贴切的评论；总体而言，游记表现得超然度外。

② 借用《诗经·唐风·扬之水》："扬之水，白石凿凿。"意为激扬的河水不断流淌，水底的白石更显鲜明。

③ 我的理解是，这是对比的写法，红尘世间华丽的坟墓和僧人典雅简朴的舍利塔形成鲜明对比。在其他地方，钱谦益用同样的隐喻来描述坟墓，见《钱牧斋全集》第二册，第 1491 页；第三册，第 1553、1694 和 1949 页。"祁连"系匈奴语，匈奴呼天为"祁连"，祁连山即"天山"之意。祁连山是绵延于甘肃、青海两省交界处的山脉。祁连山与古代匈奴部落息息相关（蒙古语"祁连"是"天"之意）。

④ 表达的意思是：因为山脚下的汤泉和桃花庵，所以僧人都不愿意长时间离开黄山。

⑤ 据《宋书》记载，张敷（字景胤）是第一个用"念相闻"来描述相别离的（北京：中华书局，1974，卷五，第 1396 页）。

疾徐，名山乐鸟，下山咸无有。① 余方有南浦之别，② 闻之凄然感余心焉。既与黄山别，遂穷日之力以归。

记之七

余之登山也，浴汤池，憩桃源庵。夜半大雨，坐白龙潭小楼，看天都峰瀑布。雨止登山，云气犹瀊郁。登老人峰、看铺海。山行三日，天宇轩豁，如高秋萧辰，一望千里。每春夏登山，烟岚偪塞，不辨寻丈。山僧叹诧，得未曾有。甫出山，雨复大作，淋漓沾湿，同游者更相庆也。③ 客曰："黄山之游乐乎？"余应之曰："乐则乐矣，游则未也"。三十六峰之最著者，莫如天都、莲花。出芳村，则莲花峰离立；④ 抵白龙潭，则天都正中如屏。陟慈光寺，踞天都而枕莲花，离而又属，顾若宿留。⑤ 憩文殊院，天

---

① 汪泽民的游记这么写："夜闻啼禽，声甚异，若歌若答，节奏疾徐。名山乐鸟，下山咸无有。"（《黄山志》，第433–435页；《黄山志定本》，第205–207页）钱谦益和汪泽民在"夜"和"声甚异"两处用词不同。闵麟嗣的《黄山志定本》第60页的"飞鸟"条目中也模仿汪泽民的写法。汪泽民借用江瓘的话"若歌若答"，见汪泽民1548年的游记（《黄山志》，1667，第437–439页；《黄山志定本》，第209–212页）。

② 源自楚辞《九歌·河伯》："子交手兮东行，送美人兮南浦。"（Hawkes trans., *Songs of the South*, p. 42）在英文版本里，我将南浦直译为"南岸"（Southern Shore），众所周知，"南浦"是朋友情人惜别的文化符号。钱谦益接着又在文中将群山比喻为朋友，表示他不愿离开黄山。

③ 这和吴廷简之前的描述一致，见第四章的讨论。

④ 出自谢兆申《游黄山记》（第489页）："是曰芳村，出村则莲华诸峰突立。"

⑤ 引用韩愈名诗《南山诗》中两句，全诗102句，参见屈守元和常思春主编：《韩愈全集校注》（成都：四川大学出版社，1996）卷一，第321–350页。

都东拱，[1] 若幡幢之建立；莲花右翊，若瓣花之披敷。两峰之面目
毕见矣。自兹以往，偭背易向，步武换形，如镜中取影，横见倒
出，非坐卧俯仰，不能仿佛，而兹游未遑也。昔人言采药者裹三日
粮，达天都顶。万历间，普门、阔庵[2]，相继登陟，石塔幡灯，俨然
在焉。夫独非腐肉朽骨，而遂如天之不可升耶？[3] 石门为黟山之中
峰[4]，歙郡黄山楼北瞰此峰，峰势中坼若巨门[5]。唐人有诗曰：闲倚朱
栏西北望，只宜名作石门楼。则石门之高峻，唐时郡楼见之，而游
人无复过问，即山僧亦莫知所在，此可以名游耶？游兹山者，必当
裹糇粮，曳芒屦，经年累月，与山僧樵翁为伴侣，庶可以揽山川之

---

① 汪泽民在游记中记录僧人的话："天都、芙蓉、朱砂峰，其尤高者，天都峰
也，上多名药，采者裹粮以上三日达峰顶。"（《黄山志》，第433–435页；《黄山
志定本》，第205–207页）江瓘在1548年的游记中重述汪泽民的评论（《黄山
志》，第437–439页；《黄山志定本》，第209–212页）。
② 据说，万历年间，阔庵协助普门建造寺院。
③ 《黄山志定本》（第106页）记载普门和阔庵感叹登天山都的艰难："是人本无
上志耳，若志期必到，何天之不可阶升？"
④ 指《黄山图经》(8a)："第二十四峰，石门峰即黟山之中峰。"钱谦益希望读者
将这句话解读为一种引用，所以他用黟山来加强这种效果。我在英译文中按照原
文句读翻译。还有另一种可能，钱谦益在文中第一次用黄山原来的名称，可能代
表了他对黄山山水的了解加深，也适合游记第七部分那种带有反思的情绪。
⑤ 唐人有诗曰："闲倚朱栏西北望，只宜名作石门楼。"诗作者于德晦（840?-
855?），收录在《黄山志定本》的第370页。钱谦益借用这首诗冗长的标题《歙
郡有黄山楼北瞰黄山山势中坼若巨门状因题一绝》。于德晦原诗使用"巨门楼"，
所以弘眉《黄山志》、闵麟嗣《黄山志定本》、李一氓《明清人游黄山记钞》、王
克谦《历代黄山游记选》和吕秋山《黄山志》都作"巨门楼"，而不是"石门
楼"，纠正了钱谦益的误引。如果不去理会这段话的主旨，这样做也许是可行的。
但这段话的目的是识别早在唐朝就已经存在的"石"门楼，所以我依照四部丛刊
本，像钱谦益一样写为"石门楼"，是错误的。于德晦这首诗，《全唐诗》没有收
录，却收录在王重民、孙望和童养年辑：《全唐诗外编》（北京：中华书局，1982，
卷一，第133–134页）。

性情，穷峰峦之形胜。^①然而霞城乳窦，紫床碧枕，毛人之所饮，^②阮公之所歌，^③未可以津逮也。桃花如扇，松花如蠹，竹叶如笠，莲叶如舟，非炼形度世之人，未易遘也。三十六峰之巅，樵苏绝迹，猿鸟悚栗，唯乘飙轮，驾云车，可以至焉。^④《列子》言海外五山所居之人，皆仙圣之种，一日一夕，飞相往来者不可数。^⑤吾安知仙圣之

---

① 这种需要花很长时间学习去了解、体会大山的观点似乎与宗炳提倡的"卧游"大相径庭。明代游人常常引用宗炳的卧游（例如，吴日宣 1609 年的游记："可坐卧以览诸胜。"见《黄山志》，第 466—471 页；《黄山志定本》，第 227—231 页）这句话也标志着游记描述内容的转折，在此之前，游记的重点内容是旅程的精神方面。这也呼应了王思任对吕大来的赞美之言："居南明而游南明，譬之写东邻对户之照，熟察其意思所在，已非一年一日，酌墨呼酒，生描而活绘之，遂使山川自笑，草木狂舞。"（《南明纪游序》，第 174—175 页）这种说法比石涛早，后来石涛称黄山是他的老师，他是黄山的朋友。
② 《黄山图经》（8a）的"石门峰"条目下记载这样一个故事：唐大历年间（766—779）在石门峰山脚发现一个被杀害的"毛人"（意为"全身长着毛的人"）。早期一些作品也透露，人迹罕至的黄山高峰可能有野人存在，但有人认为这是人们很少见到的"仙猿"，在《黄山志定本》"动物"条目下，有介绍被普门称为"雪翁"的猿猴（第 61 页）。现存的游记偶尔记录有人目击到这种动物——黄如恒 1610 年在莲花峰看到"有猿如雪"（《黄山志》，第 459—463 页；《黄山志定本》，第 232—236 页）；杨布 1632 年也看到"白石如人僧曰猿也"（《黄山志定本》，第 277—285 页）。
③ 《黄山图经》指出，黄山第十七座山峰命名为"上升峰"，是因为一位大师在这里升仙。自那以后，人们在这里常常可以听到"仙乐之声"。晚明的读者可能认为这一典故指著名的道家阮籍（字嗣宗，210—263）。据说，阮籍擅长弹奏古琴，但是我始终找不到任何文字证据来支持这种说法。
④ 传说中，云车是神仙的交通工具。这里我想起了玛丽·沃斯通克拉夫特（Mary Wollstonecraft，1759—1797）在 1797 年的作品《关于诗歌以及人类对自然美的欣赏》(Janet Todd and Marilyn Butler ed., *The Works of Mary Wollstonecraft*: Volume 7，London: William Pickering, 1989，p. 8) 中指出："古人创造的形象似乎自然而然地从周围的物体和神话中借用。英雄要穿越无路可走的荒原，从此地到彼地，还有比将浮云作为车辆更显得自然的吗？诗人常常凝望浮云，不知不觉地将浮云想象为英雄的战车。雪莱也有名句：'啊，假若有辆白云小车属于我！我会在波涛汹涌的风中航行，飞越山巅，飞去岩石湖。'"
⑤ 钱谦益直接引用列子的话。在游记第五部分中，他曾间接提到这句话，借助这机会点明他引用的来源（《列子集释》，第 151—152 页）。

人不往来于三十六峰之间，如东阡北陌乎？吾将买山桃源，朝夕浴于汤池，炼形度世，然后复理游屐焉，山灵其许我哉？"

记之八

山之奇，以泉以云以松。水之奇，莫奇于白龙潭。泉之奇，莫奇于汤泉。皆在山麓。桃源溪水，流入汤泉乳水源。白云溪东流入桃花溪，①二十四溪，皆流注山足。②山空中水实其腹，③水之激射奔注，皆自腹以下，故山下有泉，而山上无泉也。山极高，则雷雨在下。④云之聚而出，旅而归，皆在腰膂间。每见天都诸峰，云生如带，不能至其冢。久之，滃然四合，云气蔽翳其下，而峰顶故在云外也。铺海之云，弥望如海，忽焉迸散，如凫惊兔逝。山高出云外，天宇旷然，云无所附丽故也。汤寺以上，山皆直松名材，桧

---

① 关于溪流的流向，钱谦益引用《黄山图经》："有桃花源桃花溪……三月……水红流入汤泉"（4a），以及"乳水源味如乳下有布下水落白云溪……水向东流入桃花溪"（5a）。

② 黄山二十四溪，见《黄山志定本》，第14–17页。

③ 一种有趣的表达方式，以戏谑的方式引用《道德经》："是以圣人之治，虚其心，实其腹，弱其志，强其骨，常使民无知无欲。"意为，圣人的治理原则是：排空百姓的心机，填饱百姓的肚腹，减弱百姓的竞争意图，增强百姓的筋骨体魄，经常使老百姓没有智巧、没有欲望。

④ 《黄山图经》（1a–1b）提到："峰悉是积石，有如削成，烟岚无际，雷雨在下"。

榧榬楠，① 藤络莎被，② 幽荫荟蔚。③ 陟老人峰④，悬崖多异，⑤ 松负石绝出。过此以往，无树非松，无松不奇。⑥ 有干大如胫，而根蟠屈以亩计者；有根只寻丈，而枝扶疏蔽道旁者；有循崖度壑，因依如悬度者；有穿蠮冗缝，崩迸如侧生者；有幢幢如羽葆者；有矫矫如蛟龙者；有卧而起，起而复卧者；有横而断，断而复横也。文殊院之左，云梯之背，山形下绝，皆有松踞之，倚倾还会，与人俯仰，此尤奇也。始信峰之北崖，一松被南崖，援其枝以度，俗所谓接引松也。其西巨石屏立，一松高三尺许，广一亩，曲干撑石崖而出，自上穿下，石为中裂，纠结攫挐，所谓扰龙松也。石笋矼、炼丹台峰石特出离立，无支陇，无赘阜，一石一松，如首之有笄，如车之有盖，参差入云，遥望如荠。奇矣诡矣，不可以名言矣。松无土，以

---

① 江瓘在 1548 年的游记中依次罗列黄山的四种树（《黄山志》，第 437–439 页；《黄山志定本》，第 209–212 页。《黄山志定本》将"榬"误写为"梗"）。

② 引用汪泽民的话（唯一的改动是，汪文中的"杉"被改为"材"），并在句中插入江瓘罗列出的四种树，见上条注解。参见《黄山志》，第 433–435 页；《黄山志定本》，第 205–207 页。

③ 见柳宗元《永州龙兴寺东丘记》（《柳宗元集》卷三，第 748–749 页）："嘉卉美石，又经纬之。俛入绿缛，幽荫荟蔚。"

④ 杨清华翻译"记之八"的部分内容（Yu, Sensuous Art, pp. 28–30）。他的翻译从"陟老人峰"开始，到"蔚为奇观也"结束（其中有句话他没有翻译："文殊院之左，云梯之背，山形下绝，皆有松踞之，倚倾还会，与人俯仰，此尤奇也。"）这段话的第一句话，杨清华翻译成：登上老人峰顶（The top of Old Man Peak was gained），这是一种动态的描述，但其实不能反映钱谦益的用意，游记第六部分之前是动态描述，而这一部分更多是他的感情抒发，回想他在第三部分描写的山顶。游记中叙述和抒情的区分，请看第四章。

⑤ 见谢兆申《黄山志》（第 491 页）。

⑥ 今天，这句话演化出不同的表达形式，比如"无树非松""无石不松""无松不奇"。这样来描述黄山松树的起源并不确切。吴日宣在 1609 年记述："每峰必树每树必松。"（《黄山志》，第 466–471 页；《黄山志定本》，第 227–231 页）徐弘祖 1616 年游黄山，黄山的松树给他留下深刻的印象，他感叹道："不意奇山中又有此奇品也。"（《徐霞客游记》，卷一，第 19 页）

石为土，其身与皮干皆石也。滋云雨，杀霜雪，句乔元气，甲拆太古，殆亦金膏水碧上药灵草之属，非凡草木也。顾欲斫而取之，作盆盎近玩，不亦陋乎？① 度云梯而东，有长松夭矫，雷劈之仆地，横亘数十丈，鳞鬣偃蹇怒张，过者惜之。② 余笑曰："此造物者为此戏剧，逆而折之，使之更百千年，不知如何槎枒轮囷，蔚为奇观也？吴人卖花者，拣梅之老枝屈折之，约结之，献春则为瓶花之尤异者以相夸焉。兹松也，其亦造物之折枝也与？③ 千年而后，必有征吾言而一笑者。"

记之九

黟山三十六峰，详载图经，④ 学士大夫不能悉其名，而山僧

---

① 冯梦祯在 1605 年曾指出，当时有市场买卖黄山松做盆景，他看到收藏家购买黄山松"以充盆景"（《黄山志》，第 450—452 页；《黄山志定本》，第 215—217 页）。清代作家沈复（字三白，号梅逸）指出，扭曲缠绕的黄山松特别适合做盆景。沈复谈到他去安徽仁里游玩时说："入庙，殿廊轩院所设花果盆玩，并不剪枝拗节，尽以苍老古怪为佳，大半皆黄山松。"

② 17 世纪的散文和诗歌中，有些动词和形容词，本来用于描写龙，现在常常用来描写松树。吴日宣的评论很有代表性："松枝偃蹇卷曲如老龙。"（1667 年版《黄山志》，第 466—471 页；《黄山志定本》，第 227—231 页）1988 年版《黄山志》列出了黄山上四棵著名的松树，松树的名字中冠有"龙"（第 52—57 页），上文提到的"扰"就是四龙之一。

③ 后来，张岱将黄山松和梅花做对比，他说："（西溪）地甚幽僻，多古梅，梅格短小，屈曲槎桠，大似黄山松。好事者至其地，买得极小者，列之盆池以作小景。"（夏咸淳、程维荣编撰校注：《陶庵梦忆·西湖梦寻》，第 269 页）。

④ 《黄山图经》黄山"三十六峰"如下：炼丹峰、天都峰、青鸾峰、紫石峰、钵盂峰、桃花峰、朱砂峰、狮子峰、莲花峰、石人峰、云际峰、迭障峰、浮丘峰、容成峰、轩辕峰（黄帝原名）、仙人峰、上升峰、青潭峰、翠微峰、仙都峰、望仙峰、九龙峰、圣泉峰、石门峰、棋石峰、石柱峰、云门峰、布水峰、石床峰、丹霞峰、云外峰、松林峰、紫云峰、芙蓉峰、飞龙峰、采石峰。我比较喜欢 1935 年版《黄山图经》，但是书中遗漏了仙都峰，翠微峰后面紧跟望仙峰。我通过查阅新的线装书局版本（《中华山水志丛刊》，北京，2004，卷十五，第 229—239 页）将三十六峰补充完整。

牧子不能指其处，所知者，天都、莲花、炼丹、朱砂十余峰而已。石人峰讹为老人，云门峰讹为剪刀，[1] 叠嶂峰讹为胜莲，又有以培塿而冒峰名者，始信峰也。李太白有诗送温处士归黄山白鹅峰，[2] 今不在三十六峰之列。盖三十六峰皆高七百仞以上，其外诸峰高二三百仞者不与焉。[3] 白鹅峰或亦诸峰之一也。[4] 自普门安公乘宿梦因缘，辟文殊院，[5] 命老人峰背一岭曰三观岭，[6] 于是命名者纷如，曰光明顶，曰天海，曰师子林，皆傅会文殊院而名也。普门开山之后，徽人以黄山媚客，辎车軿轩，至止相望。[7] 所至辄树眉

---

[1] 这个名字混乱，钱谦益之前至少有两个人指出，冯梦祯 1605 年指出："云门者，两山如门，云通其中，俗名剪刀峰。"（《黄山志》，第 450–452 页；《黄山志定本》，第 215–217 页）朱苞（字以九，号半庵）1630 年也指出："俗呼为剪刀峰，考之传志，则称为云门。"（《黄山志定本》，第 260–266 页）

[2] 李白：《送温处士归黄山白鹅峰旧居》（钱谦益省略"旧居"两字），见《李太白全集》卷二，第 770–773 页（《黄山志定本》也收录这首诗，第 367 页）。有趣的是，李白在诗中提到黄山三十二座山峰，而不是现在有名的三十六座。

[3] 《黄山图经》附文有对三十六峰的描述："其外诸峰高二三百仞者，并岩洞、溪源，不啻千百。图经、传记不书者皆。"另见本书第二章的讨论。

[4] 王奇引用了这段话，稍微做些修饰后，用于注释李白的诗（《李太白全集》卷二，第 770 页），但是王奇谎称这话出自钱百川（字东之，号寒斋）。我们从此事可以看到 18 世纪清朝文化专制影响深远，令人慨叹。在 1977 年版《李太白全集》的导言（第 9–10 页）中，编辑曾指出，王奇在 1758 年初版前言承认钱谦益的杜诗评注影响到他对李白诗歌的研究，但 1761 年再版时，钱谦益的名字便被删除。

[5] 这句话来自："是曰文殊院盖普师乘宿梦辟焉。"（谢兆申《黄山志》，第 492 页）

[6] 《黄山志定本》第 33 页的"三观岭"条目，解释了三观岭名称的由来。普门曰："东望文殊院，观观殊是曰智观；西北望大悲顶，观观世音是曰悲观；又西望普贤殿，观普贤是曰愿观。普贤菩萨据说有十大行深誓愿，遂名三观。"

[7] 闵麟嗣删掉钱谦益"徽人以黄山媚客"句，他也许觉得这句话读来让人很不舒服，不符合他编撰的书籍。

颜额，磨崖题名，① 青峰白石，有剥肤黥面之忧，② 三十六峰亦将不能保其故吾矣。山之巅曰海子，由平天矼循炼丹峰里许，名曰海门，光明顶为前海，师子林为后海，修广可数里。如以兹山峻绝，目其平衍处为海，则华山之顶，高岩四合，重岭秀起，③ 不名之曰华海。如以云生之侯，弥望云浪，目之曰海，则泰山之云，触石而出，肤寸而合，④ 不名之曰岱海。以海名山，以黄名海，纰缪不典，当一切镌削，为山灵一洗之也。自《山海经》《水经》纪三天子郭，⑤ 亦曰三天子都，⑥ 地志家纷纷聚讼。⑦ 有疏通之者，曰率

---

① 刻在黄山的字，有些早已不复存在，见 1988 年版《黄山志》，第 107–125 页。

② 这里，钱谦益引用的是袁宏道（《袁宏道集笺校》卷一，第 457–459 页）："齐云山以瑰奇甚，悬岩飞谷，布满窦壑间。天门石罅一道，尤为胜绝，独碑碣填塞可厌耳。徽人好题，亦一癖，朱书白榜，卷石皆遍。余谓律中盗山伐矿，皆有常刑，俗士毁污山灵而律不禁，何也？青山白石有何罪过，无故黥其面，裂其肤？吁，亦不仁矣！"详见本书第四章的讨论。

③ 直接引用不甚有名的《华山记》，见《艺文类聚》卷七，该书由欧阳询于 620 年编撰（汪绍楹校，上海：上海古籍出版社，1982，卷一，第 132 页）。

④ 直接引用《公羊传》卷五。《公羊传》是专门解释《春秋》的一部典籍。见何休（129—182）：《春秋公羊经传解诂》（上海：商务印书馆），第 47 页。这句话也出现在《淮南子》卷十三，第 661 页。

⑤ 在李一氓和王克谦的文本中，《山海经》和《水经》之间添加了分隔符号。这表明《水经》是《山海经》的一部分，这误导了人们。这不仅不正确，而且没看到钱谦益在后文中对《水经》作者的注解。现存的《水经》只是郦道元（字善长，卒于 527 年）《水经注》的一部分。

⑥ 有关文字见《山海经·海内·东经》："庐江出三天子都，入江，彭泽西。一曰天子郭。"（《山海经校注》，第 332 页）《水经注》云："庐江水出三天子都，北过彭泽县西，北入于江。"郦道元的附文是参考上文《山海经》中的文字（谭属春、陈爱平校点：《水经注》，长沙：岳麓书社，1995，第 575 页）。

⑦ 对于这段文字的理解，学者注解见《山海经校注》，第 268 页、第 332–334 页和第 458–489 页。作为我研究的一部分，我研读了 16 世纪和 17 世纪的文献，发现其中有许多明显不同的观点，这段话的确切含义非常混乱。

山为首，黟山为脊，大鄣为尻。① 似矣。新安老生吴时宪曰："黄山有最高峰曰三天子都，东西南北皆有鄣。婺有三天子鄣，南鄣也。匡庐亦称三天子鄣，西鄣也。绩溪有大鄣，东北鄣也。天都为天子都，率山、匡庐、大鄣，为天子都之鄣。此伯益、桑钦之疏义，② 而黟山之掌故也。"时宪振奇人也。③ 所居环堵，④ 巢书其中，

① 这句话的出处不明。从内容上，似出自汪循的游记。他的游记写于16世纪初，游记中认为这三座山来源同一个分支，见《古今游记丛钞·游率山记》卷三，第26—29页。相比之下，汪玄锡在1532年的游记中认为"大鄣山又名率山"（《黄山志》，第435—436页；《黄山志定本》，第208—209页）。

② 刘秀（原名刘歆，公元前53—公元23）编撰《山海经》，他认为《山海经》作者是禹和辅佐禹的益（大约生活在公元前2000年；后来，像钱谦益的做法一样，写为伯益。伯和伯益可能是同一个人，伯只是其封号），人们后来往往也持同样观点。历史上，伯益是位有争议的人物。有时，他似乎是两个不同的人合而为一的。有关这一问题的讨论，见比勒尔《中国神话》（Birrell, *Chinese Mythology*, pp. 58–59），也可参照詹姆斯·莱格在他的《书经》英文译作的简单注解，见 *Chinese Classics*, Volume 3 (1), p. 46. 有关《山海经》作者的英文文本，见 *The Classic of Mountains and Seas*, Harmondsworth: Penguin Books, 1999, pp. xxxviii–xlii, and Strassberg's *Chinese Bestiary*, pp. 3–13。曾经有人认为汉朝的桑钦（字君长）是《水经》的作者，但现在看来，这种观点已经站不住脚。

③ 可能是借用《天地·中说》的典故。该书作者是王通（字仲淹，后世称为文中子，580—617）："或问扬雄、张衡。子曰：'古之振奇人也，其思苦，其言艰。'"（郑春颖：《文中子中说译注》，哈尔滨：黑龙江人民出版社，2002，第42页）

④ 借指《庄子·庚桑楚》中典故："吾闻至人，尸居环堵之室，而百姓猖狂不知所如往。"意为：我听说，至人寂静地居住在方丈的小室之中，而百姓悠游自适不知其所往。这句话已经成了清贫文人的代名词，其中最著名的是陶潜在《五柳先生传》中所写："环堵萧然，不蔽风日。"（《陶渊明集》，第175–176页）

① 见溪南富人，② 则唾面去之。③ 余游新安，新安人无能举其姓名者矣。故余作《黄山记》，以时宪之言终焉。

---

① 这里的"巢书"，借陆游（字务观，号放翁，1125—1210）的《书巢记》描述自己的书巢："吾室之内，或栖于椟，或陈于前，或枕藉于床，俯仰四顾，无非书者。吾饮食起居，疾痛呻吟，悲忧愤叹，未尝不与书俱。宾客不至，妻子不覿，而风雨雷雹之变，有不知也。间有意欲起，而乱书围之，如积槁枝，或至不得行，辄自笑曰：'此非吾所谓巢者邪。'乃引客就观之。客始不能入，既入又不能出，乃亦大笑曰：'信乎其似巢也。'"意思是说：我屋子里的书，有的藏在木箱里，有的陈列在眼前，有的排列在床头，俯仰观看，环顾四周，没有不是书的。我的饮食起居、疾病呻吟、悲伤忧虑、愤激感叹，没有不和书在一起的。客人不来，妻子和儿女都不相见，连天气风雨雷雹的变化也都不知道。偶尔想站起身，可乱书围着我，如同堆积的枯树枝，有时甚至到了不能走路的地步，于是自己笑着说："这不就是我所说的巢吗？"于是带领客人进屋观看。客人开始不能进来，进来了又不能出去，于是也大笑说："确实是像巢一样啊。"见《陆放翁全集》卷十八（台北：河洛图书出版社，1975，第105–106页）。

② 溪南和新安都是古徽州郡县。

③ 这句话出自闵麟嗣，有所删减。有人认为这类文字出现在方志中不合适，出人意料的是，李一岷写为"不喜见富人"。对徽州富商最有名的描述出自张涛《歙县志》，在1609年版的《歙县志》中，张涛感叹："富者百人而一，贫者十人而九。贫者既不能敌富，少者反可以制多。金令司天，钱神卓地。贪婪罔极，骨肉相残。"见《歙县志》（1995），第798页。

结　论

公元 1783 年，乾隆四十八年，癸卯年四月，此时距离 1644 年的政治劫难已经过去很久很久，这一事件也已慢慢从人们的记忆中褪去。是年四月，六十七岁的诗人袁枚正在攀登黄山，他见到了一棵古松树：

> 有古松根生于东，身仆于西，头向于南，穿入石中，裂出石外。石似活，似中空，故能伏匿其中，而与之相化。又似畏天，不敢上长，大十围，高无二尺也。他松类是者多，不可胜记。[①]

袁枚是公安派在清代的主要代表人物，公安派提倡性灵说。袁枚对于本书提到的大部分晚明的黄山文本都很熟悉。袁枚时代的游人，已经不需要借助文本来辨别黄山奇松，他们都知道松树状

---

① 　袁枚：《游黄山记》，《袁枚全集》卷二，第 514–515 页。

若飞龙，与石共生。黄山奇松形象之深入人心已经到了此时如果用其他方式来描写黄山奇松都是不可想象的。松树"不敢"向上生长，是钱谦益和 17 世纪同代人的共识。但生活在几个世纪前的荆浩，一定会对此感到惊讶，他只知道松树会挺直生长，因为只有那样，才"如君子之德风也"。袁枚简单描述了一棵松树，就继续他的旅程，因为那时候，松树已经很容易辨认，似乎具体描述松树的外形都是多余的。黄山松树的形象早已经深深根植在士绅阶层心中，袁枚就是其中最明显的例证。

本书的研究围绕 17 世纪的黄山文学和艺术。我认为，想更有效地理解钱谦益的这篇游记，就不能把风景仅仅作为可以依靠经验验证的事物，而需要把游记当作遵循传统话语的有机组成，这种表达惯例根植于晚明江南特定的社会、政治、文化和经济背景中。尽管钱谦益的游记描述了他通过登山以实现精神探索，并以宗教信徒般的方式和风景进行神交，但其文本依然扎根于正统的儒家传统。对钱谦益来说，了解黄山的最佳途径还是文学，他总是试图将黄山的风景与传统文本联系在一起。

《游黄山记》结构详略得当，语言表述有时模棱两可，选材上更是有所取舍，内容上展现了钱谦益融入黄山的经历。这篇游记和《牧斋初学集》的其他任何文章在文章段落的结构、序言和后记等处都颇为不同。钱谦益深受前人的游记影响，并在其文本传统的指引下游玩黄山，钱谦益的游记更多是对传统文本的继承，而不单单是对客观景物的描述。

想把钱谦益《游黄山记》当作第一手客观的资料来阅读，虽然有趣，但富有挑战性，因为游记里有大量对他人作品的借鉴。一篇没有标点的文言文，对于现代人来说是有阅读门槛的，因此读者并不能很容易地了解到这一点，但如果仔细分析这篇游记，就会发现这个问题。我们需要明白的是，当代的读者需要在原文中添加标点符号，并且借助注释才能识别出文中的典故，但钱谦益那一时代的读者是不需要这些就能一目了然的。远在欧亚大陆另一边的约翰·弥尔顿（John Milton，1608—1674）生活的时代大约是中国的明清易代时期，他笔下的亚当用五音步忏悔道："她把那树上的果子给我，我就吃了。"他默认这部史诗的读者自然知道这句话出自《创世记》。① 同样，当钱谦益在作品中引用王维、苏轼及庄子等的话语时，他也默认读者是知道出处的。读者在阅读这些作品时，需要了解书中的典故，以求能够理解作品，这并非细枝末节，而是理解一篇文章至关重要之处。也正是这一原因，我在介绍钱谦益的这篇游记时添加了大量注释。比起游记本身，这些注释可以帮助现代读者更深入地理解这部 17 世纪的作品。

理查德·斯特拉斯伯格在他有关旅行的文集序言中指出，宋代末期"业已出现了一大批有影响力的游记，这些游记被经典化，其中提到的朝圣地点已经充斥着铭刻"。② 我的研究强调晚明文人的游记，甚至他们的旅行本身，都和这些游记以及铭刻有着密切的

① John Milton, *Paradise Lost* (rpt.; Alastair Fowler ed., 2nd edition [revised], Harlow: Pearson, 2007), p. 547.

② Strassberg, *Inscribed Landscapes*, p. 56.

关系。

文人在旅途中触景生情，在写作中抒发情感，离不开对前人诗文的借鉴与呼应，而在这一时期的游记中，就充斥着与前代文人诗词文章间的承继关系。徐霞客在衡山追怀李白"五峰晴雪，飞花洞庭"之句，而张居正也曾在衡山追忆李白。[1] 钱谦益在游记第四部分中指出"二罗松如羽盖（文殊院），面拥石，如覆袈裟"，而这是直接引用已故友人谢兆申的文章。这些事实让我们意识到，这一时期，中国文人之间的关系同正处于文艺复兴后期的西方相比，有着更强的合作的内涵。值得注意的是，钱谦益笔下的黄山，虽然部分是借用了他人笔下的黄山，但更多是借用了他人笔下描绘别处风景的话语，例如借用柳宗元的话来描写白龙潭，而这句在几个世纪前写下的话本是用来描述黄山千里之外的景观的。文学作品跨越时空，编织在一起，黄山只是其中的一个节点。

罗兰·巴特（Roland Barthes）把字词和文本的关系比喻为纱线之于织物，叙事语言由作者过去阅读的作品组成，这一观点在很多学科中引起了关注。[2] 我的研究目的，就是辨认出钱谦益的这一文本，在多大程度上印证了罗兰的观点。西蒙·普格（Simon Pugh）认为，景观以及景观的描述同其他文化形式一样，都是"可读

[1]　Li trans., *Travel Diaries of Hsü Hsia-k'o*, p. 264, n. 43; 张居正：《游衡岳记》，见张舜徽、吴亮凯主编：《张居正集》（武汉：湖北人民出版社，1987）卷三，第541–546 页。

[2]　Roland Barthes, *S/Z* (Paris: Éditions du Seuil, 1970), pp. 22–27.

的"①，最近罗伯特·麦克伦（Robert Macfarlane）将这一观点用于对西方文化中的山脉的研究中，他认为当"我们面对风景……是根据我们自身的经验和记忆，以及我们共同的文化记忆来欣赏的"。② 只有当阅读被理解为与文本互动的主动过程，而不是被动接受预先存在的东西时，阅读的隐喻才能发挥它的作用。荆浩很清楚观察者在描绘景观时需要做出选择，另一位学者约翰·伯格（John Berger）最近明确阐述这一观点，他说，"观看本身就是一种选择性的动作"。③ 正如李铸晋所言，视觉艺术"参考过去，并不意味着简单复制或模仿；相反，师法前人而能催陈出新，这是艺术家创作行为的一部分"。我认为，用这一观点来理解钱谦益笔下的黄山山水，将更有助益。④

作为本研究的中心，有关黄山的作品实际上都是由当时的士绅阶层写作而成，也是他们为本阶层的读者而作的。这批作者和读者都生活在晚明的江南，他们人不多，交往圈子相对独立，受过的教育也类似。明朝几个最大、最重要的城市都位于江南。当然，我清楚意识到我的研究在地理上的视野一定很狭窄。⑤ 我的研究也很少谈及这一时期的信徒、僧侣、妇女、客栈老板、脚夫或轿夫，因为

---

① Simon Pugh, "Introduction: Stepping out into the Open," in *idem* ed., *Reading Landscape*, pp. 1–6 (2–3).

② Macfarlane, *Mountains of the Mind,* pp. 18–19.

③ John Berger, *Ways of Seeing* (Harmondsworth: Penguin Books, 1972), p. 8.

④ Li, "Artistic Theories," p. 18.

⑤ Roger V. Des Forges, *Cultural Centrality and Political Change in Chinese History: Northeast Henan in the Fall of the Ming* (Stanford: Stanford University Press, 2003).

缺乏这方面的资料文献，这种研究几乎无法进行，颇为遗憾。虽然时运不济，但像钱谦益这样的人的作品得以幸存，并为后世所见，主要是因为他们在文学界中的地位，作者本身就是这个圈子里的一员。

最近的一项重要研究中，米歇尔敦促我们不仅要思考景观本身，还要思考景观作为文化工具所发挥的作用，[①]这种观点适合我们研究晚明的景观。在钱谦益来到黄山脚下的几个世纪之前，在泰山上封禅和刻碑就已经是皇权的象征。当然，就像乔迅提醒我们的一样，康熙皇帝在之后也利用清朝初期的南京景观作为皇权的象征。[②]而我的研究部分想表明的是，钱谦益等人通过自身的经验，凭借他们诠释和描绘景观的天赋，在维护文化传统方面发挥同样重要的作用，甚至是微妙的作用，他们在维护 17 世纪的江南地区作为全国文化中心的地位。

当然，黄山的故事还远远没有结束。1783 年，袁枚再次游玩黄山；19 世纪初，黄山的人气开始下降；但是到了 20 世纪，人们又开始重新审视黄山的景观（再次得益于基础设施的完善发展），再次挖掘黄山的价值。黄山的各式景观争奇斗艳，又推波助澜，重新定义"中国特色"的民族象征。这一方面的研究仍待开掘，学术界未来一定可以取得颇多成果。黄山的意义已经改变了，但是它确实

①　W. J. T. Mitchell, "Intraduction," in *iedm* ed., *Landscape and Power* (Chicago: University of Chicago Press, 1994), pp. 1–4.

②　Jonathan Hay, "Ming Palace and Tomb in Early Qing Jiangning: Dynastic Memory and the Openness of History," *Late Imperial China* 20 (1) (1999): 1–48 (17).

还保留了晚明的某些东西：奇松仍然"奇"，怪石仍然"怪"。直到现在，人们仍然还可清清楚楚感受到 17 世纪审美观。而晚明描绘景观的语言痕迹，也仍然依稀可辨。

跋

> 余去年游黄山，不自量度，作纪游一卷。既而大悔之。读心甫之诗文，书之以志吾悔，且以谂世之好游者。
>
> ——钱谦益《越东游草引》(1642) [1]

钱谦益才华横溢，但他却很是谦虚。到了晚明，他和他的同代人所熟知的世界正经历着无情且耻辱的崩溃，令人唏嘘，甚至在黄山上，他们也感受到"钟鱼寥落"。这批士绅所受的教育使他们内心很难接受及归顺清朝皇帝这种外来的异族统治。不过，清朝统治对钱谦益的影响，更多还是在他的身后。钱谦益去世后，乾隆皇帝颁布诏书，谴责他，希望审查并销毁他的作品，而这一举措可能彻底抹杀掉钱谦益在文学中的地位："钱谦益业已身死骨

---

① 《牧斋初学集》卷三十四，《钱牧斋全集》第二册，第927—928页。

朽，姑免追究。但此等书籍，悖理犯义，岂可听其留传，必当早为销毁。其令各督抚将《初学》《有学》集，于所属书肆及藏书之家，谕令缴出。至于村塾乡愚，僻处山陬荒谷，并广为晓谕，定限二年之内，尽行缴出，无使稍有存留。钱谦益籍隶江南，其书板必当尚存，且别省有翻刻印售者，俱令将全板一并送京，勿令留遗片简。"①

钱谦益写《游黄山记》的初衷本是流芳后世，但他的作品在此时面临着被销毁的空前考验。但最终，我们还是能够读到钱谦益的作品，这确实是一种幸运。

---

① Goodrich, *Literary Inquisition,* pp. 102-103.

附录一
《游黄山记》版本整理

钱谦益《游黄山记》序言落款日期是壬午年（1642）正月。如果钱谦益游黄山是前一年三月，那么这篇序则是作于旅行归来十个月之后。虽然序言也可能是在游记完稿后写就的，但"寒窗"二字表明，序言和整篇游记写于同一季节（即正月）。

整篇游记由十部分组成（包括序），首次收录在《牧斋初学集》，这部文集共一百一十卷，收录了钱谦益早期的作品，由瞿式耜编纂。瞿式耜是和钱谦益亦师亦友的文人，文集序言落款日期是癸未年（1643）。①

　　大量的证据表明，文集的目录曾一再修改，在初设后又扩大了范围，现存版本所依据的文集直到嘉靖甲申年（1644，顺治元年）才最终完成。②曹学佺（字能始，号石仓，1574—1646）的序言写于 1644 年，尽管序言可以在文集脱稿之前写就，但是文集中收录了一首 1644 年初创作的诗歌。③这首诗收录在文集第二十卷下，目录没有提及。遗憾的是，钱仲联编撰的上海古籍出版社的版本（这一版本卷二十的上下两卷合而为一）也不见这首诗。瞿式耜的序言只提到一百卷。据说，后来王时敏（字逊之，号烟客，1592—1680）的副本手稿也是只有一百卷，这与成书于 1643 年 9 月（瞿式耜序言的落款日期）的文集的收录范围相同。④

　　现存《牧斋初学集》以两种形式存在。大约 1675 年，钱谦益的孙辈侄子钱曾（字遵王，号也是翁，1629—1700?）编纂、注释了《牧斋初学集》里的诗歌，单独结集为《牧斋初学诗

---

① 瞿式耜：《牧斋先生初学集目录后序》，见《牧斋初学集》（四部丛刊本，卷一，第 26—27 页；《钱牧斋全集》第一册，第 52—54 页），以及《瞿式耜集》（上海：上海古籍出版社，1981），第 303–305 页。《牧斋初学集》于 1643 年修订完稿，富路特（Goodrich, *Literary Inquisition*, p. 106, n. 20）奇怪地声称，《牧斋初学集》于"1621 年完稿，1643 年出版"。

② 蔡营源：《钱谦益之生平与著述》，第 218–219 页；Wilhelm, "*Bibliographical Notes*", p. 199.

③ 钱谦益：《甲申元日》，《牧斋初学集》（四部丛刊本，卷二，第 225 页；《钱牧斋全集》第一册，第 743 页）。

④ 潘重规：《钱谦益投笔集校本》，引自蔡营源：《钱谦益之生平与著述》，第 157 页；程嘉燧：《牧斋先生初学集序》落款为癸未（1643），这也证明一百卷的《钱牧斋全集》脱稿时间，见《钱牧斋全集》第三册，第 2224–2225 页。

注》，共二十卷。①18 世纪，乾隆皇帝颁布诏书，审查钱谦益的作品，导致之后两百多年间钱谦益作品研究的空白。直到宣统二年（1910），才有薛凤昌（字公侠，号遂汉斋，1876—1943）将《牧斋初学集》和《牧斋初学诗注》汇总成《钱牧斋全集》一部分，由遂汉斋出版。《钱牧斋全集》也包括《牧斋有学集》和《投笔集》，《投笔集》收录了钱谦益 1658 年后创作，但未收录在《牧斋有学集》的诗歌。上海文明书局出版发行了这个版本，1925年再版。同时，瞿式耜版《牧斋初学集》作为四部丛刊的初编（1919—1922）出版，删去钱曾版的注解和薛凤昌版的综合性文本。1985 年，上海古籍出版社推出新版《牧斋初学集》，编者钱仲联采用薛凤昌版《牧斋初学集》为底本。②薛凤昌版显然参考了四部丛刊的版本，并做了修改。2003 年，上海古籍出版社没有任何修订，重版发行《钱牧斋全集》③。

我的英译版《游黄山记》依据的主要资料是四部丛刊本《牧斋初学集》卷三，第 483—490 页，这一版本是明代诸版中最容易找到的。上海古籍出版社则是依照薛凤昌的遂汉斋版而来，薛凤昌的综合性文本在传播中容易变改，或是有意，或是无心。这一版本还附有钱曾的注解，但因为《游黄山记》没有注解，所以钱曾的注解

---

① 有关钱曾生平，可查阅 *Eminent Chinese of the Ch'ing Period* (Washingtown DC: Government Printing Office, 1943–1944), pp. 157–158.

② 钱仲联：《出版说明》，《钱牧斋全集》第一册，第 4 页。

③ 关于《牧斋有学集》在文本传播中文本谬传的问题，参考朱则杰：《钱谦益柳如是丛考》，《浙江大学学报》（人文社会科学版）2022 年第 5 期，第 13–18 页。

对我的研究没有帮助，我参考其他资料，修正一些有争议的文字：

(1) 四部丛刊本《牧斋初学集》卷三，第 483－490 页（上海：商务印书馆，见图 13）。同样文本也见于《四库禁毁书丛刊》卷一一四、卷一一五（北京：北京出版社，2000），瞿式耜版的影印本和四部丛刊版相同，但是重版的四部丛刊版质量远远优于其他版本。

(2) 遂汉斋编《牧斋全集》收录《游黄山记》（上海：文明出版社，1910），文集共四十卷，其中《牧斋初学集》占二十四卷，包含了明代的原版以及钱曾对二十卷诗歌的注释。

(3) 钱仲联标校《钱牧斋全集》（上海：上海古籍出版社）第二册，第 1147－1159 页收录了《游黄山记》。前三卷包括页码完全复制《牧斋初学集》（上海：上海古籍出版社，1985），依据 1910 年版的遂汉斋文本，两个版本中的《游黄山记》文字相同，但新版添加了标点符号。

(4) 僧人弘眉编纂的《黄山志》收录了《游黄山记》（重版，北京：线装书局，2004），见第 500—506 页。遗憾的是，该书第 501 页和第 502 页之间，遗漏了游记第二部分和第三部分之间的一段话。

(5) 闵麟嗣于 1679 年编撰的《黄山志定本》（上海：安徽丛书编印处，1935）卷七，第 18b 页至第 32b 页。1935 年版本依据 1686 年版本进行了校注，1686 年版本身纰漏颇多。线装书局新版《黄山志定本》第 360—367 页收录的《游黄山记》同样也是原文的影印本。1990 年重新编排的《黄山志定本》（合肥：黄山书社）并不可靠，所以我没有考虑使用。

(6) 李一氓编《明清人游黄山记钞》（合肥：安徽人民出版社，1983），第40－52页，其似乎依据的是弘眉版《黄山志》。

(7) 王克谦选注《历代黄山游记选》收录了完整的《游黄山记》（合肥：黄山书社，1988），见第102—129页。这是迄今为止唯一一部对钱谦益的游记进行了全面注解的作品，但是这部作品存在不少缺陷，特别是未能说明游记中提及的人物。王克谦的选文似乎是参照李一氓的文本，这两部著作的文本和四部丛刊版的文本相差最大。

(8) 贝远辰、叶幼明选注《历代游记选》（长沙：湖南人民出版社，1980），其中第289—297页收录并注解《游黄山记》第三部分和第八部分。

(9) 倪其心选注《中国古代游记选》（北京：中国旅游出版社，1985），卷二，第255—264页，收录并注解《游黄山记》第三部分和第八部分。

(10) 吕秋山等编的1988年版《黄山志》（合肥：黄山书社），第319－321页收录《游黄山记》第七及第八部分。

我保留原文，不加标点符号。翻译英文时，我忽略以往编撰者对文本添加标点符号的种种尝试，除非我有足够的证据加以证明，因为错误的标点符号可能会导致文本完全无法理解。如果两种文本中有异体字，但不同的异体字意义都解释得通（例如，"障"和"嶂"，或"师子林"和"狮子林"），那么我会优先选用四部丛刊版本的文字。这一情况，后文不做说明（对于这种差异，我参照了《汉语大词典》[上海：汉语大词典出版社，2000]；那些不能互换的则视为变体列出）。文字变体的讨论，可参阅英文著作：Endymion Wilkinson, *Chinese History: A Manual* [Revised and Enlarged] (Cambridge, MA: Harvard University Press, 2000), pp. 417–426。比较这种类型的变体，有一个有趣的现象，繁体字版本里，同一版本往往对文字的选择缺乏连贯性，所以同一文本里会用不同的字形，如"岳"和"嶽"，"庵"和"菴"，"游"和"遊"，"峰"和"峯"，"華"和"花"。如前文所言，当出现这种情况时，我会采用四部丛刊文本中的文字。发现的变体字中，大多数属于以下类别[①]：

(1) 形近的替换，如贝远辰本用"丈"替代"文"（第三部分）；李一氓本用"北"替代"比"（第五部分）。

(2) 音近的替换，如李一氓本用"费"替代"废"（序）；王克谦本用"纹"替代"文"（第三部分）。

(3) 为了文从字顺的替换，譬如李一氓本对不常见词组"装池"（第六部分）中用"渗"替代"池"。

(4) 删去重复的语句，这些语句出现在其他地方，例如，闵麟嗣本省略"普门塔在寺后白石凿凿桃花流水围绕塔前人世牛眼马鬣起冢象

_____

① 在这里我要感谢车淑珊（Susan Cherniack），她在研究宋朝文本时，发现并整理了中国古典文学中很多文本错误，我的勘误表引用了她整理的资料，我稍微做了修改，见 Susan Cherniack, Book Culture and Textual Transmission in Sung China, *Harvard Journal of Asiatic Studies* 54 (1994): 5–125。该书附录（第 102–125 页）。

祁连者方斯蔑如亦可感也",方志第五部分转载这段话。(第六部分)

(5) 删去不适当或禁忌的语句,例如,闵麟嗣本版删除"徽人以黄山媚客"(第九部分);提及邵梁卿和邵幼青的内容,都被删除,可能也属于这种情况。

(6) 删去部分语句后,又放错位置。例如,闵麟嗣本省略段落首句"普门安公者",又错误把"普门安公双手开山"作为下一段的开头(第六部分)。

(7) 颠倒字眼,例如,钱仲联本颠倒"枝扶"两字,写成"而扶枝疎蔽道旁",使得"扶疎"无法组成完整意思的词语。

(8) 颠倒字词,使得意思更通顺,例如,闵麟嗣本版和李一泯本版里将"百千年"写作"千百年",这样更加通顺。

不同文本中许多用字差异很小,经翻译后并不明显,除了特别有趣的地方,这些用字差异我会在附录中说明。我重点研究的无疑是书面作品,由于《牧斋初学集》缺乏严谨的注释版本,拿手写稿进行严格的文本分析,将超出我的研究的范围。但是,确定文本是我研究的重要基础,我们可以看到不同参考文献的差异反映出清代创作和出版的一些情况。文本在传播过程中或有意或无心被改变,是历代文学评论家普遍关注的问题。唐代书法家李阳冰(字少温,765—780)呼吁把六经刻石作篆,"使百代之后,无所损益"，①这反映早期人们对重要文本文字的准确性的忧虑。随着年代变迁，人们对文本文字准确性的担忧越来越深。叶梦德（字少蕴，号石林，1077—1148）等宋代文学批评家曾感叹，从10世纪末开始，日益发展的印刷业使用的木刻满是错误："然版本初不是正，不无讹误。世既一以版本为正，而藏日亡，其讹谬者遂不可正，其可惜也。"②万历年间，陈继儒抱怨说，他正在处理的手稿，经过更正和重印后，仍然有很多的错别字："鲁鱼帝虎百有二三。"③五十年后，弗雷德森·鲍尔斯（1905-1991）感叹说，英国大多数伟大著作中的文本"错误百出，令人无法原谅"。④"错误百出"一语所隐含的贬义用在分析文本差异，也许并不是处理这类

---

① 李阳冰：《上李大夫论古篆书》，载姚铉（字宝之，968-1020）编《唐文粹》卷八十一（1039年初版，上海：四部丛刊本重印）第540页。文字刻在石碑也不能避免谬传，1054年，王安石在褒禅山（又称华山）发现一块倒地的石碑，碑上字样是"蕐"，不是"花"。因同音混淆，过去的"花山"变成如今的"华山"。他感慨说："余于仆碑，又以悲夫古书之不存，后世之谬其传而莫能名者，何可胜道也哉！此所以学者不可以不深思而慎取之也。"（王安石：《游褒禅山记》，宁波、刘丽华、张中良编：《王安石全集》[长春：吉林人民出版社，1996] 第872-873）。英文本见 Richard Strassberg, "*Inscribed Landscapes*", pp. 175–177.
② Cherniack, *Book Culture and Textual Transmission*, p. 49.
③ 陈继儒：《太平清话》（上海：商务印书馆，1936）第40页。最近西方学者关注文本谬传，可以了解詹姆斯·乔伊斯所说："完成《尤利西斯》的创作，我却感到更累，我必须确保编辑按照校对的内容修改后再出版。对于印刷错误，我感到非常恼火。我在堆满笔记的旅行书桌上，眼睛疲惫，半睁半闭。我不可能逐字核对所有内容。这些错误再版时还会存在吗？我希望不会。" (Letter of November 1921, cited in Jack P. Dalton's "The Text of *Ulysses*," in Fritz Senn ed., *New Light on Joyce from the Dublin Symposium* [Bloomington: Indiana University Press, 1972], pp. 99–119 [118 n. 35].)
④ Fredson Bowers, *Textual and Literary Criticism* (London: Cambridge University Press, 1959), p. 4.

问题的有用的方法（特别是对中国传统文献）。[①]事实上，我们仍然在阅读没有注释的文学作品，或者被人修改但没有任何说明的作品、文学评论家（实际上，像艺术的评论家詹姆斯·芬顿 [James Fenton] 的提醒）。我们必须深思。[②]我在研究中查阅过的《游黄山记》，不同版本有十个之多，其中只有两个版本（遂汉斋本和钱仲联本）是完全相同的。而到目前为止，并没有编撰者证明自己曾查参考过不同的文本，也没有说明其做出修订的原因。虽然有评论家的提醒，我还是不得不承认，这确实让我感到惊讶。到此为止，我已经完成这项研究，这对我来说是一个漫长但重要的旅程。可以想象，有关钱谦益全集的注释本（特别是被人遗忘的《游黄山记》注释本）将是深入研究这一领域的重要条件。[③]

---

① 我倾向于认为，在大多数情况下，格雷格（Greg）和弗雷德森·鲍尔斯（Fredson Bowers）对文本变易采用否定的批评观点，并没有价值。而他们的支持者没有广泛使用这种方法，包括新批评主义者 (W. K. Wimsatt and Monroe C. Beardsley's "The Intentional Fallacy", in Wimsatt's *The Verbal Icon: Studies in the Meaning of Poetry* [Kentucky: Kentucky University Press, 1954], pp. 3–18)，以及麦肯兹（D. F. McKenzie），他将文本变易视为社会发展。参考 "The Sociology of a Text: Orality, Literacy and Print in Early New Zealand," *The Library*, Sixth Series 6 (4) (1984): 333–365。在中国的语境中，车淑珊认为："解读儒家著作是一种文化传播，中国人认为解释作品也是创作，而现代西方不认为解释作品的人是作者的合作者。"(Susan Cherniack, *Book Culture and Textual Transmission*, p. 17)。她发现，宋朝人在编撰时增删文字，他们会解释说，文字"不近人情"或"无理"(Susan Cherniack, *Book Culture and Textual Transmission*: p. 87)。车淑珊的观点很重要，如果我们把文本变易看作是社会发展与历史背景的产物（而不是"不可避免的损坏"），就能更深入理解钱谦益作品。有个例子可做证明，闵麟嗣在编《黄山志定本》时删除了"徽人以黄山媚客"，因为他觉得这句话不符合编辑地方志的目的。
② "如果我们有一副神奇的眼镜，能让我们看到古代艺术大师画作上被后人修补过的地方，那么参观任何一家大画廊，我们看到的都会让我们吃惊。"参考 James Fenton, "Vandalism and Enlightenment" (Review of "Enlightenment: Discovering the World in the Eighteenth Century," an exhibition at the British Museum), *New York Review of Books* 51 (3): August 12, 2004: 51。
③ 就这方面而言，上海古籍出版社 2003 年版的《钱牧斋全集》令人失望。《牧斋初学集》的大部分内容几乎没有注释，也没有学术性的附录。

附录二
《游黄山记》繁体版本异同

序

辛巳春余與程孟陽訂黃山之游約以梅花時相尋于武林之西溪踰月而不至〔1〕余遂有事於白嶽黃山之興少闌矣徐維翰書來勸駕讀之兩腋欲舉遂挾吳去塵以行吳長孺爲戒車馬〔2〕庀糗脯子含去非羣從相向慫惥而皆不能從也維翰之書曰白嶽奇峭猶畫家小景耳巉崎幽石盡爲惡俗黃冠所塗點黃山奇峰拔地高者幾千丈庳亦數百丈上無所附足無所迆石色蒼潤玲瓏夭曲每有一罅輒有一松迤之短鬛老骨千百其狀俱以石爲土歷東南二嶽北至叭哈以外南至落迦匡廬九華都不足伯仲大約口摹決不能盡懸想決不能及雖廢時日〔3〕煩跋涉終不可不到也是游也得詩二十餘首寒窻無事補作記九篇已而悔曰維翰

之言盡矣又多乎哉余之援筆爲此編也客聞之索觀者相屬余不能拒遂撰次爲一卷先詣孟陽〔4〕于長翰山中而略舉維翰之書以發其端壬午孟陬虞山老民錢謙益序

〔1〕踰月而不至 [闵麟嗣本：踰月不至]

〔2〕吴長孺爲戒車馬 [弘眉本、李一氓本、王克谦本：吴長孺爲駕車馬]

〔3〕雖廢時日 [李一氓本、王克谦本：雖費時日]

〔4〕先詣孟陽 [弘眉本、闵麟嗣本、李一氓本、王克谦本：先貽孟陽]

记之一

黃山聳秀峻極作鎮一方江南諸山天台天目爲最以地形準之黃山之趾與二山齊溯東西宣歙池饒江信諸郡之山皆黃山之枝隴也其水東南流入于歙北入於宣南入於杭於睦於衢自衢西入於饒西北入於貴池其峰曰天都天所都也亦曰三天子都東南西北皆有部數千里内之山扈者巋者岌者岨者嶧者蜀者皆黃山之負扆几格也古之建都者規方千里以爲甸服必有大川巨浸以流其惡黃山之水奔注交屬分流於諸郡者皆自湯泉而出其爲流惡也亦遠矣謂之天都也不亦宜乎余以二月初五日發商山初七日抵湯院自商山至郡七十里自郡至山口一百二十里〔1〕至湯院又八里其所逕寺曰楊干臺曰容成潭曰長潭嶺曰石磴石曰薌石溪曰芳溪〔2〕村曰芳村其地勢坡陀犖确擁厓據壁溪流縈折湑岸

相錯其人家衣美箭被芳草略彴拒門疎籬阻水褰裳濟涉半在煙嵐雲氣中緣長潭而山口山率環谷水率注溪谷窮復入一谷山與谷如堂如防旋相宮又相別也溪水清激如失或潰沸如輪文石錯落深淺見底百里之內天 容沉寥雲物鮮華游塵飛埃望厓却反人世腥腐穢濁之氣無從至焉余語同游者曰子知黃山乎是天中之都會而軒轅之洞府也二百里內〔3〕皆離宮閣道羣真之所往來 百神之所至止殆有神物司啟閉給糞除於此地而人未之見也吾嘗游岱矣未及登天門上日觀不知岱之尊也今吾之至於斯也肅然而清悄然而恐怳然如在天都石門之上余之茲游也而豈徒哉是日浴於湯池宿藥谷之桃源菴

〔1〕自郡至山口一百二十里 [閔麟嗣本：自郡至山口百二十里]

〔2〕溪曰芳溪 [遂漢齋本、錢仲聯本：溪曰方溪]

〔3〕二百里內 [王克謙本：二百里之內]

记之二

　　自山口至湯口山之麓也登山之逕於是始湯泉之流自紫石峰六百仞縣布其下有香泉溪泉口潰沸蒸熱冷泉下注涼溫齊和瀵尾涌出穢濁迸去初浴汗蒸蒸溢毛孔已而憪然霍然如醒斯析如痁斯解拍浮久之悅然感素女玉真之事〔1〕作〇題四絕句浴罷風于亭巾屨衣袂飄飄然皆塵外物也折而西竹樹交加崖石撐柱蒙籠羃歷如無人逕行半里許余氏桃源菴在焉菴之前天都青鸞鉢盂諸峰回合如屏障其左則白龍潭 水膏渟黛蓄噴薄巨石水聲砰磅微雨霖霂辛夷炤爍皎如玉雪俄聞籬落閒

剝啄海陽邵梁卿幼青自白岳來訪足音跫然足樂也〔2〕午夜聞衝撞
彌急溪聲雨聲澎湃錯互〔3〕晨起坐小樓視天都峰瀑布〔4〕痕斕斑
䰀駮俄而雨大至風水發作天地掀簸漫山皆白龍掉頭捽尾橫拖倒拔白
龍潭水鼓怒觸搏林木轟磕几席震掉雨止泉益怒呀呷撞胸如杵在臼日
下舂少閒乃相與商游事焉〔5〕佘氏菴傍湯池朝夕浴于斯飲于斯汲
于斯以斯池爲湯沐焉服食焉皆可也昔人飲菊潭而強飲杞水而壽況丹
砂之泉軒轅浴之三日而伐皮易毛者乎以千金賃藥谷之廬以二千金庀
糗糧治藥物沐飲於斯泉者數年登真度世可執券而取也今有進賢冠於
此曰賣之三千金人爭攘臂而求之以三千金買一仙人則掉頭不顧此可
爲一笑者也

〔1〕玉真 [李一泯本、王克謙本：玉貞]
〔2〕俄聞籬落間剝啄海陽邵梁卿幼青自白岳來訪足音跫然足樂也
[在李一泯和王克謙的版本中被省略]

记之三

　　繇祥符寺度石橋而北踰慈光寺行數里逕硃砂菴〔1〕而上其東
曰紫石峰三十六峰之第四峰與青鸞天都皆嶧山也過此取道鉢盂老人
兩峰之閒峰趾相立兩崖合沓彌望削成不見罅縫捫壁而往呀然洞開軒
豁呈露如闢門闥登山者蓋發軔於此〔2〕里許憩觀音崖崖歉立如側
蓋逕老人峰立石如老人傴僂縣厓多奇松裂石迸出糾枝覆蓋白雲蓬蓬
冒松起僧曰雲將鋪海盍少待諸遂憩於囷峰之亭登山極望山河大地皆

海也天將雨則雲族而聚於山〔3〕將晴則雲解而歸於山山河大地其
聚其歸皆所謂鋪海也雲初起如冒絮盤旋老人腰膂閒〔4〕俄而滅頂
及足〔5〕却迎凌亂迫邃廻合瀰漫匼匝海亦雲也雲亦海也穿漏盪摩
如百千樓閣如奔馬如風檣奔踊卻會不可名狀盪胸撲面身在層雲中亦
一老人峰也久之雲氣解駁如浪文水勢〔6〕絡繹四散又如歸師班馬
倏忽崩潰〔7〕霄然不可復跡矣回望老人峰傴僂如故若遲而肅客者
緣天都趾而西至文殊院宿焉黄山自觀音厓〔8〕而上老木擢徑〔9〕
壽藤冒石青竹綠莎蒙絡搖綴日景乍穿〔10〕飛泉忽灑陰沉霄窈非復
人世山未及上曰翠微其此之謂乎升老人峰天宇恢廓雲物在下三十六
峰糾錯涌現〔11〕怳怳然又度一世矣吾至此而後乃知黄山也〔12〕

〔1〕逕硃砂菴 [閔麟嗣本、李一氓本、王克謙本：逕硃砂溪]

〔2〕登山者蓋發軔於此 [倪其心本：登山者皆發軔於此]

〔3〕雲族而聚於山 [李一氓本、王克謙本：雲簇而聚於山]

〔4〕盤旋老人腰膂閒 [李一氓本、王克謙本：盤旋於老人腰膂閒]

〔5〕俄而滅頂及足 [貝远辰本、倪其心本：俄而没頂及足]

〔6〕如浪文水勢 [李一氓本、王克謙本：如浪紋水勢．貝远辰
本、倪其心本：如浪丈水勢]

〔7〕倏忽崩潰 [李一氓本、王克謙本：倏忽奔潰；貝远辰本、倪其
心本：倏然崩潰]

〔8〕觀音厓 [王克謙本：觀音巖]

〔9〕老木擢徑 [倪其心本：老木楮徑]

〔10〕日景乍穿 [李一泯本、王克谦本、贝远辰本、倪其心本 日影乍穿]

〔11〕三十六峰条错涌现 [闵麟嗣本：三十六峰条错涌见]

〔12〕吾至此而後乃知黄山也 [李一泯本、王克谦本：吾至此而乃知黄山也]

记之四

　　憩桃源菴指天都爲諸峰之中峰山形絡繹未有以殊異也雲生峰腰層疊如褐衣焉雲氣翁䨿峰各離立天都乃巋然於諸峰矣竝老人峰沿磵上皆緣天都之趾援危松攀罅壁或折而陞或縣而度旋觀天都如冕而垂如介而立际向之所見尊嚴有加焉下嶺復上僧方鑿石斧鑿之痕與趾相錯也石壁斷裂人從石罅中上歷罅里許天都逐罅而走甫瞪目而踵已失也甫曳踵而目又失也壁絕石復上合乃梯而下人之下如汲井身則 其綆也汲既深〔1〕綆穴地而出又從井榦中上也折而陞臺是爲文殊院普門安公所荒度也院負疊嶂峰左象右獅二羅松如羽蓋〔2〕面擁石如覆袈裟其上有趺跡其下下絕桃花峰居趺石之足桃花之湯出焉其東則天都峰〔3〕如旒倒垂其西則蓮華峰獻蕚焉〔4〕其南面曠如也〔5〕指點凝望浮煙蠱霭青葱紺碧穿漏於夕陽平楚之間已而煙凝霭積四望如一暮景夕嵐無往而非雲海向所沾沾於老人峰者又存乎見少矣坐臺有二鴉〔6〕翔集僧言此神鴉也明日當爲公先導〔7〕與之食祝而遺之寢室不滿一弓夜氣蕭洌與老僧推戶而起三十六峰微茫浸月魄中零露瀼瀼霑溼巾屨悽神寒骨峭愴而返余故好山栖野宿〔8〕以此方之

其猶在曲屋突夏砥室羅幬之中乎余之山居而宿焉者自茲夕始也

〔1〕汲旣深 [王克謙本：級旣深]

〔2〕二羅松如羽蓋 [王克謙本：二羅松如蓋]

〔3〕其東則天都峰 [閔麟嗣本：其東則天都諸峰]

〔4〕蓮華峰獻蕚焉 [李一氓本、王克謙本：蓮華獻蕚焉]

〔5〕根据閔麟嗣本、李一氓本、王克谦本修改为"其南面曠如也"

[四部丛刊本、弘眉本、遂汉斋本、钱仲联本：其西面曠如也]

〔6〕根据閔麟嗣本、李一氓本、王克谦本修改为"坐臺有二鴉" [四部丛刊本、弘眉本、遂汉斋本、钱仲联本：生臺有二鴉]

〔7〕明日當爲公先導 [弘眉本、李一氓本、王克谦本：明日當與公先導]

〔8〕余故好山栖野宿 [王克謙本：余故好山野栖宿]

记之五

清曉出文殊院神鴉背行而先焰微幻空兩僧從焉避蓮華溝險從支逕右折險益甚焰微肘掖余臂幻空踵受余趾三人者蠭與駏蛩若也行三里許憩焰微茆菴菴背蓮花面天都負山厓蟻蔽虧雲漢俯視洞壑日車在下陰岇嶜藉白石出盂陽畫扇傳觀惜不與偕杖屨也二僧踞盤石疏記所宜游者曰繇喝石居三里至一線天再折一里許〔1〕下百步雲梯又一里上大悲頂出新闢小徑三里許達天海飯迄東北行上平天矼五里上石筍矼轉始信峯經散花塢看擾龍松過師子林上光明頂復歸天海少憩登

煉丹臺而還日未亭午天氣如清秋此游天所相也食時飯天海神鴉却而
迎焉次第游歷如二僧之云〔2〕日夕鴉去廻翔如顧別乃返天海宿焉
一線天石壁峭陝水旁激如雨疾趨過之傳曰巖岑之下古人之所避風雨
謂此也雲梯當蓮華峰之趾磴道歷七百級磴陝而級長踵曳如絙脛垂如
汲〔3〕下上攀援後趾須前趾前踵躃後踵旁瞰股栗作氣而後下乃相
慶脱於險也始信峰於三十六峰不中爲兒孫〔4〕一部婁耳而頗踞諸
峰之勝 繇師子林東折兩厓陡立相去丈許北厓裂罅處一松被南厓援之
以度陟其巔〔5〕茆菴欹傾積雪掯拄俯視雲氣諸峰矗出其最奇石筍
矼也圖經云黃帝浮丘公上昇之後雙石筍化成峰可高十丈今石筍攢立
不啻千百嵌空突起拔地插天鈎連坼裂譎詭化貿亦不可以丈計豈造物
者役使鬼神破碎虛空穿大地爲苑囿鑿混沌之肺腑以有此也起視大壑
却立萬仞指點宣州池陽堆皺靉摺纍如囷廩馮高臨下如限堵墻堆阜虛
落人語殷殷過此則翠微松谷黃山西北之境盡矣煉丹臺之前拱立相向
者煉丹峰也翠微飛來諸峰各負勢不相下胥俛爲環衛崩壓倚傾櫛比棊
布若削劍戟若樹儲胥軒轅相宅之地故有神物護訶妄人不察設版築室
宜其蕩剛風而焚劫火不終朝而輒毀也〔6〕三十六峰側影旁軼敷花
如菡萏丹臺藏貯其中如的中之薏臺方廣可置萬人三面劃削前臨無地
却行偃臥足踳踳不能舉〔7〕目眴眩者久之余之登兹山也自湯寺而
上披蒙茸歷幽仄蓋奧如也自文殊院而上指削成遡雲漢蓋曠如也及遵
石筍丹臺觀夕陽望光景意迷精爽默自循省靈區異境顯顯心目安知俛
仰之閒不將一瞬遷改〔8〕夜半有負之而趨者與安知吾身在此而市
朝陵谷堆塵聚塊者不已宵然若喪與又安知吾所坐之處所游之地〔9〕

非幻化爲之如所謂五山之根無所連著者而吾亦將馮空而碩虛與余肉
人也載朽腐之軀以游乎清都紫微余心蕩焉夫安得不執化人之祛懼而
求還也與楚莊王曰子具于強臺南望料山以臨方皇左江右淮其樂忘死
恐畾之而不能反吾之於此山所以游焉而樂樂焉而不敢以久畾也

〔1〕再折一里許 [閔麟嗣本：再折里許]

〔2〕如二僧之云 [李一泯本、王克謙本：如二僧云]

〔3〕脛垂如汲 [弘眉本：脛垂如級]

〔4〕始信峰於三十六峰不中爲兒孫 [弘眉本、閔麟嗣本、李一泯
本、王克謙本：始信峰於三十六峰之中爲兒孫]

〔5〕陟其巔 [遂汉斋本、钱仲聯本：陟其嶺]

〔6〕不終朝而輒毀也 [閔麟嗣本：不終朝輒毀也]

〔7〕足踽踽不能舉 [弘眉本、閔麟嗣本、李一泯本、王克謙本：足
縮縮不能舉]

〔8〕不將一瞬遷改 [弘眉本、李一泯本、王克謙本：不將一瞬遷改]

〔9〕所游之地 [閔麟嗣本：所臨之地]

记之六

晨起風蓬蓬然取道雲梯面風逆上負風而仆仆而起兩腋若有人相
扶不知其爲風力也盡雲梯則爲蓮華峰之趾徑如荷莖紆迴藏峰腹中磴
窮穿峰腹而出如緣荷本上重臺也〔1〕風愈厲逆曳不得上乃據石趺
坐以俟登陟者巡途而下欲前復却一松一石低廻如故人僧曰三十六峰

處處惜別盍早至慈光寺招邀諸峰與執手欄楯開乎寺踞天都之隴枕桃花蓮華二峰〔2〕左則硃砂青鸞紫石右則疊嶂雲門竝外翼焉普門安公者縛禪清涼山中定中見黃山遂縣清涼徙焉比入都門〔3〕願力冥感〔4〕慈聖皇太后頒內帑爲薙髮賜紫衣幡杖神宗賜寺額曰慈光降敕護持今寺尊奉藏經慈聖 所欽賜裝池也〔5〕四面金像像七層層四尊凡二十有八尊有蓮花坐〔6〕坐有七準提居葉中一葉一佛佛不啻萬計慈聖及兩宮所施造也普門將搆四面殿手削木爲式四阿四嚮不失毫髮今藏弄焉〔7〕普門隻手開山〔8〕熾然建立當其時兩宮之慈恩加被四海之物力充牣移兜率於人閒化榛莽爲佛土何其盛也軍興日煩饑饉洊 至鍾魚寥落糠覈不繼追鼓鐘於長信〔9〕數伽藍於雒陽蓋不勝滄海劫灰之嘆焉斯李文叔之所以致嘅于名園也普門塔在寺後白石鑿鑿桃花流水圍繞塔前人世牛眼馬鬣起冢象祁連者方斯蔑如亦可感也〔10〕是夕再浴湯池宿桃源菴〔11〕山僧相送不忍舍鄭重而別寄語天都蓮花諸峰如吳人語念相聞也元人汪澤民曰宿湯寺聞啼禽聲若歌若答節奏疾徐名山樂鳥下山咸無有余方有南浦之別聞之悽然感余心焉既與黃山別遂窮日之力以歸

〔1〕如緣荷本上重臺也 [李一泯本、王克謙本：如緣荷本而上重臺也]

〔2〕枕桃花蓮華二峰 [閔麟嗣本：桃花蓮華二峰]

〔3〕比入都門 [李一泯本、王克謙本：北入都門]

〔4〕願力冥感 [李一泯本、王克謙本：顧力冥感]

〔5〕慈聖所欽賜裝池也 [李一泯本、王克謙本：慈聖所欽賜裝滲也]

〔6〕根据李一泯本、王克谦本改为"凡二十有八尊有蓮花坐" [四部丛刊本、弘眉本、遂汉斋本、钱仲联本：凡二十有八層有蓮花坐]

〔7〕普門安公者縛禪清凉山中定中見黃山遂縣清凉徙焉比入都門願力冥感慈聖皇太后頒內帑爲薙髮賜紫衣幡杖神宗賜寺額曰慈光降敕護持今寺尊奉藏經慈聖所欽賜裝池也四面金像像七層層四尊凡二十有八尊有蓮花坐坐有七準提居葉中一葉一佛佛不啻萬計慈聖及兩宮所施造也普門將搆四面殿手削木爲式四阿四嚮不失毫髮今藏弆焉 [在闵麟嗣本中被省略]

〔8〕普門隻手開山 [闵麟嗣本：普門安公隻手開山]

〔9〕追鼓鐘於長信 [王克謙本：追鐘鼓於長信]

〔10〕普門塔在寺後白石鑿鑿桃花流水圍繞塔前人世牛眼馬鬣起冢象祁連者方斯蔑如亦可感也 [在闵麟嗣本中被省略]

〔11〕宿桃源菴 [王克謙本：宿桃桃源菴]

记之七

　　余之登山也浴湯池〔1〕憩桃源菴夜半大雨坐白龍潭小樓看天都峰瀑布雨止登山雲氣猶溼鬱登老人峰看鋪海山行三日天宇軒豁〔2〕如高秋蕭辰一望千里每春夏登山煙嵐偪塞不辨尋丈山僧嘆詫得未曾有〔3〕甫出山雨復大作淋灕霑溼同游者更相慶也客曰黃山之游樂乎余應之曰樂則樂矣游則未也三十六峰之最著者莫如天都蓮花

出芳村則蓮花峰離立抵白龍潭則天都正中如屏陟慈光寺踞天都而枕蓮花離而又屬顧若宿畱憩文殊院天都東拱若幡幢之建立蓮花右翊若瓣花之披敷兩峰之面目畢見矣自兹以往価背易嚮步武換形如鏡中取影橫見倒出〔4〕非坐臥俯仰不能髣髴而兹遊未遑也昔人言採藥者裹三日糧達天都頂萬曆閒普門闢菴相繼登陟石塔旛燈儼然在焉夫獨非腐肉朽骨而遂如天之不可升耶石門爲黟山之中峰 歙郡黃山樓北瞰此峰峰勢中坼若巨門唐人有詩曰閒倚朱欄西北望只宜名作石門樓〔5〕則石門之高峻唐時郡樓見之而游人無復過問即山僧亦莫知所在此可以名游耶游兹山者〔6〕必當裹餱糧曳芒屨經年累月與山僧樵翁為伴侶庶可以攬山川之性情窮峰巒之形勝然而霞城乳竇紫床碧枕毛人之所飲阮公之所歌未可以津逮也桃花如扇松花如蘽竹葉如笠蓮葉如舟非鍊形度世之人未易遘也〔7〕三十六峰之巔樵蘇絕跡猿鳥悚慄唯乘飚輪〔8〕駕雲車可以至焉列子言海外五山所居之人 皆仙聖之種一日一夕飛相往來者不可數吾安知仙聖之人不往來於三十六峰之閒 如東阡北陌乎〔9〕吾將買山桃源朝夕浴於湯池鍊形度世然後復理游屐焉山靈其 許我哉

〔1〕浴湯池 [呂秋山本：浴場池]

〔2〕天宇軒豁 [弘眉本：天雨軒豁]

〔3〕山僧嘆詫得未曾有 [弘眉本：山僧嘆詫未得曾有]

〔4〕橫見倒出 [弘眉本、李一氓本、王克謙本、呂秋山本：橫見側出]

〔5〕只宜名作石門樓［弘眉本、闵麟嗣本，李一氓本、王克谦本、吕秋山本：只宜名作巨門樓］

〔6〕游兹山者［弘眉本：兹游山者］

〔7〕未易遘也［李一氓本、王克谦本、吕秋山本：未易覯也］

〔8〕唯乘飈輪［李一氓本、王克谦本、吕秋山本：惟乘飈輪］

〔9〕如東阡北陌乎［弘眉本、李一氓本、王克谦本、吕秋山本：如東阡北陌者乎］

记之八

山之奇以泉以雲以松水之奇莫奇於白龍潭〔1〕泉之奇莫奇於湯泉皆在山麓桃源 溪水流入湯泉乳水源白雲溪東流入桃花溪二十四溪皆流注山足山空中水實其腹水之激射奔注皆自腹以下故山下有泉而山上無泉也山極高則雷雨在下雲之聚而 出旅而歸皆在腰膂閒每見天都諸峰雲生如帶不能至其冢久之滃然四合雲氣蔽翳其下而峰頂故在雲外也鋪海之雲彌望如海忽焉迸散〔2〕如鳧鷩兔逝山高出雲外天宇曠然雲無所附麗故也湯寺以上山皆直松名材檜榧楩楠〔3〕藤絡莎被幽蔭薈蔚陟老人峰懸崖多異松負石絕出過此以往無樹非松無松不奇有幹大如脛而根蟠屈以畝計者〔4〕有根只尋丈而枝扶疎蔽道旁者〔5〕有循厓度壑因依如懸度者〔6〕有穿罅冗縫〔7〕崩迸如側生者有幢幢如羽葆者〔8〕有矯矯如蛟龍者有臥而起起而復臥者有橫而斷斷而復橫者也〔9〕文殊院之左〔10〕雲梯之背山形下絕皆有松踞之倚傾還會與人俛仰此尤奇也始信峰之北厓一松被南厓

援其枝以度 俗所謂接引松也其西巨石屛立一松高三尺許廣一畝曲幹撐石厓而出自上穿下石爲中裂糾結攫挐所謂攫龍松也石筍矼鍊丹臺峰石特出離立無支隴無贅阜一石一松如首之有笄如車之有蓋糸差入雲遙望如薺奇矣詭矣不可以名言矣松無土以石爲土其身與皮幹皆石也滋雲雨殺霜雪〔11〕句喬元氣甲拆太古殆亦金膏水碧上藥靈草之屬非凡草木也顧欲斫而取之作盆盎近玩不亦陋乎度雲梯而東有長松夭矯雷劈之仆地橫亙數十丈〔12〕鱗鬣偃蹇怒張過者惜之余笑曰〔13〕此造物者爲此戲劇逆而折之使之更百千年〔14〕不知如何槎枒輪囷〔15〕蔚爲奇觀也吳 人賣花者揀梅之老枝屈折之約結之獻春則爲瓶花之尤異者以相夸焉茲松也其亦造物之折枝也與千年而後必有徵吾言而一笑者〔16〕

〔1〕莫奇于白龍潭 [王克謙本：莫奇于百龍潭]

〔2〕忽焉迸散 [弘眉本、闵麟嗣本、李一氓本、王克謙本、吕秋山本：忽然迸散]

〔3〕檜櫹椵楠 [遂汉斋本、钱仲联本：檜櫹梗楠]

〔4〕而根蟠屈以畝計者 [李一氓本、王克謙本、吕秋山本：而根盤屈以畝計者]

〔5〕而枝扶疎蔽道旁者 [遂汉斋本、钱仲联本：而扶枝疎蔽道旁者]

〔6〕因依如懸度者 [贝远辰本：因依于懸度者]

〔7〕有穿蟑冗縫 [李一氓本、王克謙本、吕秋山本：有穿蟑穴縫]

〔8〕有幢幢如羽葆者 [吕秋山本：布幢幢如羽葆者]

〔9〕修改为：斷而復橫者；也综合遂汉斋本、钱仲联本 [斷而復橫也] 以及其他所有版本 [斷而復橫者]

〔10〕文殊院之左 [李一氓本、王克谦本、吕秋山本：文殊之左]

〔11〕殺霜雪 [吕秋山本：殺霜雨]

〔12〕橫亘數十丈 [吕秋山本：橫旦數十丈]

〔13〕余笑曰 [闵麟嗣本：余曰]

〔14〕使之更百千年 [闵麟嗣本、李一氓本、王克谦本、吕秋山本：使之更千百年]

〔15〕不知如何槎枒輪囷 [倪其心本：不知如何权枒輪囷]

〔16〕必有徵吾言而一笑者 [贝远辰本：必有徵無吾言而一笑者]

记之九

　　黟山三十六峰詳載圖經學士大夫不能悉其名而山僧牧子不能指其處所知者天都蓮花煉丹硃砂十餘峰而已石人峰譌爲老人雲門峰譌為剪刀疊嶂峰譌爲勝蓮又有 以培塿而冒峰名者始信峰也李太白有詩送溫處士歸黃山白鵞峰今不在三十六峰之列葢三十六峰皆高七百仞以上其外諸峰高二三百仞者不與焉白鵞峰或亦諸峰之一也自普門安公乘宿夢因緣闢文殊院命老人峰背一嶺曰三觀嶺於是命名者紛如〔1〕曰光明頂曰天海曰師子林皆傳會文殊院而名也普門開山之後徽人以黃山媚客〔2〕軺車輶軒至止相望所至輒樹眉顏額磨崖題名青峰白石有剝膚黥面之憂三十六峰亦將不能保其故吾矣山之巔曰海子縣平天矼循煉丹峰里許名曰海門光明頂爲前海師子林爲後海修廣可

數里如以茲山峻絕目其平衍處爲海則華山之頂高嵩四合重嶺秀起不名之曰華海如以雲生之候彌望雲浪目之曰海〔3〕則泰山之雲觸石而出膚寸而合不名之曰岱海以海名山以黃名海紕繆不典當一切鑴削為山靈一洗之也自山海經水經紀三天子鄣亦曰三天子都地志家紛紛聚訟有疏通之者曰率山爲首黟山爲背大鄣爲尻似矣新安老生吳時憲曰黃山有最高峰曰三天子都東西南北皆有鄣〔4〕婺有三天子鄣南鄣也匡廬亦稱三天子鄣西鄣也績溪有大鄣東北鄣也天都爲天子都率山匡廬大鄣爲天子都之鄣此伯益桑欽之疏義而黟山之掌故也時憲振奇人也所居環堵巢書其中見溪南富人則唾面去之〔5〕余遊新安新安人無能舉其姓名者矣故余作黃山記以時憲之言終焉

〔1〕於是命名者紛如 [弘眉本：於是欲名者紛如]

〔2〕徽人以黃山媚客 [在閔麟嗣本中被省略]

〔3〕目之曰海 [李一泯本、王克謙本：目之為海]

〔4〕東西南北皆有鄣 [李一泯本、王克謙本：東南西北皆有鄣]

〔5〕見溪南富人則唾面去之 [在閔麟嗣本中被省略；弘眉本：見溪南富人則唾面而去之；李一泯本、王克謙本：不喜見富人]

参考书目

地理方志资料

1. 《古歙山川图》（1758），《中国古代版画丛刊二编》（重印，上海：上海古籍出版社，1994）。

2. 杨尔曾撰：《海内奇观》（1609），《中国古代版画丛刊二编》（重印，上海：上海古籍出版社，1994）。

3. 释超纲辑：《黄山翠微寺志》（1691），（重印，扬州：广陵古籍刻印社，1996）。

4. 汪洪度撰：《黄山领要录》（1774），《中华山水志丛刊》（重印，北京：线装书局，2004）。

5. 闵麟嗣编撰：《黄山松石谱》（1697），张潮主编：《昭代丛书》（重印，上海：上海古籍出版社，1990）。

6. 《黄山图经》（宋），《安徽丛书》第五辑（重印，上海：安徽丛书编印处，1935）。

——.《中华山水志丛刊》（重印，北京：线装书局，2004）。

7. 弘眉编纂：《黄山志》（1667），《中华山水志丛刊》（重印，北京：线装书局，2004）。

8. 张佩芳编撰：《黄山志》（1771），《中华山水志丛刊》（重印，北京：线装书局，2004）。

9. 吕秋山等主编：《黄山志》（合肥：黄山书社，1988）。

10. 闵麟嗣编撰：《黄山志定本》（1686），《安徽丛书》第五辑（重印，上海：安徽丛书编印处，1935）。

——.重印，合肥：黄山书社，1990。

——.《中华山水志丛刊》（重印，北京线装书局，2004）。

11. 汪士鋐纂：《黄山志续集》（1691），《安徽丛书》第五辑（重印，上海：安徽丛书编印处，1935）。

12. 《名山图》（1633），《中国古代版画丛刊二编》（重印，上海：上海古籍出版社，1994）。

13. 王圻、王思义编集：《三才图会》（1609，重印，上海：上海古籍出版社，1985）。

14. 《歙县志》（北京：中华书局，1995）。

15. 田汝成撰：《西湖游览志》（1547，重印，上海：上海古籍出版社，1998）。

16. 黄汴撰：《一统路程图记》（1570），杨正泰校注：《天下水陆路程》（重印，太原：山西人民出版社，1992）。

17.《中国历史地图集》卷七（上海：中华地图学社，1975）。

中文参考资料

1. 贝远辰编：《历代游记选》（长沙：湖南人民出版社，1980）。

2. 卞敏：《柳如是新传》（杭州：浙江人民出版社，1997）。

3. 蔡营源：《钱谦益之生平与著述》（苗栗：孚华书局，1977）。

4. 曹雪芹、高鹗：《红楼梦》两卷本（重印，北京：人民文学出版社，1998）。

5. 陈莅珊：《〈钱笺杜诗〉研究》（北京学苑出版社，2011）。

6. 吴晗：《钱牧斋之史学》，《文史杂志》（1944年第4期）。

7. 陈传席：《中国山水画史》修订本（天津：天津人民美术出版社，2001）。

8. 陈广忠译注：《淮南子译注》（长春：吉林文史出版社，1990）。

9. 陈继儒：《太平清话》（重印，上海：商务印书馆，1936）。

——．胡绍棠选注：《陈眉公小品》（北京：文化艺术出版社，1996）。

10. 陈寅恪:《柳如是别传》三卷本（上海：上海古籍出版社，1980）。

11. 丁度:《集韵》五卷本（重印，台北：台湾商务印书馆，1965）。

12. 丁功谊:《钱谦益文学思想研究》（上海：上海古籍出版社，2006）。

13. 范景中、周书田编纂:《柳如是事辑》（杭州：中国美术学院出版社，2002）。

14. 方苞:《方望溪先生全集》两卷本（重印，上海：四部丛刊本）。

15. 房玄龄:《晋书》十卷本（重印，北京：中华书局，1974）。

16. 高居翰:《论弘仁〈黄山图册〉的归属》，《朵云》1985年第9期。

17. 高章采:《官场诗客》（香港：香港中华书局，1991）。

18. 葛万里:《牧斋先生年谱》，《北京图书馆藏珍本年谱丛刊》（重印，北京：北京图书馆出版社，1999）。

19. 顾炎武著，黄汝成集释:《日知录集释》两卷本（石家庄：花山文艺出版社，1990）。

20. 管锡华:《校勘学》（合肥：安徽教育出版社，1991）。

21. 郭庆藩、王孝鱼编:《庄子集释》三卷本（北京：中华书局，1961）。

22. 《国语》（重印，上海：四部丛刊本）。

23. 屈守元、常思春主编:《韩愈全集校注》五卷本（成都：四川大学出版社，1996）。

24.《汉语大词典》普汉本（上海：汉语大词典出版社，2000）。

25. 郝润华:《〈钱注杜诗〉与诗史互证方法》（合肥：黄山书社，2000）。

26. 何平立:《崇山理念与中国文化》（济南：齐鲁书社，2001）。

27. 何休:《春秋公羊经传解诂》（重印，上海：四部丛刊本）。

28. 胡守为编:《〈柳如是别传〉与国学研究》（杭州：浙江人民出版社，1995）。

29. 胡幼峰:《清初虞山派诗论》（台北：编译馆，1994）。

30. 黄松林编:《黄山古今游览诗选》（合肥：黄山书社，1989）。

——.《黄山导游大全》（合肥：黄山书社，1993）。

31. 黄宗羲著，沈善洪编:《黄宗羲全集》十二卷本（杭州：浙江古籍出版社，2005）。

32. 简秀娟:《钱谦益藏书研究》（台北：汉美图书有限公司，1991）。

33. 金鹤冲:《钱牧斋先生年谱》，见钱仲联编:《钱牧斋全集》全八册（上海：上海古籍出版社，2003）。

34. 荆浩:《笔法记》，见王伯敏编:《中国画论丛书》（北京：人民美术出版社，1963）。

35. 劳亦安编:《古今游记丛钞》六卷本（台北：台湾中华书局，1961）。

36. 李白著，王琦注：《李太白全集》三卷本（北京：中华书局，1977）。

37. 郦道元著，谭属春、陈爱平编：《水经注》（重印，长沙：岳麓书社，1995）。

38. 李家宏：《黄山旅行文化大辞典》（合肥：中国科学技术大学出版社，1994）。

39. 李庆：《钱谦益：晚明士大夫心态的典型》，《复旦学报》（社科版）1989 年第 1 期。

40. 李日华著，屠友祥编：《味水轩日记》（重印，上海：远东出版社，1996）。

41. 李时珍著，冉先德编：《本草纲目》四卷本（重印，北京：中国国际广播出版社，1994）。

42. 李一氓编：《明清人游黄山记钞》（合肥：安徽人民出版社，1983）。

——.《明清画家黄山画册》（合肥：安徽美术出版社，1985）。

43. 柳如是著，谷辉之编：《柳如是诗文集》（上海：上海古籍出版社，2000）。

——.周书田、范景中编纂：《柳如是事集》（杭州：中国美术学院出版社，1999）。

44. 刘向：《列仙传》（重印，上海：上海古籍出版社，1990）。

45. 刘禹锡著，陶敏、陶红雨编：《刘禹锡全集编年校注》两卷本（长沙：岳麓书社，2003）。

46. 柳宗元著，吴文治编：《柳宗元集》四卷本（北京：中华书局，1979）。

47. 柳作梅：《王士稹与钱谦益之诗论》，《书目季刊》1968 年第 3 期。

48. 陆游：《陆放翁全集》（台北：河洛图书出版社，1975）。

49. 梅清：《梅清黄山图册》（重印，上海：上海人民美术出版社，1980）。

50. 倪其心编：《中国古代游记选》两卷本（北京：中国旅游出版社，1985）。

51. 欧阳询撰，汪绍楹校：《艺文类聚》四卷本（重印，上海：上海古籍出版社，1982）。

52. 裴世俊：《钱谦益诗歌研究》（银川：宁夏人民出版社，1991）。

——.《钱谦益古文首探》（济南：齐鲁书社，1996）。

——.《四海宗盟五十年：钱谦益传》（北京：东方出版社，2001）。

彭城退士：《钱牧翁先生年谱》，《北京图书馆藏珍本年谱丛刊》第 64 册（重印，北京：北京图书馆出版社，1999）。

53. 钱杭、承载：《十七世纪江南社会生活》（杭州：浙江人民出版社，1996）。

54. 钱谦益著，薛凤昌编：《牧斋全集》四十卷本，（上海：文明书局，1910）。

——.《牧斋初学集》六卷本（重印，上海：四部丛书版本）。

——.《钱牧斋尺牍》,《明清十大家尺牍》（重印，香港：香港中华书局，1938）。

——.《列朝诗集小传》两卷本（重印，上海：上海古籍出版社，1959）。

——.《钱注杜诗》两卷本（重印，上海：上海古籍出版社，1979）。

——.钱仲联标校：《牧斋初学集》三卷本（重印，上海：上海古籍出版社，1985）。

——.《牧斋初学集》,《四库禁毁书丛刊》（重印，北京：北京出版社，2000）。

——.《绛云楼书目》,《续修四库全书》卷九二〇（重印，上海：上海古籍出版社，2002）。

——.钱仲联标校：《钱牧斋全集》全八册（重印，上海：上海古籍出版社，2003）。

55. 钱谦益、吴伟业、龚鼎孳：《江左三大家诗钞》（台北：广文书局，1973）。

56. 瞿式耜：《瞿式耜集》（重印，上海：上海古籍出版社，1981）。

57. 屈守元编：《韩诗外传笺疏》（成都：巴蜀书社，1996）。

58. 任访秋：《袁中郎研究》（上海：上海古籍出版社，1983）。

59.《山川秀丽的中国——第四届"汉语桥"世界大学生中文比赛问答题集》（上海：华东师范大学出版社，2005）。

60. 邵洛羊编:《中国美术大辞典》(上海:上海辞书出版社,2002)。

61. 沈复著,金性尧、金文男编:《浮生六记》(重印,上海:上海古籍出版社,2000)。

62. 沈约:《宋书》八卷本(重印,北京:中华书局,1974)。

63. 施蛰存编:《晚明二十家小品》(上海:上海书店,1984)。

64. 司马迁:《史记》十卷本(重印,北京:中华书局,1959)。

65. 苏轼:《苏东坡全集》两卷本(北京:中国书店,1986)。

66. 孙家鼐编:《钦定书经图说》(北京:京师大学堂,1905)。

67. 孙之梅:《钱谦益与明末清初文学》(济南:齐鲁书社,1996)。

68. 陶潜著,逯钦立编:《陶渊明集》(北京:中华书局,1979)。

69. 王安石著,宁波、刘丽华、张中良编:《王安石全集》两卷本(长春:吉林人民出版社,1996)。

70. 王克谦编:《历代黄山游记选》(合肥:黄山书社,1988)。

71. 汪世清、汪聪编:《浙江资料集》(合肥:安徽人民出版社,1984)。

72. 王思任著,李鸣选注:《王季重小品》(北京:文化艺术出版社,1996)。

73. 王维著,赵殿成笔注:《王右丞集笺注》两卷本(香港:中华书局,1972)。

74. 王运熙、顾易生编:《中国文学批评史》三卷本(上海:上海古籍出版社，1981）。

75. 王重民、孙望、童养年编：《全唐诗外编》两卷本（北京：中华书局，1982）。

76. 吴秋士编：《天下名山游记》卷三（上海：中央书店，1936）。

77. 谢国桢：《明末清初的学风》（上海：上海书店出版社，2004）。

78. 谢正光：《清初诗文与士人交游考》（南京：南京大学出版社，2001）。

——.《钱谦益奉佛之前后因缘及其意义》，《清华大学学报》（哲学社会科学版）2006 年，第 21 期。

79. 徐邦达：《〈黄山图册〉作者考辨》，《朵云》1985 年第 9 期。

80. 徐朝华编：《尔雅今注》（天津：南开大学出版社，1987）。

81. 许宏泉编：《戴本孝》（石家庄：河北教育出版社，2002）。

82. 徐弘祖著，朱惠荣编：《徐霞客游记校注》两卷本（昆明：云南人民出版社，1985）。

83. 杨伯峻编：《列子集释》（北京：中华书局，1979）。

84. 杨廷福、杨同甫编：《明人室名别称字号索引》两卷本（上海：上海古籍出版社，2002）。

——《清人室名别称字号索引》（增补本）全两卷（上海：上海古籍出版社，2001）。

85. 姚铉编:《唐文粹》全三卷,(重印,上海:四部丛刊本)。

86. 叶梦珠著,来新夏点校:《阅世编》(重印,上海:上海古籍出版社,1981)。

87. 叶衍兰、叶恭绰编:《清代学者象传》全两卷(上海:上海书店出版社,2001)。

88. 一丁、雨露、洪涌:《中国古代风水与建筑选址》(石家庄:河北科学技术出版社,1996)。

89. 尹恭弘:《小品高潮与晚明文化》(北京:华文出版社,2001)。

90. 袁宏道著,钱伯城笺校:《袁宏道集笺校》全三册(上海:上海古籍出版社,1981)。

91. 袁珂:《中国古代神话》(北京:中华书局,1960)。

——. 袁珂校注:《山海经校注》(上海:上海古籍出版社,1980)。

92. 袁枚著,王英志主编:《袁枚全集》全八册(南京:江苏古籍出版社,1993)。

93. 原济(石涛)著,汪绎辰辑:《大涤子题画跋诗》(上海:上海人民美术出版社,1987)。

——.《石涛画集》全两卷(北京:荣宝斋出版社,2003)。

张岱著,夏咸淳、程维荣校注:《陶庵梦忆 西湖梦寻》(重印,上海:上海古籍出版社,2001)。

94. 张国光、黄清泉主编:《晚明文学革新派公安三袁研究》(武汉：华中师范大学出版社，1987)。

95. 张宏生编:《明清文学与性别研究》(南京：江苏古籍出版社，2002)。

96. 张继沛:《钱谦益笺杜之要旨及其寄托》,《联合书院三十周年纪念论文集》(香港：香港中文大学出版社，1986)。

97. 张居正著，张舜徽主编:《张居正集》全四卷(武汉：湖北人民出版社，1994)。

98. 张联骏:《清钱牧斋先生年谱》,《北京图书馆藏珍本年谱丛刊》第 64 册(重印，北京：北京图书馆出版社，1999)。

99. 赵尔巽编:《清史稿》全四卷(北京：中华书局，1998)。

100.计成著，赵农注:《园冶图说》(济南：山东画报出版社，2003)。

101.王通著，郑春颖译注:《文中子中说译注》(哈尔滨：黑龙江人民出版社，2003)。

102.周法高编:《钱牧斋柳如是佚诗及柳如是有关数据》(台北：自印本，1978)。

103.周齐:《明代佛教与政治文化》(北京：人民出版社，2005)。

104.周芜编:《徽派版画史论集》(合肥：安徽人民出版社，1983)。

105.朱东润:《述钱谦益之文学批评》,《中国文学论集》(北京：中华书局，1983)。

106.朱鸿林:《明人著作与生平发微》(桂林：广西师范大学出

版社，2005）。

107.朱彝尊：《静志居诗话》（重印，北京：人民文学出版社，1998）。

108.朱则杰：《钱谦益柳如是丛考》,《浙江大学学报》（人文社会科学版）2002 年第 5 期。

外文参考资料

1.　Adshead, S. A. M. "The Seventeenth Century General Crisis in China" *Asian Profile* 1 (2) (1973): 271-80.

2.　Andrews, Julia and Haruki Yoshida. "Theoretical Foundations of the Anhui School" in James Cahill ed., *Shadows of Mt. Huang: Chinese Painting and Printing of the Anhui School* (Berkeley: University Art Museum, 1981), pp. 34-42.

3.　Appadurai, Arjun ed. *The Social Life of Things: Commodities in Cultural Perspective* (Cambridge: Cambridge University Press, 1986).

4.　Bai, Qianshen. *Fu Shan's World: The Transformation of Chinese Calligraphy in the Seventeenth Century* (Cambridge, MA: Harvard University Press, 2003).

5.　Barnes, Julian. *Something to Declare* (London: Picador, 2002).

6.　Barthes, Roland. *S/Z* (Paris: Editions du Seuil, 1970).

——.*The Eiffel Tower and Other Mythologies.* Richard Howard trans (New York: Hill and Wang, 1979).

7.　Barzun, Jacques. *From Dawn to Decadence - 1500 to the Present: 500 Years of Western Cultural Life* (London: HarperCollins, 2000).

8.　Bate, W. Jackson. *The Burden of the Past and the English Poet* (Cambridge, MA: Harvard University Press, 1970).

9.　Berger, John. *Ways of Seeing* (Harmondsworth: Penguin Books, 1972).

10.　Berkowitz, Alan J. "The Moral Hero: A Pattern of Reclusion in Traditional China" *Monumenta Serica* 40 (1992): 1-32.

——.　"Reclusion in Traditional China: A Selected List of References" *Monumenta Serica* 40 (1992): 33-46.

11.　Bermingham, Ann. "Reading Constable" in Simon Pugh ed., *Reading Landscape: Country - City - Capital* (Manchester: Manchester University Press, 1990), pp. 97-120.

12.　Bickford, Maggie. *Bones of Jade, Soul of Ice: The Flowering Plum in Chinese Art* (New Haven: Yale University Art Gallery, 1985).

——.*Ink Plum: The Making of a Chinese Scholar-Painting Genre* (Cambridge: Cambridge University Press, 1996).

13.　Birrell, Anne. *Chinese Mythology: An Introduction*

(Baltimore: Johns Hopkins University Press, 1993).

———.trans. *The Classic of Mountains and Seas* (Harmondsworth: Penguin Books, 1999).

14. Blakeley, Barry B. "Chu Society and State: Image versus Reality" in Constance A. Cook and John S. Major ed., *Defining Chu: Image and Reality in Ancient China* (Honolulu: University of Hawai'i Press, 1999), pp. 51-66. .

15. Bloom, Harold. *The Anxiety of Influence: A Theory of Poetry* (New York: Oxford University Press, 1973).

16. Bowers, Fredson. *Textual and Literary Criticism* (London: Cambridge University Press, 1959).

17. Bray, Francesca. *Technology and Society in Ming China (1368-1644).* (Washington DC: American Historical Association, 2000).

18. Brien, Alan. "Tourist Angst" *The Spectator* (July 31, 1959): 133.

19. Brook, Timothy. *Praying for Power: Buddhism and the Formation of Gentry Society in Late-Ming China* (Cambridge, MA: Harvard University Press, 1993).

———. "Communications and Commerce" in Denis Twitchett and Frederick W Mote ed., *The Cambridge History of China Volume 8: The Ming Dynasty, 1368-1644, Part 2* (Cambridge: Cambridge University

Press, 1998), pp. 579-707.

——.*The Confusions of Pleasure: Commerce and Culture in Ming China* (Berkeley: University of California Press, 1998).

——.*Geographical Sources of Ming-Qing History* (Ann Arbor: Center for Chinese Studies, University of Michigan, 2002).

——.*The Chinese State in Ming Society* (London: RoutledgeCurzon, 2005).

20. Burkus-Chasson, Anne. " 'Clouds and Mists That Emanate and Sink Away': Shitao's Waterfall on Mount Lu and Practices of Observation in the Seventeenth Century" *Art History* 19 (2) (1996): 169-90.

21. Bush, Susan. "Tsung Ping's Essay on Painting Landscape and the 'Landscape Buddhism' of Mount Lu," in *idem* and Christian Murck ed., *Theories of the Arts in China* (Princeton: Princeton University Press, 1983), pp. 132-64.

22. Bush, Susan and Hsio-yen Shih ed. *Early Chinese Texts on Painting* (Cambridge, MA: Harvard University Press, 1985).

23. Butor, Michel. "Le voyage et lecriture" in *idem, Repertoire IV* (Paris: Minuit, 1974), pp. 9-29.

24. Cahill, James. *Chinese Painting* (New York: Rizzoli International, 1977).

——.ed. *Shadows of Mt. Huang: Chinese Painting and Printing of the Anhui School* (Berkeley: University Art Museum, 1981).

——. "Huang Shan Paintings as Pilgrimage Pictures" in Susan Naquin and Chun- fang Yu ed., *Pilgrims and Sacred Sites in China* (Berkeley: University of California Press, 1992), pp. 246-92.

——.*The Painter's Practice: How Artists Lived and Worked in Traditional China* (New York: Columbia University Press, 1994).

——. 同见高居翰。

25. Campbell, Duncan. "Qi Biaojia's 'Footnotes to Allegory Mountain,: Introduction and Translation" *Studies in the History of Gardens and Designed Landscapes* 19 (3/4) (1999): 243-71.

——. "Cao Rong (1613-85) on Books: Loss, Libraries and Circulation" (Unpublished seminar paper delivered to the Department of History, University of Otago, 10 May 2006).

——. "The Moral Status of the Book: Huang Zongxi in the Private Libraries of Late- Imperial China" *East Asian History* 32/33 (2006/2007): 1-24.

26. Cao Xueqin. *The Story of the Stone (Volume One: The Golden Days)*. David Hawkes trans. (Harmondsworth: Penguin Books, 1973).

27. Carrington Goodrich, Luther. *The Literary Inquisition of Chien-Lung* (New York: Paragon Book Reprint Corp., 1966).

——.ed. *Dictionary of Ming Biography 1368-1644.* Two volumes (New York: Columbia University Press, 1976).

28. Cartelli, Mary Anne. "On a Five-Colored Cloud: The Songs of Mount Wutai" *Journal of the American Oriental Society* 124 (4) (2004): 735-57.

29. Carter, Steven D. "Bashō and the Mastery of Poetic Space in *Oku no hosomichi*," *Journal of the American Oriental Society* 120 (2) (2000): 190-8.

30. Cass, Victoria. *Dangerous Women: Warriors, Grannies, and Geishas of the Ming* (Lanham: Rowman and Littlefield, 1999).

31. Cervantes Saavedra, Miguel de. *The Ingenious Hidalgo Don Quixote de la Mancha.* John Rutherford trans. (London: Penguin Books, 2000).

32. Chan, Wing-ming. "The Early-Qing Discourse on Loyalty" *East Asian History* 19 (2000): 27-52.

33. Chang, H. C. trans. *Chinese Literature 2: Nature Poetry* (Edinburgh: Edinburgh University Press, 1977).

34. Chang, Kang-i Sun. *The Late-Ming Poet Chen Tzu-lung: Crises of Love and Loyalism* (New Haven: Yale University Press, 1991).

———. "Qian Qianyi and His Place in History" in Wilt L. Idema, Wai-yee Li and Ellen Widmer ed., *Trauma and Transcendence in Early Qing Literature* (Cambridge, MA: Harvard University Press, 2006), pp. 199-218.

35. Chaves, Jonathan. "The Panoply of Images: A Reconsideration of the Literary Theories of the Kung-an School," in Susan Bush and Christian Murck ed., *Theories of the Arts in China* (Princeton: Princeton University Press, 1983), pp. 341-64.

——. "The Expression of Self in the Kung-an School: Non-Romantic Individualism" in Robert E. Hegel and Richard C. Hessney ed., *Expressions of Self in Chinese Literature* (New York: Columbia University Press, 1985), pp. 123-50.

——. "The Yellow Mountain Poems of Ch'ien Ch'ien-i (1582-1664): Poetry as *Yu- chi"* *Harvard Journal of Asiatic Studies* 48 (2) (1988): 465-92.

36. Che, K. L. "Not Words But Feelings — Ch'ien Ch'ien-I ［*sic*］(1582-1664) on Poetry" *Tamkang Review* 6 (1) (1975): 55-75.

37. Cherniack, Susan. "Book Culture and Textual Transmission in Sung China," *Harvard Journal of Asiatic Studies* 54 (1994): 5-125.

38. Chin, Sandi and Cheng-chi (Ginger) Hsu. "Anhui Merchant Culture and Patronage" in James Cahill ed., *Shadows of Mt. Huang: Chinese Painting and Printing of the Anhui School* (Berkeley: University Art Museum, 1981), pp. 19-24.

39. Chou, Chih-p'ing. "The Poetry and Poetic Theory of Yuan Hung-tao (1568-1610)" *Tsing-Hua Journal of Chinese Studies* (New Series) 15 (1/2) (1983): 113-42.

——.*Yuan Hung-tao and the Kung-an School.* (Cambridge: Cambridge University Press, 1988).

40. Chow Kai-wing. "Writing for Success: Printing, Examinations and Intellectual Change in Late Ming China" *Late Imperial China* 17 (1) (1996): 120-57.

41. Clayton, Jay and Eric Rothstein ed. *Influence and Intertextuality in Literary History.* (Madison: University of Wisconsin Press, 1991).

42. Clunas, Craig. "Some Literary Evidence for Gold and Silver Vessels in the Ming Period (1368-1644)" in Michael Vickers ed., *Pots and Pans: A Colloquium on Precious Metals and Ceramics in the Muslim, Chinese and Graeco-Roman Worlds, Oxford, 1985,* Oxford Studies in Islamic Art III (Oxford: Oxford University Press, 1986), pp. 83-7.

——. "Books and Things: Ming Literary Culture and Material Culture," *Chinese Studies*(London: British Library Occasional Paper #10, 1988), pp. 136-42. .

——.*Superfluous Things: Material Culture and Social Status in Early Modern China* (Cambridge: Polity Press, 1991).

——. "Regulation of Consumption and the Institution of Correct Morality by the Ming State" in Chun-chieh Huang and Erik Zurcher ed., *Norms and the State in China* (Leiden: E. J. Brill, 1993), pp. 39-49.

——.*Fruitful Sites: Garden Culture in Ming Dynasty China* (London: Reaktion Books, 1996).

——.*Pictures and Visuality in Early Modern China* (London: Reaktion Books, 1997).

——. "Artist and Subject in Ming Dynasty China," in *Proceedings of the British Academy 105: 1999 Lectures and Memoirs* (Oxford: Oxford University Press, 2000), pp. 43-72.

——.*Elegant Debts: The Social Art of Wen Zhengming, 1470-1559* (London: Reaktion Books, 2004).

43. Coleman, Simon and John Elsner. *Pilgrimage Past and Present: Sacred Travel and Sacred Space in World Religions* (London: British Museum Press, 1995).

44. Dalton, Jack P. "The Text of *Ulysses*", in Fritz Senn ed., *New Light on Joyce from the Dublin Symposium* (Bloomington: Indiana University Press, 1972), pp. 99-119.

45. Dante Alighieri. *The Comedy of Dante Alighieri: Cantica I: Hell [Ilnferno].* Dorothy L. Sayers trans. (Harmondsworth: Penguin Books, 1949).

46. Dardess, John W. *Blood and History in China: The Donglin Faction and its Repression, 1620-1627.* (Honolulu: University of Hawai'i Press, 2002).

47. Davidson, Robyn ed. *The Picador Book of Journeys.* (London:

Picador, 2001).

48. Davis, A. R. "The Narrow Lane: Some Observations on the Recluse in Traditional Chinese Society," *East Asian History* 11 (1996): 33-44.

49. Demieville, Paul. "La Montagne dans l'art litteraire chinois," *France-Asie/Asia* 20 (1) (1965): 7-32.

50. Dennerline, Jerry. *The Chia-ting Loyalists: Confucian Leadership and Social Change in Seventeenth-Century China* (New Haven: Yale University Press, 1981).

51. Des Forges, Roger V. *Cultural Centrality and Political Change in Chinese History: Northeast Henan in the Fall of the Ming* (Stanford: Stanford University Press, 2003).

52. Dott, Brian R. *Identity Reflections: Pilgrimages to Mount Tai in Late Imperial China* (Cambridge, MA: Harvard University Press, 2004).

53. Evelyn, John. *The Diary of John Evelyn*. E. S. de Beer ed. Six volumes (Oxford: Clarendon Press, 1955).

54. Fenton, James. "Vandalism and Enlightenment" (Review of "Enlightenment: Discovering the World in the Eighteenth Century," an exhibition at the British Museum), *New York Review of Books* 51 (3): August 12, 2004: 51.

55. Fisher, Tom. "Loyalist Alternatives in the Early Ch'ing,"

Harvard Journal of Asiatic Studies 44 (1984): 83-122.

56. Fong, Wen. "Rivers and Mountains after Snow (Chiang-shan hsueh-chi), Attributed to Wang Wei (AD 699-759)," *Archives of Asian Art* 30 (1976-77): 6-33.

57. Francastel, Pierre. "Problemes de la sociologie de l'art" in Georges Gurvitch ed., *Traite de sociologie* (Tome II) (Paris: Presses universitaires de France, 1960), pp. 278-96.

58. Frankel, Hans H. "The Contemplation of the Past in T'ang Poetry" in Arthur F. Wright and Denis Twitchett ed., *Perspectives on the Tang* (New Haven: Yale University Press, 1973), pp. 345-65.

———.*The Flowering Plum and the Palace Lady: Interpretations of Chinese Verse.* (New Haven: Yale University Press, 1976).

59. Fung, Stanislaus. "Word and Garden in Chinese Essays of the Ming Dynasty: Notes on Matters of Approach" *Interfaces: Image, text, language* 11-12 (June 1997): 77-90.

———. "Longing and Belonging in Chinese Garden History" in Michel Conan ed., *Perspectives on Garden Histories* (Washington DC: Dumbarton Oaks, 1999), pp. 205-19.

60. Fussell, Paul. *Abroad: British Literary Traveling Between the Wars.* (Oxford: Oxford University Press, 1980).

61. Gell, Alfred. "Newcomers to the World of Goods: Consumption among the Muria Gonds," in Arjun Appadurai ed., *The Social Life of*

Things: Commodities in Cultural Perspective (Cambridge: Cambridge University Press, 1986), pp. 110-138.

62. Gombrich, E. H. *Art and Illusion: A Study in the Psychology of Pictorial Representation* (London: Phaidon Press, 1959).

——.*Norm and Form: Studies in the Art of the Renaissance* (London: Phaidon Press, 1966).

63. Goodall, John A. *Heaven and Earth: Album Leaves from a Ming Encyclopaedia: San-tsai t'u-hui, 1610* (Boulder: Shambhala, 1979).

——Graham, A. C. trans. *The Book of Lieh-tzu* (London: John Murray, 1960).

——.*Poems of the Late Tang.* (Harmondsworth: Penguin Books, 1965).

64. Guo Xi. "Advice on Landscape" John Hay, Victor H. Mair, Susan Bush and Hsio-Yen Shih trans., in Mair, Nancy S. Steinhardt and Paul R. Goldin ed., *Hawai'i Reader in Traditional Chinese Culture* (Honolulu: University of Hawai'i Press, 2005), pp. 380-387.

65. Guy, R. Kent. *The Emperor's Four Treasuries: Scholars and the State in the Late Chien- lung Era* (Cambridge, MA: Harvard University Press, 1987).

66. Hahn, Thomas. "The Standard Taoist Mountain and Related Features of Religious Geography," *Cahiers dExtreme-Asie* 4 (1988):

145-56.

67. Hamilton, Robyn. "The Pursuit of Fame: Luo Qilan (1755-1813?) and the Debates about Women and Talent in Eighteenth-Century Jiangnan," *Late Imperial China* 18 (1) (1997): 39-71.

68. Handlin-Smith, Joanna F. "Gardens in Ch'i Piao-chias Social World: Wealth and Values in Late-Ming Kiangnan," *Journal of Asian Studies* 51 (1) (1992): 55-81.

69. Hargett, James M. "Some Preliminary Remarks on the Travel Records of the Song Dynasty (960-1279)," *Chinese Literature: Essays, Articles, Reviews* 7 (1/2) (July 1985): 67-93.

——.*On the Road in Twelfth Century China: The Travel Diaries of Fan Chengda (1126-1193)* (Stuttgart: Franz Steiner Verlag, 1989).

70. Harrist, Robert E. Jr. "Reading Chinese Mountains: Landscape and Calligraphy in China," *Orientations* (Dec 2000): 64-9.

71. Hassam, Andrew. " As I Write,: Narrative Occasions and the Quest for Self-Presence in the Travel Diary," *Ariel* 21 (4) (1990): 33-48.

72. Hawkes, David trans. *Ch'u Tzu: The Songs of the South* (London: Oxford University Press, 1959).

73. Hay, John. *Kernels of Energy, Bones of Earth: The Rock in Chinese Art* (New York: China House Gallery, 1985).

——. "Boundaries and Surfaces of Self and Desire in Yuan

Painting," in *idem* ed., *Boundaries in China* (London: Reaktion Books, 1994), pp. 124-70.

74. Hay, Jonathan. "Ming Palace and Tomb in Early Qing Jiangning: Dynastic Memory and the Openness of History," *Late Imperial China* 20 (1) (1999): 1-48.

———.*Shitao: Painting and Modernity in Early Qing China* (Cambridge: Cambridge University Press, 2001).

75. Hazelton, Keith. *A Synchronic Chinese-Western Daily Calendar, 1341-1661 A.D.* Revised edition (Minneapolis: Ming Studies Research Series, University of Minnesota, 1985).

76. Hegel, Robert E. " Vignettes from the Late Ming: A Hsiao-pin Anthology by Yang Ye" (review), Journal of Asian and African Studies 37 (1) (March 2002): 116-8.

77. Heijdra, Martin. "The Socio-Economic Development of Rural China during the Ming" in Denis Twitchett and Frederick W Mote ed., *The Cambridge History of China Volume 8: The Ming Dynasty, 1368-1644, Part 2* (Cambridge: Cambridge University Press, 1998), pp. 417-578.

78. Ho Koon-piu. "Should We Die as Martyrs to the Ming Cause? Scholar-officials' Views on Martyrdom during the Ming-Qing Transition," *Oriens Extremus* 37 (2) (1994): 123-51.

79. Ho, Ping-ti. "The Salt Merchants of Yang-chou: A Study

of Commercial Capitalism in Eighteenth- Century China" *Harvard Journal of Asiatic Studies* 17 (1954): 130-68.

80. Ho, Wai-kam. "The Literary Concepts of 'Picture-like, *(Ju-hua)* and 'Picture-Idea, *(Hua-i)* in the Relationship between Poetry and Painting" in Alfreda Murck and Wen C. Fong ed., *Words and Images: Chinese Poetry, Calligraphy, and Painting* (New York: Metropolitan Museum of Art, 1991), pp. 359-404.

81. Hoshi Ayao. "Transportation in the Ming Dynasty," *Acta Asiatica* 38 (1980): 1-30.

82. Hsu Wen-Chin. "Images of Huang-shan in Shih-t'ao's Paintings," *National Palace Museum Bulletin* [Taipei] 27 (1/2) (1992): 1-37.

83. Huang, Ray. *1587: A Year of No Significance: The Ming Dynasty in Decline* (New Haven: Yale University Press, 1981).

84. Hucker, Charles O. *A Dictionary of Official Titles in Imperial China.* (Stanford: Stanford University Press, 1985).

85. Hummel, Arthur W. ed. *Eminent Chinese of the Ching Period.* Two volumes (Washington DC: Government Printing Office, 1943-1944).

86. Hung, William. *Tu Fu: China's Greatest Poet* (Cambridge, MA: Harvard University Press, 1952).

87. Hurvitz, Leon. "Tsung Ping's Comments on Landscape

Painting," *Artibus Asiae* 32 (1970): 146-56.

88. Jackson, Mark. "Landscape/Representation/Text: Craig Clunas's *Fruitful Sites* (1996)" *Studies in the History of Gardens and Designed Landscapes* 19 (3/4) (1999): 302-13.

89. Jenner, W F. J. *Memories of Loyang: Yang Hsuan-chih and the Lost Capital (493-534)*. (Oxford: Clarendon Press, 1981).

90. Johnson, Jeri. "Composition and Publication History," in *idem* ed., *Ulysses: The 1922 Text* (Oxford: Oxford University Press, 1993), pp. xxxviii-lvi.

91. Kerridge, Richard. "Ecologies of Desire: Travel Writing and Nature Writing as Travelogue" in Steve Clark ed., *Travel Writing and Empire: Postcolonial Theory in Transit* (London: Zed Books, 1999), pp. 164-82.

92. Kessler, Lawrence D. "Chinese Scholars and the Early Manchu State" *Harvard Journal of Asiatic Studies* 31 (1971): 179-200.

93. Kim, Hongnam. *The Life of a Patron: Zhou Lianggong (1612-1672) and the Painters of Seven teen th-Century China* (New York: China Institute in America, 1996).

94. Ko, Dorothy. *Teachers of the Inner Chambers: Women and Culture in SeventeenthCentury China* (Stanford: Stanford University Press, 1994).

95. Kristeva, Julia.*Σημειωτική"[Semeiotike]: Recherches pour*

une semanalyse (Paris: Editions du Seuil, 1969).

96. Kroll, Paul W. "Verses from on High: The Ascent of T'ai Shan" in Shuen-fu Lin and Stephen Owen ed., *The Vitality of the Lyric Voice: Shih Poetry from the Late Han to the Tang* (Princeton: Princeton University Press, 1986), pp. 167-216.

97. Lagerwey, John. "The Pilgrimage to Wu-tang Shan" in Susan Naquin and Chun-fang Yu ed., *Pilgrims and Sacred Sites in China* (Berkeley: University of California Press, 1992), pp. 293-332.

98. Laing, Ellen Johnston. "Sixteenth-Century Patterns of Art Patronage: Qiu Ying and the Xiang Family" *Journal of the American Oriental Society* 111 (1) (1991): 1-7.

99. Lau, D. C. trans. *Tao Te Ching* (Harmondsworth: Penguin Books, 1963).

——.trans. *Mencius* (Harmondsworth: Penguin Books, 1970).

——.trans. *The Analects* (Harmondsworth: Penguin Books, 1979).

100.Lazzaro, Claudia. *The Italian Renaissance Garden: From the Conventions of Planting, Design, and Ornament to the Grand Gardens of Sixteenth-Century Central Italy* (New Haven: Yale University Press, 1990).

101.Leach, Helen. *Cultivating Myths: Fiction, Fact and Fashion in Garden History* (Auckland: Random House, 2000).

102.Legge, James trans. *The Chinese Classics*. Five volumes

(Rpt., Hong Kong: Hong Kong University Press, 1960).

103.Lewis, R. W. B. *Edith Wharton: A Biography* (New York: Harper and Row, 1975).

104.Li, Chu-tsing. "The Artistic Theories of the Literati" in *idem* and James C. Y. Watt ed., *The Chinese Scholar's Studio: Artistic Life in the Late Ming Period* (New York: Thames and Hudson, 1987), pp. 14-22.

105.Li, Chu-tsing and James C. Y. Watt ed. *The Chinese Scholars Studio: Artistic Life in the Late Ming Period* (New York: Thames and Hudson, 1987).

106.Li, Hui-lin. "Mei Hua: A Botanical Note" in Maggie Bickford, *Bones of Jade, Soul of Ice: The Flowering Plum in Chinese Art* (New Haven: Yale University Art Gallery, 1985), pp. 245-50.

——.*Chinese Flower Arrangement.* (Mineola: Dover Publications, 2002).

107.Li, Wai-yee. "The Collector, the Connoisseur, and Late-Ming Sensibility," *Toung Pao* 81 (4/5) (1995): 269-302.

——. "The Late Ming Courtesan: Invention of a Cultural Ideal," in Ellen Widmer and Kang-i Sun Chang ed., *Writing Women in Late Imperial China* (Stanford: Stanford University Press, 1997), pp. 46-73.

——. "Heroic Transformations: Women and National Trauma in Early Qing Literature," *Harvard Journal of Asiatic Studies* 59 (2)

(1999): 363-443.

108.Liscomb, Kathlyn Maurean. *Learning from Mount Hua: A Chinese Physicians Illustrated Travel Record and Painting Theory* (Cambridge: Cambridge University Press, 1993).

109.Liu, James J. Y. *The Art of Chinese Poetry* (London: Routledge, 1962).

110.Lo, Karl. *A Guide to the Ssŭ Pu Ts'ung K'an* (Lawrence: University of Kansas Libraries, 1965).

111.Loewe, Michael. *Faith, Myth and Reason in Han China* (Indianapolis: Hackett Publishing Company, 1994).

112.Lu Xun. *Selected Works*. Yang Xianyi and Gladys Yang trans. Four volumes (Beijing: Foreign Languages Press, 1980).

113.MacCannell, Dean. *The Tourist: A New Theory of the Leisure Class* (New York: Schocken Books, 1976).

114.MacFarlane, Robert. *Mountains of the Mind: A History of a Fascination* (London: Granta Books, 2003).

115.March, Andrew L. "Self and Landscape in Su Shih" *Journal of the American Oriental Society* 86 (4) (1966): 377-96.

116.McDermott, Joseph P. "The Making of a Chinese Mountain, Huangshan: Politics and Wealth in Chinese Art" *Asian Cultural Studies* 17 (1989): 145-76.

117.McDowall, Stephen. "In Lieu of Flowers: The Transformation of Space and Self in Yuan Mei's (1716-1798) Garden Records" *New Zealand Journal of Asian Studies* 3 (2) (2001): 136-49.

———. "Qian Qianyi's (1582-1664) Reflections on Yellow Mountain" *New Zealand Journal of Asian Studies* 7 (2) (2005): 134-52.

118.McKenzie, D. F. "The Sociology of a Text: Orality, Literacy and Print in Early New Zealand" *The Library,* Sixth Series 6 (4) (1984): 333-65.

119.McMahon, Keith. *Misers, Shrews, and Polygamists: Sexuality and Male-Female Relations in Eighteenth-Century Chinese Fiction* (London: Duke University Press, 1995).

120.Meinig, D.W. ed. *The Interpretation of Ordinary Landscapes: Geographical Essays* (Oxford: Oxford University Press, 1979).

121.Meyer-Fong, Tobie. "Making a Place for Meaning in Early Qing Yangzhou" *Late Imperial China* 20 (1) (1999): 49-84.

———. "Packaging the Men of Our Times: Literary Anthologies, Friendship Networks, and Political Accommodation in the Early Qing," *Harvard Journal of Asiatic Studies* 64 (1) (2004): 5-56.

122.Milton, John. *Paradise Lost.* Alastair Fowler ed., second edition [revised] (Rpt., Harlow: Pearson, 2007).

123.Minford, John. "Pieces of Eight: Reflections on Translating *The Story of the Stone*" in Eugene Eoyang and Lin Yao-fu ed.,

Translating Chinese Literature, pp. 178-203. (Bloomington: Indiana University Press, 1995).

124.Mitchell, W. J. T. "Editor's Note: The Language of Images," *Critical Inquiry* 6 (3) (1980): 359-62.

———.ed. *Landscape and Power* (Chicago: University of Chicago Press, 1994).

125.Morinis, Alan ed. *Sacred Journeys: The Anthropology of Pilgrimage* (Westport: Greenwood Press, 1992).

126.Naquin, Susan and Chun-fang Yu ed. *Pilgrims and Sacred Sites in China* (Berkeley: University of California Press, 1992).

127.Nelson, Susan E. "The Piping of Man" in Wu Hung and Katherine R. Tsiang ed., *Body and Face in Chinese Visual Culture* (Cambridge, MA: Harvard University Press, 2005), pp. 283-310.

128.Nienhauser, William H. Jr. ed. *The Indiana Companion to Traditional Chinese Literature.* Two volumes (Bloomington: Indiana University Press, 1986 and 1998).

129.Olwig, Kenneth Robert. *Landscape, Nature, and the Body Politic: From Britain' Renaissance to Americas New World* (Madison: University of Wisconsin Press, 2002).

130.Owen, Stephen trans. *An Anthology of Chinese Literature: Beginnings to 1911* (New York: W. W. Norton and Co., 1996).

131.*Oxford English Dictionary* [online edition: http://www.oed.

com/].

132.Plaks, Andrew trans. *Ta Hsüeh and Chung Yung* (The Highest Order of Cultivation and On the Practice of the Mean) (London: Penguin Books, 2003).

133.Porter, Denis. Haunted Journeys: *Desire and Transgression in European Travel Writing* (Princeton: Princeton University Press, 1991).

134.Powers, Martin. "When is a Landscape like a Body?" in Wen-hsin Yeh ed., *Landscape, Culture, and Power in Chinese Society* (Berkeley: University of California Press, 1998), pp. 1-22.

135.Pugh, Simon ed. *Reading Landscape: Country - City - Capital* (Manchester: Manchester University Press, 1990).

136.Ree, Jonathan. *Philosophical Tales: An Essay on Philosophy and Literature* (London: Methuen, 1987).

137.Rickett, Adele Austin trans. *Wang Kuo-wei's Jen-chien Tz'u-hua: A Study in Chinese Literary Criticism* (Hong Kong: Hong Kong University Press, 1977).

138.Riemenschnitter, Andrea. "Traveler's Vocation: Xu Xiake and His Excursion to the Southwestern Frontier" in Nicola Di Cosmo and Don J. Wyatt ed., *Political Frontiers, Ethnic Boundaries, and Human Geographies in Chinese History* (London: RoutledgeCurzon, 2003), pp. 286-323.

139.Robson, James. "The Polymorphous Space of the Southern Marchmount〔Nanyue 南嶽〕:An Introduction to Nanyue's Religious History and Preliminary Notes on Buddhist-Daoist Interaction" *Cahiers dExtreme-Asie* 8 (1995): 221-64.

140.Rousseau, Jean-Jacques. *Les reveries du promeneur solitaire* Raymond Bernex ed. (Rpt., Paris: Bordas, 1977).

141.Schafer, Edward H. "The Idea of Created Nature in T'ang Literature" *Philosophy East and West* 15 (1965): 153-60.

———.*Pacing the Void: Tang Approaches to the Stars* (Berkeley: University of California Press, 1977).

142.Schama, Simon. *Landscape and Memory* (London: Harper Collins, 1995).

143.Shelley, Percy Bysshe. *The Complete Poetical Works of Percy Bysshe Shelley: Volume 2.* Neville Rogers ed. (Oxford: Clarendon Press, 1975).

144.Shih-t'ao. *Enlightening Remarks on Painting.* Richard E. Strassberg trans. (Pasadena: Pacific Asia Museum, 1989).

145.Shinohara Koichi. "Literary Construction of Buddhist Sacred Places: The Record of Mt. Lu by Chen Shunyu," *Asiatische Studien* 53 (4) (1999): 937–64.

146.*Soka Gakkai Dictionary of Buddhism* (Tokyo: Soka Gakkai, 2002).

147.Sontag, Susan. *On Photography* (New York: Farrar, Strauss and Giroux, 1977).

——. *Where the Stress Falls: Essays* (London: Vintage, 2003).

148.Soothill, William Edward and Lewis Hodous. *A Dictionary of Chinese Buddhist Terms* (Delhi: Motilal Banarsidass, 1977).

149.Spence, Jonathan D. and John E. Wills, Jr. ed. *From Ming to Ching: Conquest, Region and Continuity in Seventeenth-Century China* (New Haven: Yale University Press, 1979).

150.Strassberg, Richard E trans. *Inscribed Landscapes: Travel Writing from Imperial China* (Berkeley: University of California Press, 1994).

——.*A Chinese Bestiary: Strange Creatures from the Guideways Through Mountains and Seas* (Berkeley: University of California Press, 2002).

151.Struve, Lynn A. "Huang Zongxi in Context: A Reappraisal of His Major Writings" *Journal of Asian Studies* 47 (3) (1988): 474-502.

——.*The Ming-Qing Conflict, 1619-1683: A Historiography and Source Guide* (Ann Arbor: Association for Asian Studies, 1998).

152.Sullivan, Michael. *Chinese Landscape Painting - Volume II: The Sui and Tang Dynasties* (Berkeley: University of California Press, 1980).

153.Sung Ying-hsing. *T'ien-kung Kai-wu: Chinese Technology in the Seventeenth Century.* E-tu Zen Sun and Shiou-chuan Sun trans. (London: Pennsylvania State University Press, 1966).

154. Tian, Xiaofei. *Tao Yuanming and Manuscript Culture: The Record of a Dusty Table* (Seattle: University of Washington Press, 2005).

155. Tuan, Yi-fu. *China* (Chicago: Aldine-Atherton, 1969).

——.*Topophilia: A Study of Environmental Perception, Attitudes and Values* (Englewood Cliffs, NJ: Prentice-Hall, 1974).

——.*Passing, Strange and Wonderful: Aesthetics, Nature, and Culture* (New York: Kodansha, 1993).

156. Vallette-Hemery, Martine. *Yuan Hongdao (1568-1610): théorie et pratique littéraires.* (Paris: Mémoires de I'Institut des Hautes Études Chinoises, 1982).

157. Vervoorn, Aat. "Cultural Strata of Hua Shan, the Holy Peak of the West" *Monumenta Serica* 39 (1990-91): 1-30.

158. Vinograd, Richard. "Family Properties: Personal Context and Cultural Pattern in Wang Meng's *Pien* Mountains of 1366," *Ars Orientalis* 13 (1982): 1-29.

——.*Boundaries of the Self: Chinese Portraits, 1600-1900* (Cambridge: Cambridge University Press, 1992).

——. "Origins and Presences: Notes on the Psychology and Sociality of Shitao's Dreams" *Ars Orientalis* 25 (1995): 61-72.

159.Wakeman, Frederic Jr. "Romantics, Stoics, and Martyrs in Seventeenth-Century China" *Journal of Asian Studies* 43 (4) (1984): 631-65.

———.*The Great Enterprise: The Manchu Reconstruction of Imperial Order in Seventeenth Century China.* Two volumes (Berkeley: University of California Press, 1985).

160.Waley, Arthur trans. *The Book of Songs.* (New York: Grove Press, 1960).

161.Ward, Julian. *Xu Xiake (1587-1641): The Art of Travel Writing* (Richmond: Curzon, 2001).

162.Watson, Burton trans. *The Complete Works of Chuang Tzu* (New York: Columbia University Press, 1968).

163.Watson, Philip. "Famous Gardens of Luoyang, by Li Gefei: Translation with Introduction" *Studies in the History of Gardens and Designed Landscapes* 24 (1) (2004): 38-54.

———.trans. "Prose Writings of Lu You" *Renditions* 62 (2004): 7-23.

164.Watt, James C. Y. "The Literati Environment" in Chu-tsing Li and James C. Y. Watt ed., *The Chinese Scholar's Studio: Artistic Life in the Late Ming Period* (New York: Thames and Hudson, 1987), pp. 1-13.

165.Welter, Albert. "The Contextual Study of Chinese Buddhist

Biographies: The Example of Yung-ming Yen-shou (904-975)" in Phyllis Granoff and Koichi Shinohara ed., *Monks and Magicians: Religious Biographies in Asia* (Delhi: Motilal Banarsidass, 1994), pp. 247-76.

166. West, Stephen H., Stephen Owen, Martin Powers and Willard Peterson. *"Bi fa ji:* Jing Hao, 'Notes on the Method for the Brush'," in Pauline Yu, Peter Bol, Stephen Owen and Willard Peterson ed., *Ways with Words: Writing about Reading Texts from Early China* (Berkeley: University of California Press, 2000), pp. 202-44.

167. Whitfield, Sarah. *Magritte* (London: South Bank Centre, 1992).

168. Widmer, Ellen. "The Huanduzhai of Hangzhou and Suzhou: A Study in SeventeenthCentury Publishing," *Harvard Journal of Asiatic Studies* 56 (1) (1996): 77-122.

169. Wile, Douglas trans. *Art of the Bedchamber: The Chinese Sexual Yoga Classics Including Women's Solo Meditation Texts* (Albany: State University of New York Press, 1992).

170. Wilhelm, Hellmut. "Bibliographical Notes on Ch'ien Ch'ien-i," *Monumenta Serica* 7 (1942): 196-207.

171. Wilkinson, Endymion. *Chinese History: A Manual [Revised and Enlarged]* (Cambridge, MA: Harvard University Press, 2000).

172. Wimsatt, W K. and Monroe C. Beardsley. "The Intentional

Fallacy" in W K. Wimsatt, *The Verbal Icon: Studies in the Meaning of Poetry* (Kentucky: Kentucky University Press, 1954), pp. 3-18.

173. Wollstonecraft, Mary. *The Works of Mary Wollstonecraft: Volume 7.* Janet Todd and Marilyn Butler ed. (London: William Pickering, 1989).

174. Wong, Kin-yuen. "Negative-Positive Dialectic in the Chinese Sublime' in Ying-hsiung Chou ed., *The Chinese Text: Studies in Comparative Literature* (Hong Kong: Chinese University Press, 1986), pp. 119-58.

175. Wu, K. T. "Colour Printing in the Ming Dynasty," *Tien Hsia Monthly* 11 (1) (1940): 30-44.

——. "Ming Printing and Printers' *Harvard Journal of Asiatic Studies* 7 (1942-43): 203-60.

176. Wu, Nelson I. "Tung Ch'i-ch'ang (1555-1636): Apathy in Government and Fervor in Art" in Arthur F. Wright and Denis Twitchett ed., *Confucian Personalities* (Stanford: Stanford University Press, 1962), pp. 260-93.

177. Wu, Pei-yi. T*he Confucian's Progress: Autobiographical Writings in Traditional China* (Princeton: Princeton University Press, 1990).

——. "An Ambivalent Pilgrim to T'ai Shan in the Seventeenth Century' in Susan Naquin and Chun-fang Yu ed., *Pilgrims and Sacred*

Sites in China (Berkeley: University of California Press, 1992), pp. 65-88.

178.Xiao Chi. *The Chinese Garden as Lyric Enclave: A Generic Study of the Story of the Stone* (Ann Arbor: Center for Chinese Studies, Michigan University, 2001).

179.Yang, Xiaoshan. "Naming and Meaning in the Landscape Essays of Yuan Jie and Liu Zongyuan" *Journal of the American Oriental Society* 120 (1) (2000): 82-96.

180.Yang Xuanzhi. *A Record of Buddhist Monasteries in Lo-yang* Yi-t'ung Wang trans. (Princeton: Princeton University Press, 1984).

181.Ye, Yang trans. *Vignettes from the Late Ming: A Hsiao-pin Anthology* (Seattle: University of Washington Press, 1999).

——.*Making it Strange: The Travel Writings of Wang Siren* (Berkeley: UCLA Center for Chinese Studies Occasional Paper #1, 2003).

182.Yeh, Michelle. *Modern Chinese Poetry: Theory and Practice Since 1917* (New Haven: Yale University Press, 1991).

183.Yeh, Wen-hsin, "Historian and Courtesan: Chen Yinke and the Writing of Liu Rushi biezhuan," *East Asian History* 27 (2004): 57-70.

184.Yim, Chi-hung. *The Poetics of Historical Memory in the Ming-Qing Transition: A Study of Qian Qianyi's (1582-1664) Later*

Poetry (Unpublished PhD thesis: Yale University, 1998).

185.Yoon, Hong-key. *Geomantic Relationships Between Culture and Nature in Korea* (Taipei: Orient Cultural Service, 1976).

186.Yu, Chun-fang. *The Renewal of Buddhism in China: Chu-hung and the Late Ming Synthesis* (New York: Columbia University Press, 1981).

——. "Ming Buddhism," in Denis Twitchett and Frederick W. Mote ed., *The Cambridge History of China Volume 8: The Ming Dynasty, 1368-1644, Part 2* (Cambridge: Cambridge University Press, 1998), pp. 893-952.

——*Kuan-yin: The Chinese Transformation of Avalokitesvara* (New York: Columbia University Press, 2001).

187.Yu Kwang-chung. "The Sensuous Art of the Chinese Landscape Journal" Yang Qinghua trans., in Stephen C. Soong and John Minford ed., *Trees on the Mountain: An Anthology of New Chinese Writing* (Hong Kong: Chinese University Press, 1986), pp. 23-40.

188.Yuan Zhongdao. *Notes Made Whilst Travelling and at Repose (Book One).* Duncan Campbell trans. (Wellington: Asian Studies Institute Translation Paper #2, 1999).

189.Zeitlin, Judith T. "The Petrified Heart: Obsession in Chinese Literature, Art, and Medicine" *Late Imperial China* 12 (1) (1991): 1-26.

——.*Historian of the Strange: Pu Songling and the Chinese Classical Tale.* (Stanford: Stanford University Press, 1993).

——. "Disappearing Verses: Writing on Walls and Anxieties of Loss" in *idem* and Lydia H. Liu ed., *Writing and Materiality in China: Essays in Honor of Patrick Hanan* (Cambridge, MA: Harvard University Press, 2003), pp. 73-132.

190. Zheng Yuanxun. *A Personal Record of My Garden of Reflection.* Duncan Campbell trans. (Wellington: Asian Studies Institute Translation Paper #5, 2004).

191. Zou, Hui. "Jesuit Perspective in China," *Architectura* 31 (2) (2001): 145-68.

——. "The Jing of a Perspective Garden" *Studies in the History of Gardens and Designed Landscapes* 22 (4) (2002): 293-326.

192. Zurndorfer, Harriet T. *Change and Continuity in Chinese Local History: The Development of Hui-chou Prefecture, 800 to 1800* (Leiden: E. J. Brill, 1989).